普通话水平测试阐要

王晖 著

Pǔtōnghuà
Shuǐpíng Cèshì
Chǎnyào

商务印书馆
2018年·北京

图书在版编目（CIP）数据

普通话水平测试阐要 / 王晖著. —北京：商务印书馆，2013（2018.11重印）

ISBN 978–7–100–10441–8

I.①普… II.①王… III.①普通话—水平考试—研究—中国 IV.①H102

中国版本图书馆 CIP 数据核字(2013)第 277570 号

权利保留，侵权必究。

普通话水平测试阐要

王晖 著

商 务 印 书 馆 出 版
（北京王府井大街36号 邮政编码 100710）
商 务 印 书 馆 发 行
北京中科印刷有限公司印刷
ISBN 978–7–100–10441–8

2013年12月第1版　开本 880×1230 1/32
2018年11月北京第2次印刷　印张 9⅜
定价：30.00元

序

　　王晖所著《普通话水平测试阐要》即将付梓，索序于我，我欣然应允，这一方面缘于我和他的师友之谊，更重要的是我觉得这是一部很有特点的普通话水平测试研究专著。王晖最早是我的同事，我2001年调任语用所副所长兼国家语委普通话培训测试中心主任，他是国测中心的业务骨干，先后担任测试处副处长和处长，是我的得力助手。此后我担任国家语委"十五"科研规划重点课题"汉语普通话水平测试研究"负责人，他是该课题统筹，协助我圆满完成课题研究任务；在新《普通话水平测试大纲》研制和《普通话水平测试实施纲要》编写过程中，我们有机会经常一起探讨相关专业问题，不仅结下了深厚的工作情谊，还使我对他的学术追求和科研精神有了最直接的了解。2011年，他又随我攻读博士学位，我得以忝列王晖师席，解惑切磋，讨论辩难，我对他的了解就更深了一层。这部专著王晖酝酿已久，书成我有机会成为最早的读者，欣慰之余，愿意从"特殊读者"的角度谈些感受。

　　视野独特，框架新颖是本书的第一个特点。全书按内容分为"史论""理论""实践"三个层面：史论层面，爬梳细密，探讨深入，尤以普通话水平测试演进历程和发展规律的探讨最富有启发。理论层面，既有语言测试基础理论的阐释，又有普通话水平测试学科理论和基本属性的探讨，寓"普通话水平测试"的特殊性于"语言测试"的普遍性之中。实践层面，围绕普通话水平测试整体设计、《大纲》和《实施纲要》、测试评定等重要问题来展开。三部分内容既相对独立，又有逻辑关联，体现出整体观照的系统思维。这种以史论为基础，以理论为先导，以解决实践问题为旨归的设计，显示出作者开阔的学术视野，这在现有的同类著作中还不多见。

重理论却不空泛，这是本书的第二个特点。普通话水平测试正式实施已近20年，受测人数近4500万人次，已经成为推广普通话事业的有力推手和卓有成效的举措之一。近年来，在抓好工作实践的同时，我们致力于普通话水平测试的理论建设和学科建设，我带领我的博士研究生在普通话水平测试学科理论体系研究上，进行了一些研究，现在呈现在读者面前的《普通话水平测试阐要》体现了王晖在这方面的探索。重视理论研究，对普通话水平测试研究而言是件大好事，但普通话水平测试本身是应用语言学研究的重要成果，植根于实践是它突出的特色和生命力之所在。在普通话水平测试理论研究中，急于建构理论体系、竖起旗帜，或生搬硬套所谓"语言测试理论"的做法是不值得提倡的。王晖硕士学的是汉语史专业，素有"朴学"研究之风和较深厚的学术素养；他长期担任国家级普通话水平测试员资格考核培训班的主讲教师，有着丰富的教学和测试经验；他还担任全国测试业务主管部门的领导，熟悉测试宏观管理工作。因此由作者完成的这部虽"不追求观念形态的纯理论"，但融入现代语言测试学理论意识，致力于"操作层面的实践性理论专著"是最合适不过的。

语言本体研究与应用研究相结合，这是本书的第三个特点。语言本体（尤其是普通话本体）研究为普通话水平测试研究提供内容要素，这些内容要素在测试实践环节发挥着根本的支撑作用。无论是在测试的整体设计环节，《大纲》研制和《实施纲要》编制环节，还是在语言评定的操作环节，这种本体研究和应用研究的结合是至关重要的。以《实施纲要》词语表的研制为例，作者论述了普通话词汇本体研究的状况，大规模语料库研究状况、规范性辞书研究状况，在此基础上，提出词语表编制的构想和原则，以及人工干预和规范加工的方法，还详细报告了相关数据。作者在测试评定部分的讨论中，本体研究与应用研究相结合的特点体现得最为突出，轻声、儿化、文白异读、"啊"音变、形容词生动形式等常见语音问题的讨论，《现汉》标〈方〉词语、网络用语、

"散装外语"、"A不AB"句式、"有没有+VP"句式等词汇语法问题的探讨，都给人耳目一新的感觉。吕叔湘、陈章太、于根元等"动态规范"理论、王士元"词汇扩散理论"、邢福义"两个三角"理论（小三角"表—里—值"，大三角"普—方—古"）在本书中都有所运用，可以看出作者在追求理论化过程中，自觉地在应用层面"化理论"，这种在语言本体事实基础上，结合测试和教学，慎思明辨进行的应用性探讨，是很有价值的。

王晖在援疆紧张工作之余辛苦劳作，完成这部著作殊为不易，我为他感到骄傲，也为普通话水平测试学术领域出现这样一部高质量的著作感到庆幸。由衷地希望王晖再接再厉，不断创新，腾飞高远！

姚喜双
2013年10月于北京

目 录

引言 *1*

第一章　现代汉民族共同语的形成和推广 *3*
第一节　汉民族共同语的形成和嬗变 *3*
第二节　新中国的推广普通话工作 *6*
　　一　改革开放前 *6*
　　二　改革开放后 *10*

第二章　普通话水平测试发展述略 *15*
第一节　普通话水平测试发展阶段的讨论 *15*
　　一　"二分法" *15*
　　二　"三分法" *16*
　　三　"四分法" *17*
　　四　"两阶段四时期"划分法 *18*
第二节　普通话水平测试酝酿探索阶段 *19*
　　一　萌芽酝酿时期（1982—1988年） *20*
　　二　立项研制时期（1988—1994年） *26*
第三节　普通话水平测试实施发展阶段 *31*
　　一　起步初创时期（1994—2000年底） *32*
　　二　规范拓展时期（2001年至今） *41*

第三章　普通话水平测试学科 *77*
第一节　普通话水平测试的基本概念 *77*

  一　普通话的相关概念 …………………………………… 77
  二　普通话水平测试的相关概念 ………………………… 85
 第二节　普通话水平测试学科基础理论 ……………………… 88
  一　学科定位 ……………………………………………… 88
  二　研究任务和研究范畴 ………………………………… 89
  三　学科体系 ……………………………………………… 90
  四　学科性质 ……………………………………………… 91

第四章　语言测试基础理论 …………………………………… 95
 第一节　语言测试的实质 ……………………………………… 95
  一　语言行为样本 ………………………………………… 95
  二　客观的测量 …………………………………………… 96
  三　标准化的测量 ………………………………………… 96
 第二节　语言测试的代系发展 ………………………………… 96
 第三节　语言测试的类别 ……………………………………… 98
 第四节　语言测试质量评估 …………………………………… 102
  一　信度 …………………………………………………… 102
  二　效度 …………………………………………………… 104
  三　评价测试质量的外展指标 …………………………… 108

第五章　普通话水平测试的基本属性 ………………………… 113
 第一节　普通话水平测试的目的和类属 ……………………… 113
  一　目的 …………………………………………………… 113
  二　类属 …………………………………………………… 115
 第二节　普通话水平测试的测试对象和目标 ………………… 119
  一　测试对象 ……………………………………………… 119
  二　测试目标 ……………………………………………… 123
 第三节　普通话水平测试的性质 ……………………………… 128

    一　外显特征 …………………………………………… 128
    二　内质特征 …………………………………………… 129
  第四节　普通话水平测试活动要素 ………………………… 131
    一　施测主体 …………………………………………… 132
    二　受测对象 …………………………………………… 138
    三　测试中介 …………………………………………… 139
    四　测试活动三要素的关系 …………………………… 143

第六章　普通话水平测试的设计 ………………………… 145
  第一节　等级标准设计 ……………………………………… 145
    一　等级标准的重要性 ………………………………… 145
    二　等级层级的设计 …………………………………… 146
    三　等级特征的描述 …………………………………… 148
    四　关于《等级标准》的几个具体问题 ……………… 150
  第二节　试题结构设计 ……………………………………… 153
    一　题型设计 …………………………………………… 153
    二　题量设计 …………………………………………… 157
    三　音节覆盖的设计 …………………………………… 161
  第三节　试卷编制与题库设计 ……………………………… 163
    一　测试早期的试卷编制 ……………………………… 163
    二　国家题库制卷系统的研制 ………………………… 164
  第四节　评分体系设计 ……………………………………… 170
    一　普通话水平测试评分系统的特点 ………………… 170
    二　新《大纲》对评分系统的调整 …………………… 171
    三　普通话水平测试新《大纲》评分系统简表 ……… 177

第七章　普通话水平测试大纲和实施纲要 ……………… 181
  第一节　普通话水平测试大纲 ……………………………… 181

    一　测试大纲的作用 …………………………………… 181
    二　《普通话水平测试大纲》概况 …………………… 182
    三　新《大纲》的内容和具体问题解读 ……………… 186
  第二节　普通话水平测试实施纲要 …………………… 189
    一　《实施纲要》概说 ………………………………… 189
    二　《实施纲要》解读 ………………………………… 190

第八章　普通话水平测试评定 ……………………………… 207
  第一节　普通话水平测试评定方法论 ………………… 207
    一　定量与定性相结合的原则 ………………………… 207
    二　精确与模糊相结合的原则 ………………………… 208
    三　"无罪推定"原则 ………………………………… 210
  第二节　普通话水平测试语音评定 …………………… 212
    一　轻声及相关问题的评定 …………………………… 213
    二　儿化问题的评定 …………………………………… 221
    三　文白异读问题的评定 ……………………………… 228
    四　"啊"音变的评定 ………………………………… 240
    五　形容词生动形式音变的评定 ……………………… 249
  第三节　普通话水平测试词汇、语法评定 …………… 256
    一　词汇、语法评定在普通话水平测试中的地位 …… 257
    二　规范、规范度和规范场 …………………………… 258
    三　词汇、语法的评定原则和依据 …………………… 260
    四　词汇、语法评定的主要视点 ……………………… 262
    五　词汇、语法评定的几个具体问题 ………………… 263

参考文献 ……………………………………………………… 279
后记 …………………………………………………………… 287

引　言

普通话水平测试是我国一项大规模国家级通用语口语测试。该项测试于1994年正式实施，截至2012年底，已累积测试约4500万人次，测试人群涵盖境内所有省份，普通话水平测试已经成为国家推广普通话的一项基本措施和卓有成效的一个重要手段。2000年《中华人民共和国国家通用语言文字法》颁布，对普通话水平测试等级标准的制定、测试对象以及相关行业的资格准入要求进行了明确规定，普通话水平测试成为一个有国家专门法律保障的语言测试，在国家语言规划中具有特殊重要的地位。

普通话水平测试是具有鲜明中国语言规划特点的语言测试，既具有语言规划的工作属性，又具有语言测试学科的学术属性。在工作层面，普通话水平测试工作随着实践的深入不断蓬勃发展，在测试制度建设、机构建设、队伍建设、机制建设、测试规模等诸多方面都取得了很大成绩。在学术研究方面，普通话水平测试研究从无到有，从弱到强，成立了学术组织，搭建了学术平台，学术活动日趋活跃，学术成果逐渐丰富，学科体系初步形成。目前，普通话水平测试已经成为语言学及应用语言学等专业的一个研究方向，但与其他成熟的学科相比，尚有一些差距，需要学界同仁共同努力。

本书共八章，按照史论、理论、实践的框架搭建。史论部分包括第一章"现代汉民族共同语的形成和推广"及第二章"普通话水平测试发展述略"，分别对普通话和普通话水平测试进行历史观照，考量和探讨二者产生、嬗变、发展的历史演进历程。理论部分包括第三章、第四章和第五章。第三章"普通话水平测试学科"探讨普通话水平测试的基本概念和学科基础理论，包括普通话水平测试的学科定位、研究任务、研究范畴、学科体系和学科性质等内容。第四章"语言测试基础理论"阐述语言测试的实质、语言测试的代系发展、语言测试的类别和语言测试质量评估等基本理论。第五章"普通话水平测试的基本属性"分析普通话水平测试的目的和类属、对象和目标、测试性质、测试活动要素。实践部分包括第六章、第七章和第八章。第六章"普通话水平测试的设计"分别论述了普通话水平测试的等级标准设计、试题结构设计、试卷编制与题库设计和评分体系设计。第七章"普通话水平测试大纲和实施纲要"对《普通话水平测试大纲》和《实施纲要》进行详细的解析。第八章"普通话水平测试评定"对"普通话水平测试评定方法论"进行概括，并对普通话水平测试语音评定和词汇、语法评定进行规范性探讨。

本书是一部理论性著作，但不追求观念形态的纯理论，力图在梳理普通话水平测试发展历程、总结普通话水平测试实践的基础上，阐释普通话水平测试的基本规律，探讨普通话水平测试的基本理论，因此可以说是一部以研究、解释、解决测试中的问题为旨归的、操作层面的实践性理论专著。普通话水平测试研究领域宽广，内容宏富，本书撮要论之，难以面面俱到，故定名为《普通话水平测试阐要》。希望本书可以得到普通话水平测试员、测试研究者、相关专业教师和研究生及广大读者的指教。

第一章
现代汉民族共同语的形成和推广

第一节 汉民族共同语的形成和嬗变

汉语历史悠久,古时候有方言,也有高于方言的汉民族共同语,古代汉民族共同语历经演变,逐渐发展成为现代汉民族的共同语——普通话。在汉民族共同语的形成和发展过程中,其名称也多有更迭。

(一)雅言

西周以前我国无信史可依,据现有文献记载,汉民族共同语的历史可以至少追溯到春秋时期,那时叫"雅言"。《礼记·中庸》上说:"非天子不议礼,不制度,不考文。""考文",也就是规范语言文字。《论语·述而》中记载:"子所雅言,《诗》、《书》、执礼皆雅言也。""雅"是正的意思,"雅言"意即规范、标准的语言。"雅"又与"夏"古字相通,"雅言"也就是华夏族各方国间通用的共同语。我国历代以天子所居王都之音为正,因此当时雅言很可能是以成周(洛阳)为中心的语言。

(二)通语

汉代共同语叫"通语"。西汉末年扬雄《𫐓轩使者绝代语释别国方言》(简称《方言》)明确提出"通语"的概念,《方言》全书另有"凡语""凡通语""四方通语"等别称,均属此类。"通语"是相对"方言"而言的,即不是一方一地之言,指在广大地区里通常共同说的词语。如:"憮,㤿,怜,牟,爱也。韩郑曰憮,晋卫曰㤿,汝颍之间曰怜,宋鲁之间曰牟,或曰怜。怜,通语也。"(《方言卷一》)又如："庸，恣，比，侹，更，佚，代也。齐曰佚，江淮陈楚之间曰侹，余四方之通语也。"(《方言卷三》)说明当时的确有超方言的共同语存在，其基础可能是当时的关中方言"秦语"。

魏晋以后到唐宋，未发现汉民族共同语的新的名称，但民族共同语不仅一直存在，而且有所发展，这在历代大量韵书和韵图中有直接的反映。三国时期李登编著《声类》是最早的韵书，此后有晋代吕静的《韵集》，南北朝梁沈约的《四声谱》，隋陆法言《切韵》等。官方韵书始于唐代，唐孙愐的《唐韵》为代表，宋陈彭年、丘雍等的《广韵》是第一部官方主持修订的韵书，此后还有丁度等的《集韵》和《礼部韵略》等。韵书编纂最初的目的是方便诗人依韵创作，但也可以按照字的读音查询其意义，韵书实际上也是我国古代按韵编排的字典。为了帮助推求韵书中的每个字的正确读音，宋元以来还出现了《韵镜》《七音略》《切韵指掌图》等韵图。这些韵书和韵图，在当时起到了"正音"（规范语音）的作用。魏晋时共同语当以河洛方言为基础；唐代共同语的基础方言缺乏研究，据推测当以长安或洛阳方言为基础；根据周祖谟先生研究，宋代以汴洛方言为通用语的基础。

唐宋时代，产生了接近于口语的文学语言——古白话。古白话是在北方方言的基础上形成发展起来的，以后不断发展，出现许多有影响的文学作品。它们传播推广了古白话，这为新的汉民族共同语的形成创造了条件。

（三）天下通语

汉民族共同语的口语形式是元代才开始形成的，元代的汉民族共同语称为"天下通语"。元周德清在《中原音韵》中说："天下通语，则天下尽通，后世易晓。若为市语方言，则虽便捷一时，称快一地，要无以明天下后世。"周德清的《中原音韵》是根据元杂剧的用韵编写的，书中归纳的语音系统已相当接近今天的北京话。中原，原指长安、洛阳一带，这时的中原已经扩大到以大都为中心的广大北方地区了。学术界对《中原音韵》音系研究还有分歧，一派主张是大都话，即北京话，另一派认为是河南话，但它所反映的音系，是现代汉语语音系统的源头和基础。

（四）官话

明清时代，汉民族共同语称为"官话"，"官话"的名称出现在明代中叶。"官话"因经常使用于官场和上层人士而得名，但也广泛通行于南北。正所谓"官"者，公也，"官话者"，公用之话也。元明清三代，除明初很短一段时期外，北京一直是全国的政治、经济、文化中心，北京话的影响逐渐增大，地位日益重要，作为公用的口语日渐通行。明清时代韵书，有明兰茂的《韵略易通》，毕拱辰的《韵略汇通》，明末清初樊腾凤的《五方元音》，清李光地、王兰生等《音韵阐微》等。这些韵书都以实际语音为据，对元以来汉民族共同语规范和现代汉语普通话语音系统的形成，起了积极促进作用。

（五）国语

清末吴汝纶最早提到这个名称，王照进一步明确"国语"的概念，与"官话"意义相同，指以北方话为基础的汉民族共同语。此后，尤其是到民国初年，随着"国语运动"兴起，"国语"逐渐取代"官话"，成为汉民族共同语通用的称法，"官话"逐渐成为汉语北方方言的统称。"五四"运动之后，"国语运动"取得了很大成绩。国语运动旨在统一并推广民族共同语，经过"老国音"到"新国音"的艰苦探索，经过"京国问题"大讨论的激烈碰撞，前辈们终于寻找到了"中国语言的'心'"（刘复语）。"北京话"这一权威地域方言的确立，是国语运动的一大历史贡献，促进了汉民族共同语的加速成形，对民族共同语的发展起了重要的作用。

（六）普通话

普通话的概念最早在清末由朱文熊提出，他用"普通话"指"各省通用之话"，也就是当时人们所称的"蓝青官话"，与民族共同语的内涵有所不同。1931年瞿秋白曾反对用"国语"一词，并且对普通话的特点做了比较科学的解释。1934年以后，大众语运动的兴起，社会对普通话的认识趋于一致。随着拉丁化新文字运动的发展，普通话获得了广泛的推行，为新中国成立后普通话成为有严格定义的学术专名，并被确立为汉民族共同语奠定了基础。1955年召开了全国文字改革会议和现代汉语规范问题学术会议，确定了汉民族共同语的标准，给普通话下了科学的定义：以北京语音为标准音，以北方话为基础方言，以典范的现代白话文著作为语法规范。

第二节 新中国的推广普通话工作

新中国的推广普通话工作，是在继承三大语文运动，尤其是国语运动和白话文运动成果基础上进行的。新中国推广普通话的历史，有的学者将其划分为五个阶段（于根元2009），有的学者（李海英2006）划分为三个阶段。1966年至1976年"文化大革命"期间，是推广普通话工作的停滞期，为讨论方便，略去不叙。我们以"文革"结束为时间节点将其划分为两个阶段：1949年至1966年为第一阶段，称为改革开放前的推广普通话阶段；1976年至今为第二阶段，称为改革开放后的推广普通话阶段。

一 改革开放前

新中国成立后，国家十分重视推广普通话工作，把推广普通话工作作为文化建设的重要组成部分以及社会生活中的一个迫切的重大的问题来看待，取得了很大的成绩。在改革开放前这个阶段，推广普通话工作主要有以下重要事件：

（一）成立专门的语言文字工作机构

1952年政务院文化教育委员会下设中国文字改革研究委员会，马叙伦任主任，吴玉章任副主任。1954年改为中国文字改革委员会，为国务院直属机关之一，吴玉章任主任，胡愈之为副主任。1956年国务院成立中央推广普通话工作委员会，陈毅任主任（1961年该委员会和汉字简化方案审订委员会一起并入中国文字改革委员会）。除中央外，地方也纷纷成立相应的机构。中央和地方语言文字工作机构的建立，奠定了今天我国语言规划管理机构和工作机构的雏形。

（二）召开"全国文字改革会议"和"现代汉语规范问题学术会议"

1955年是新中国语言规划历史上一个重要的年份，这一年10月相继召开了具有重要影响的"全国文字改革会议"和"现代汉语规范问题学术会议"。"全国文字改革会议"由教育部和中国文字改革委员会联合召开，时任教育部长张奚若做了《大力推广以北京语音为标准音的普通话》的主题报告，这个报告首次以官方的名义对普通话定义进行了描述，确定以"普通话"指称早已有之的汉民族共同语，并确定了普通话"以北方话为基础方言，以北京语音为标准音"的词汇标准和语音标准。报告还阐述了推广普通话的重要意义和"重点推行，逐步普及"的工作方针（1957年6月，教育部、中国文字改革委员会联合召开全国普通话推广工作汇报会，增补一条"大力提倡"，正式形成十二字推广普通话工作方针，即"大力提倡，重点推行，逐步普及"）。

紧接着全国文字改革会议之后，由中国科学院哲学社会科学部召集召开了"现代汉语规范问题学术会议"，罗常培、吕叔湘做了《现代汉语规范问题》的重要学术报告。会议经过讨论，对于普通话和规范化的涵义都取得了一致的认识，并对进行广泛深入的科学研究达成了共识。会议还提出组建普通话审音委员会、组建词典计划委员会、开展方言调查、加强科研横向联系、加强规范化审查和宣传工作等具体建议。"全国文字改革会议"可说是对推广普通话工作进行了顶层的行政规划，"现代汉语规范问题学术会议"则可以说是对推广普通话工作进行了顶层的学术规划。两个会议奠定了新中国推普工作乃至整个语言文字工作的重要基础。

（三）在学术上明确了"普通话"的科学含义

"全国文字改革会议"和"现代汉语规范问题学术会议"都对普通话的涵义进行了阐释。1956年2月6日国务院发出《关于推广普通话的指示》，不仅对各部门、各行业推广普通话工作进行了部署，标志着推广普通话从此成为政府行为，而且对学术界关于普通话的涵义进行了总结和完善。《指示》指出："汉语统一的基础已经存在了，这就是以北京语音为标准音、以北方话为基础方言、以典范的现代白话文著作为语法规范的普通话。"这在前述两次重要会议"以北方话为基础方言，以北京语音为标准音"基础上，又增补"以典范的现代白话文著作为语法规范"，这为现代汉民族共同语——普通话，在语音、词汇和语法上制定了科学的涵义。

（四）成立专门的学术机构，取得几项重要学术成果

中国科学院语言研究所（1950年6月筹备成立）和中国文字改革委员会（兼具行政和研究职能）是我国语言规划（当时称为"文字改革"）研究最重要的科研机构，在新中国成立之初包括推广普通话研究在内的语言规划研究中发挥了重要的科研中坚作用。以北京大学、北京师范大学、中国人民大学等为代表的高等院校也在推广普通话研究中发挥了积极作用。1956年中国文字改革委员会与语言研究所合作成立普通话审音委员会。截至目前，新中国的普通话审音工作有三次，均成立审音委员会，为了便于区分，我们分别以第一届、第二届、第三届称说。第一届审音委员会共有15人：罗常培、魏建功、丁声树、吴晓铃、陆志韦、陆宗达、周祖谟、周有光、徐世荣、吴文琪、老舍、高名凯、丁西林、欧阳予倩、齐越，罗常培为召集人。[①] 普通话审音工作于1956年开始，到1962年，分三批发表《审音表》，1963年合编为《普通话异读词

---

① 名单和排序参见商务印书馆《〈现代汉语词典〉大事记1955—2005》（http://www.cp.com.cn/xh/dsj.cfm）。

三次审音总表初稿》,《审音表》在"文革"前的推普工作中发挥了重要作用。除《审音表》外,还形成《语法修辞讲话》(吕叔湘、朱德熙合著,1952年出版)、《新华字典》(1953年初版,1959年、1965年两次修订)、《汉语拼音方案》(1957年发布)、《现代汉语词典》(1960年试印本,1965年试用本)等重要成果。这些成果使推广普通话工作与推行《汉语拼音方案》和现代汉语规范化工作紧密结合,产生了深远影响。《汉语拼音方案》为学习、使用和推广普通话提供了规范的、系统的、科学的注音和拼音工具;《新华字典》和《现代汉语词典》的编纂,为推广普通话、促进汉语规范化提供了规范性的权威辞书,很好地指导了社会应用;普通话审音,确定了普通话异读词的语音规范,使普通话的使用和教学有更明确的语音依据;《语法修辞讲话》普及了普通话的语法和词汇规范知识。虽然囿于时代的局限,推广普通话的科学研究工作刚刚起步,科研成果还不能充分满足普通话推广的需要,但是前辈学者们进行的这些具有基础性和开创性的研究工作,为以后的研究奠定了坚实的基础,而且这些成果与宣传、教育、行政工作密切配合,使得"语言科研生产力"迅速取得了相当可观的成绩,这对以后的语言规划研究颇具启发意义。

(五)形成全国性学习普通话、推广普通话的热潮

1956年国务院《关于推广普通话的指示》发出后,全国形成学习普通话、推广普通话的热潮。中央多个部门相继发出通知和指示,推动所属系统行业的推广普通话工作,各地陆续成立了推广普通话的专门机构。全国形成了以学习普通话为荣的风气,涌现出一大批先进地区和个人。从1956年开始,中央有关单位举办面向小学和师范学校的普通话语音教学广播讲座,灌制普通话教学留声片140万张。从1956年开始,从中央到地方举办各种形式的普通话和方言调查的研究班、培训班,培养了大批专业骨干。1956年至1960年,教育部、中国科学院语言研究所、中国文字改革委员会三家联合举办了9期"普通话语音研究班",

共培训1666名学员。对全国1800多个点的汉语方言进行了调查，1956年至1960年，编写指导方言区学习普通话手册300多种，出版40种。中央推广普通话工作委员会、教育部、中国文字改革委员会、团中央于1958年、1959年、1960年、1964年联合举办了4次大型的全国普通话教学成绩观摩会。（以上内容详参王均1995）这一时期的推广普通话工作，主要"依靠行政手段、依靠宣传手段和群众运动"来进行（陈章太2005：206），具有明显的时代特征。

可惜"文化大革命"期间，普通话推广工作遭受到严重破坏，工作几至停滞。

二 改革开放后

"文革"结束后推广普通话工作得到了恢复，经过短暂恢复调整，推广普通话工作伴随着改革开放事业，步入新时期的发展阶段。通过30多年的发展，普通话推广和普及工作取得了显著的成就，可以概括为以下几个方面。

1. 推广普及普通话走上法制化轨道

1982年11月，《中华人民共和国宪法》写入推广普通话的内容：

"国家推广全国通用的普通话"，推广普通话这一基本语言政策有了法律的有力保障，这是中国语言文字工作历史上的一座丰碑，具有里程碑式的重要意义。2000年10月，《中华人民共和国国家通用语言文字法》（简称《国家通用语言文字法》）颁布，普通话作为国家通用语言的地位、功能、推广和使用有了更为坚实的法律基础。在《国家通用语言文字法》的基础上，截至2010年底，我国颁布了24个地方法规和8个地方政府规章，还出台了国务院部门规章，即《关于普通话水平测试管理的规定》。普通话推广和普及的法律法规体系初步形成。

2. 普通话推广工作成为国家语言规划的核心内容

1986年全国语言文字工作会议，规定做好现代汉语规范化和推广普及普通话为首要任务；1997年第二次全国语言文字工作会议把"坚持普通话的法定地位，大力推广普通话"，列为新时期四项语言文字工作任务的第一项。《国家中长期语言文字事业改革和发展规划纲要（2012—2020年）》，又把"大力推广和普及国家通用语言文字"列为七大任务之首。

3. 普通话工作机构、研究机构得到充实和加强，培训测试机构应运而生

为了适应社会发展变化的新形势、新要求，满足新时期现代化建设的需要，1985年12月，国务院将中国文字改革委员会改名为"国家语言文字工作委员会"（简称"国家语委"），仍为国务院直属机构，1998年机构改革，国家语委并入教育部。该委员会下设"普通话推广司"，后更名为"语言文字应用管理司"，管理工作范围不断拓展，但推广普通话一直是其核心工作职能之一。1984年，国务院批准成立语言文字应用研究所（简称"语用所"），先由社科院和文改会共同领导，1988年后改由国家语委单独领导，这是我国第一个，也是目前唯一的专门从事应用语言学研究的国家级研究机构，普通话推广及规范标准研究是该所有代表性的研究领域之一。1994年，经中编办批准，成立国家语委普通话培训测试中心，对全国普通话培训测试工作进行业务指导，对普通话培训测试标准进行研究和推行。该中心2001年和《语言文字应用》杂志并入语用所，组成新的语用所，培训测试中心的牌子仍然保留。培训测试专门机构的成立，标志着普通话推广进入到专业化阶段。

4. 与时俱进，根据时代变化及时调整工作方针、重点和目标，不断创新工作举措

1986年全国语言文字工作会议，提出在20世纪里使普通话成为"四用"语，即教学用语、工作用语、宣传用语、交际用语的目标；1992年《国家语言文字工作十年规划和"八五"计划纲要》提出推广普通话的新十二字方针"大力推行、积极普及、逐步提高"。1997年第二次全国

语言文字工作会议，根据实际情况，对推普目标进行了调整，提出2010年以前，普通话在全国范围内初步普及，交际中的方言隔阂基本消除；21世纪中叶以前，普通话在全国范围内普及，交际中没有方言隔阂。《国家中长期语言文字事业改革和发展规划纲要（2012—2020年）》提出，到2020年，普通话在全国范围基本普及的新的目标，并把加快农村和民族地区国家通用语言文字的推广和普及列入工作任务。

工作举措方面，逐步形成了普通话水平测试（始于1994年）、推广普通话宣传周（始于1998年）和目标管理、量化评估（始于2001年）三大基本措施。普通话水平测试形成了国家、省、市（高校）三级培训测试机构网络，截至2012年培养国家级和省级测试员约5万余人，共测试约4500万人次。推广普通话宣传周已经成功举办了16届。截至2012年底，全国36个一类城市、237个二类城市、484个三类城市通过达标认定。三大措施，使推普工作步入制度化、规范化、科学化的轨道，普通话推广和普及的行政管理力度不断加大，有力促进了全社会普通话的普及和提高。近年推普工作与提升国民语言能力、弘扬中华优秀文化传统两大工作主题相结合，从2007年开始推出的"中华经典诵读"活动，影响深远。

5. 形成了高效协调的工作体制、机制和工作格局

经过不断探索和实践，逐渐形成了"政府主导、语委统筹、部门支持、社会参与"的体制和有效协调的运作机制，逐步建立起以城市为重点，以学校为基础，以党政机关为龙头，以广播电视等新闻媒体为榜样，以公共服务行业为窗口，逐步带动全社会以及农村和少数民族地区一起推广、普及普通话的工作格局。

6. 普通话科研得到进一步重视，研究成果众多，普通话推广普及的科学化、标准化、信息化程度大大提高

1982年根据中央指示，重建普通话审音委员会，这是新中国开展的第二次普通话审音工作，第二届审音委员会由19人组成：曹乃木、方

伟、傅兴岭、高景成、蒋仲仁、梁容若、陆宗达、齐越、孙德宣、孙修章、王力、吴青、夏青、徐世荣、徐仲华、俞敏、张志公、周有光、周祖谟。王力为主任，徐世荣为副主任。（名单和排序参见曹先擢2009）这次审音的成果是1985年发布的《普通话异读词审音表》。2011年11月成立第三届普通话审音委员会，启动了新世纪普通话审音工作。第三届审音委员会主任由王洪君担任，许嘉璐、曹先擢、江蓝生、王理嘉等担任顾问。委员有陈先云、方明、侯精一、黄笑山、黄行、黄易青、李国英、李如龙、李瑞英、刘丹青、刘青、瞿弦和、商伟凡、石锋、姚喜双等15人。（名单和排序参见《中国教育报》2011年10月29日第一版）除此之外还出版了《新华字典》（1979年第5版，2010年已经修订至第11版）、《现代汉语词典》（1978年第1版，到2012年修订至第6版）、《普通话水平测试大纲》（1994年、2003年）、《现代汉语规范字典》（1998年第1版，2011年第3版）、《现代汉语规范词典》（2004年第1版，2010年第2版）、《普通话基础方言基本词汇集》（1985年立项，1996年出版）、《第一批异形词整理表》（2001年）、《普通话水平测试实施纲要》（2004年）、《现代汉语常用词表（草案）》（2008年）等重要成果。近年来普通话推广普及工作信息化、资源化观念增强，建设了"现代汉语通用平衡语料库"，启动了"中国语言资源有声数据库"建设，开通了"普通话培训测试信息资源网"，计算机辅助普通话水平测试也取得积极成果。

总的来讲，新中国成立后，特别是新时期推广普通话工作取得了积极的成果。但距离"21世纪中叶以前，普通话在全国范围内普及，交际中没有方言隔阂"的目标尚有相当大的差距。以2010年教育部语言文字应用研究所的全国普通话普及率的抽样调查为例，目前全国普通话的普及率已达70%以上，但能够流利准确使用普通话的人只有不到20%（参见谢俊英2011），普通话推广和普及的质量还有很大的提升空间。

当前,推广普通话进入到了一个非常关键的时期,语言生态更加丰富、语言生活更加多元,语言需求更加多样,语言态度更加开放,语言环境更加复杂,这就要求推普工作要有新思维、新意识、新思路和新发展,普通话培训测试工作任重道远。

第二章
普通话水平测试发展述略

普通话水平测试正式启动于1994年,但萌芽酝酿可追溯到上世纪80年代初,至今大约经历了30年的发展历程。这期间经历了几个不同的发展时期,前后衔接并阶段性赓续。探讨测试发展历程分期,分析每一阶段的背景,总结发展特点,探讨发展规律,对把握普通话水平测试发展趋势,促进普通话水平测试学科发展具有积极的意义。

第一节 普通话水平测试发展阶段的讨论

关于普通话水平测试发展历程的分期,学术界已有一定研究,归纳起来有"二分法""三分法"和"四分法"之别。

一 "二分法"

韩其洲《国家普通话水平测试回顾与展望——纪念开展普通话水平测试15周年》(韩其洲2010)是"二分法"的代表。韩文按时间顺序梳理了2009年前测试开展的情况,将测试历程划分为课题研究(1994年以前)和组织实施(1994年以后)两大部分,我们称之为"二分法"。韩文并未对测试历程进行系统研究,也没有对各阶段的特点和划分依据提出详细说明,但这种划分提供了一种分期的思路。1994年"测试实施元年"的划段界标也十分清晰。虽略显粗疏,但"二分法"对普通话水平测试发展历程分期的研究有一定的启发意义。

二 "三分法"

(一)早期"三分法"

"三分法"的出现早于"二分法",最早运用"三分法"的是国家语委普通话培训测试中心、《语言文字应用》编辑部合编《普通话水平测试的理论与实践》一书的前言部分——《编者的话》:"普通话水平测试……至今大致经历了议论酝酿、研制等级标准和测试大纲、开展测试工作这样三个阶段。"[①] 该划分方法,没有明示具体的划界节点,但是表述中所勾勒的划段界标是1988年"等级标准"正式立项和1994年测试正式实施。这种分期方法把"议论酝酿"与"研制等级标准和测试大纲"看作两个不同的阶段,也就是把个别学者和学术机构的自发研究与纳入国家语言规划的有组织的自觉研究看作不同的阶段。这两段工作时间上前后相继,但也呈现出不同的特点,如此划分有其可取之处。但"开展测试工作"在当时(1998年)刚刚四年,之后普通话水平测试有了很大发展,仅用一个时期描述,现在看来不够完善。另外,这种分期法还停留在工作梳理层面,谈不上严格意义上的学术探讨。

(二)姚喜双、韩玉华等人的"三分法"

最早把普通话水平测试发展历程纳入学术研究视野的是姚喜双,他和他指导的博士生韩玉华等第一次对测试发展历程进行了系统研究,使测试分期研究更具学术理性,这是普通话水平测试理论研究的一个学术创见。姚韩等人在其《普通话水平测试概论》中,把测试发展历程划分为三个阶段:酝酿研制阶段(1982—1994年)、组织实施阶段(1994—2001年)和发展创新阶段(2001年至今)(参见姚喜双等2011)。该分期方法,第一阶段采用"二分法"的划分,以1994年所谓"测试实施元年"为划界标志;1994年以后细化为两个阶段,两段分界以2001年实施《国家通用语言文字法》为标志。韩玉华《普通

---

① 国家语言文字工作委员会普通话培训测试中心、《语言文字应用》编辑部合编《普通话水平测试的理论与实践》,商务印书馆1998年版。

话水平测试发展历程研究》是第一篇专门研究测试发展历程的博士论文，论文延续了《概论》"三分法"的划分方法，对每一时期发展状况和发展规律的探讨尤为深入，填补了普通话水平测试历史研究的空白（参见韩玉华2012）。

姚韩等"三分法"的主要优点：一是重视分期的"划段界标"特征，划界清晰，阶段特征明显。二是对1994年以后的发展阶段进行了进一步划分，体现出《国家通用语言文字法》实施后测试的新发展。在名称表述上，"酝酿研制"也比"二分法"的"课题研究"更为科学，因为这个阶段的工作不仅是科研范畴，还有大量的宏观规划工作和具体实践工作，"酝酿"涵盖的工作内容更加全面。相较"二分法"和较早的"三分法"，姚韩等"三分法"无疑是一个进步。

但是我们发现，姚韩等"三分法"也存在一些缺憾。一是从各阶段的名称上看，"酝酿研制""组织实施""发展创新"并列，逻辑关系不够清晰。"组织实施"容易理解为测试的工作层面，使人产生"测试科研"与此阶段工作无关的误解。"组织实施"似乎也可以涵盖"发展创新"阶段的内容，因为测试启动之后，组织和实施工作便一直进行，"发展创新"阶段也不例外。因此"组织实施"难以从名称上清晰体现该阶段的特征，也不容易与其他阶段区分开来。姚韩等"三分法"第二个缺憾是，似未充分考虑到议论酝酿和有组织研制各具不同的阶段性特征，这一点上，早期"三分法"的处理值得借鉴。

三 "四分法"

聂丹在其专著《普通话水平测试研究概说》中提出"四分法"，把测试发展历程划分为"酝酿期"（1982—1993年）、"初创期"（1994—1999年）、"发展期"（2000—2005年）、"深化期"（2006—2011年）（参见聂丹2012）。"四分法"是在姚韩等"三分法"基础上提出的，对2000年以后的测试发展进行了更为详细的划分，尤其是对计算机辅助普通话水平测试技术带来的新发展予以特别的关注。"四分法"应当以三个代表性事件为划段界标,前两个分别是测试正式实施(1994年10月)和《国家通用语言文字法》颁布(2000年10月),这在聂著中有清晰的表述。但遗憾的是第三个划段界标在聂著的有关表述中语焉不详,这是"四分法"的缺憾,也是"四分法"立论的可商之处。"四分法"分期起讫的时间"表达式"(1982—1993年、1994—1999年、2000—2005年、2006—2011年)略显决绝而缺少弹性,不如姚韩"三分法"叠合相继的处理方式(1982—1994年、1994—2001年、2001年至今)。另外,"初创期""发展期"分界点划在1999年、2000年,似也值得商榷。《国家通用语言文字法》颁布时间为2000年10月31日,实施时间为2001年1月1日,两段界标以颁布时间为佳,但法的颁布和正式实施可视为一个统一的事件,因此,我们主张以2000年底为界,看似笼统实际更为灵活和妥帖。

四 "两阶段四时期"划分法

普通话水平测试发展分期的研究已经取得不少成绩,但仍然存在一些分歧,主要是学术界对划分方法和依据还缺乏深入的研究和统一的认识。普通话水平测试是新时期中国语言规划的产物,是推广普通话事业的组成部分,是应用语言学服务于国家语言战略的一项特殊成果。纵观普通话水平测试的发展历程,从诞生之日起,其语文规划的工作属性和学术属性就是相随伴生的。普通话水平测试的产生和发展是内在的动因和外部推力共同作用的结果,因此,其历史阶段的划分应当结合时代背景(包括社会背景和宏观语言规划背景)、学术背景和测试实践综合考量,而测试实践活动本身的演进则是主要依据,其中代表性成果是体现每一阶段特征的重要因素。

我们认为,综合以上"二分法""三分法"和"四分法"的优长,普通话水平测试的发展历程可以划分为两个大的阶段,细分则可以分为四个时期，称为"两阶段四时期"划分法。第一阶段为酝酿探索阶段（1982—1994年），第二阶段为实施发展阶段（1994年至今），两段的界标为三部委《关于开展普通话水平测试工作的决定》文件的出台（1994年10月）。第一阶段细分为两个时期：第一个时期为萌芽酝酿时期（1982—1988年），第二个时期为立项研制时期（1988—1994年），两期界标为国家语委成立"普通话水平测试等级标准"课题组（1988年底）。第二阶段细分为两个时期：第一个时期为起步初创时期（1994—2000年底），第二个时期为规范拓展时期（2001年至今），两期界标为《国家通用语言文字法》颁布（2000年10月）。每一时期、每一阶段的主要特征，主要的标志性成果，我们分阶段列述。

第二节　普通话水平测试酝酿探索阶段

1982年，北京市语言学会普通话等级标准研究小组《普通话等级标准条例草案》是迄今文献中最早记录的研究成果，因此，1982年可以视为普通话水平测试萌芽的起始时间。由此开始，地方实践、学者探讨呈一时之盛，其间最有代表性的学术成果是1983年陈章太《略论汉语口语的规范》。1986年全国语言文字工作会议主报告，首次在国家语言规划层面提出普通话设三级的设想。1988年普通话水平测试发展进入第二个时期，国家语委正式立项研制《普通话水平测试等级标准（试行）》，1991年课题通过鉴定。1992年，国家语委着手组织《普通话水平测试大纲》的研制，1994年6月《普通话水平测试大纲》定稿，标志着普通话水平测试的酝酿探索阶段的结束。

一 萌芽酝酿时期（1982—1988年）

（一）时代背景

普通话水平测试的提出不能脱离中国推广普通话的具体背景。如上章所述，推广普通话是新中国几十年来一以贯之的语言政策，从上个世纪50年代开始，国家主要采取号召、宣传、倡导等形式推广普通话，行政力量起主导作用。经过政府和各界的共同努力，推广普通话工作取得了不小的成效，但在幅员辽阔、人口众多、语言和方言复杂的中国，普通话还远未普及。

上世纪70年代末80年代初，我国开始实行改革开放政策，社会经济迅速发展，市场经济逐步建立，国内外交往空前广泛和频繁，工业化和信息化进程加速发展，第三产业勃兴，广播电视等新闻传媒日益普及，教育文化事业蓬勃发展。社会经济的迅速发展为推广普通话提供了强大的客观动力。商品流通、人才流动、信息交流空前繁盛，从语言应用的角度看这是不同民族语言和各地汉语方言的大接触、大碰撞、大交流、大融合，其必然结果是大家更为认同普通话的实用价值、文化价值和审美价值，更为迫切地需要普通话的迅速普及，而且是高质量的普及。在改革开放和市场经济大潮推动下，推广普及全国通用的普通话成为普遍而紧迫的社会需求。

1982年12月4日第五次全国人民代表大会第五次会议通过了新的《中华人民共和国宪法》。《宪法》第十九条规定："国家推广全国通用的普通话"。汉民族共同语历经传承革变，其推行从学者规范、行政命令甚至"上谕"钦令，最终发展到法律规定，实现了现代意义上的"法制化"。在国家根本大法中明确规定普通话地位，在我国语言规划史上具有划时代的意义。"全国通用"语言，意味着普通话实际上具备了National Language（国语）的地位和作用。"国家推广"实际上明确了推广普通话是一项国家语言政策和语言任务。

在宏观语言规划方面，为了适应社会变革发展的迫切需要，根据《宪法》规定和要求，在已有的基础上，总结历史经验，对国家语言规划进行必要的调整，采取新的有效措施，加快推广普通话的进程，成为新时期中国语言文字工作的第一要义，这为普通话水平测试的诞生提供了孕育的温床。

1982年《宪法》发布不久的同年12月21日，教育部和中国文字改革委员会等15个部委联合发出《大家都来说普通话倡议书》，《人民日报》发表了《做推广普通话的促进派》的评论员文章，《光明日报》发表了题为《全国师生都要做大力推广普通话的模范》的评论员文章。1986年1月，全国语言文字工作会议在北京召开，这次会议是经中共中央和国务院批准，由当时的国家教育委员会和国家语言文字工作委员会联合召开的，这是继1955年10月全国文字改革会议和现代汉语规范问题学术会议之后，召开的第二次全国性的语言文字工作会议。会议报告把做好现代汉语规范化和推广普及普通话列为新时期语言文字工作的首要任务，提出"大力推行"和"积极普及"是新时期推普的重点方向，并首次提出到20世纪末使普通话成为"四用"语的目标。会议还第一次从国家主管部门角度提出了对普通话等级标准分三级的初步设想，为普通话水平测试纳入国家语言规划提供了条件。

1986年9月国家语委和国家教委联合召开"七五"期间语言文字工作规划会议，提出推广普通话要根据各地经济文化发展的实际需要和已有的工作基础，对不同行业和不同年龄的人提出不同的要求。这为普通话水平测试区分测试标准和测试要求提供了直接的思想依据。

（二）学术背景

普通话水平测试是一种语言测试，滋养它的直接理论来源有二：一是语言学和应用语言学研究成果，二是语言测试研究成果。

上世纪80年代以来，我国语言学和应用语言学研究取得进一步发展，直接作用于普通话水平测试的是普通话和现代汉语领域的诸多新成果。语音规范方面，1985年第二届普通话审音委员会发布了新的《普通话异读词审音表》。"自公布之日起，文教、出版、广播等部门及全国其他部门、行业所涉及的普通话异读词的读音、标音，均以本表为准"，在普通话推广中，语音有了可依据的新标准。词汇方面，除了《现代汉语词典》继续发挥规范引领作用之外，还出现一些新的词典，如闵家骥等编《汉语新词词典》（上海辞书出版社1987年版）。陈章太、李行健主持的《普通话基础方言基本词汇集》研究，也于1985年立项。此外学术界还出现研究词语规范（包括生造词、外来词、港台词和方言词等新词新语规范）的大量成果。语法研究方面也成果丰硕，突出的是口语语法研究得到重视，陈章太、陈建民等先生的研究对普通话水平测试颇有启发。除了普通话本体研究之外，语言规范理论和汉语方言研究的研究也为普通话水平测试研究提供了学术支持。尤为重要的是，这一时期应用语言学开始在我国成为一门独立的学科，语言教学和语言测试研究开始得到重视。

中国是考试的故乡，但我国语言测试理论是在西方语言测试理论的影响下才发展起来的。20世纪80年代后期，第三代语言测试体系兴起，并形成与第二代主流体系相抗衡的力量。国际语言测试理论的发展对我国语言测试产生了很大影响，这种影响首先发生在外语教学和测试领域，进而影响到对外汉语教学和测试领域。普通话水平测试研发之时，正处于第二代体系和第三代体系交迭之际，受到两个体系的理论的共同影响。普通话水平测试研究在语言学基础上，增添了测试学的视角，其意义不仅在于开拓了研究视野，更为重要的是普通话水平测试研究的学术逻辑起点得以建立。普通话水平测试萌发于此时，可谓顺势应需适时。

（三）主要特征

这一时期的主要特征是：以个体性学术研究和地方性探索实践为主要形式。

1. 个体性学术研究

在1982年之后，我国语言文字工作者开始对普通话等级标准和水平测试问题进行研究和探讨，一时间研讨标准、设计方案、著文立说者众。个体性学术研究最早集中在等级标准的探讨方面。等级评价是教育测量和评价的主要方式之一，等级标准是进行等级评价的基础和关键，任何等级评价开展前都要建立明确的标准，学校开展的学科等级评价如此，机构开发的专项语言等级测试也不例外。因此说普通话水平测试的早期研究聚焦于等级标准的探讨，甚或说等级标准的探讨开启了普通话水平测试研究的序幕，这在学术缘起上是可以成立的。1982年北京语言学会普通话等级标准研究小组提出的《普通话等级标准条例草案》、1983年陈章太发表的《略论汉语口语规范》是此阶段研究较早并且影响深远的成果。此后比较有代表性的成果有：香港中国语文学会普通话测试研究小组《普通话水平测试大纲（征求意见稿）》（1985）、徐世荣《普通话测试上的标准问题》（1985）、姜玉星《国语—普通话水平测试上的语言水平层次及其标准问题》（1985）、李英哲《美国外语教学学会对汉语使用能力程度的订定与能力测试编写的关系》（1985）、植符兰《普通话水平测试大纲方案》（1985）、缪锦安《有关普通话水平测试的一些问题》（1985）、陈章太《关于普通话教学和测试的几个问题》（1986）、鲁允中《普通话水平测试刍议》（1987）、庄守常《中师生普通话考核标准问题探讨》（1987）等。（参见陈章太1997）

2. 地方性探索实践

1986年全国语言文字工作会议前后，一些省市在制定推广普通话工作规划的同时，开始进行测试方案的探索和实践。1985年，河南省教育厅和省文字改革办公室对448名中等师范学校的教师测试并颁发普通话合格证书；1986年，湖北省文改会、教育厅对全省师范院校（文理科）和教育学院、教师进修学院（文科）应届毕业生1万余人进行普通话语音统考。1986年，辽宁省对全省教师的普通话水平进行等级考核。河北师范大学早在80年代中期就有组织、有规模、有针对性地开展普通话测试活动。

在各地的测试探索中，云南省的测试实践活动尤具代表性。1982年，云南省开始在全省师范院校进行统一考试，笔试由省统一命题，测查汉语拼音，口试由各校进行，测查口语运用能力。1986年，云南省制订了《普通话三级六等量化评分标准》，全省16万人报名，14万人参加测试，12万人获得证书。1987年云南师范大学进行"普通话标准化测试"改革实验，考试内容分口试和笔试两部分，口试包括单音节、词语、说话、朗读；笔试考汉语拼音，题型为标准化选择题。根据笔试和口试综合成绩，分一、二、三级标准定级。云南省语委办对该改革方案予以支持和采纳。云南省的测试实践，从测试形式、内容、题型、题量、评定方法，以及组织实施、管理、测试员培训等诸多方面进行了卓有成效和富有开创性的探索。（参见戴梅芳1997；张苇1996）

（四）代表性成果

以下两个成果在普通话水平测试研究发展史上具有里程碑意义：

1.《略论汉语口语规范》——普通话水平测试研究的"破题之作"

陈章太先生《略论汉语口语规范》是这一时期普通话水平测试研究最具代表性的成果。陈先生从上世纪80年代初开始，着重研究语言规划和社会语言学。1983年9月他在美国夏威夷举行的"华语社区语文现代化和语言计划学术研讨会"上，宣读论文《略论汉语口语规范》，后发表在《中国语文》1983年第3期上。

陈文对汉语口语本身的规范提出三个等级的要求："第一级的要求是：说标准或基本比较标准的普通话。第二级的要求是：说大体标准的或比较标准的普通话。第三级的要求是：说不很标准或是合格的普通话。"文章还从语音、词汇、语法角度对每级的具体特征进行了说明。《略论汉语口语规范》奠定了普通话水平测试"三级"划分的坚实学术基础。

　　文章还认为"关于汉语口语规范的标准和要求，这有两层意思：一层是指口语本身规范的标准和要求，另一层是指口语表达的规范和要求"，鉴于此，文章提出："对不同职业的人或不同场合的讲话，口语表达的要求应当有所不同。一般地说，对使用口语机会多、接触人多、听众多、影响大的人，如党政军各级主要负责人、广播员、演员、教师、医护人员、外交人员、翻译员、讲解员、导游员、律师、政法部门的干部，商业、交通、运输、邮电等部门的服务人员，工矿企业各级领导人员，以及研究语言与机器的关系的科研人员等，要求要高一点儿，而对其他一般人的要求可以低一些。对公众场合、正式场合的发言和讲话，要求应当高一些，而对一般场合的说话要求可以低一些。"这既是对前辈思想的继承（如对不同人有不同要求的论述，张奚若、周恩来、罗常培、吕叔湘都曾论及），更有了进一步的发展，这段论述已经包含规范要区分层次和对象，规范应当讲求规范度和规范域等思想。这对普通话水平测试标准的把握具有方法论的意义。重点人群的讨论，为测试对象的确立直接提供了思路。

　　陈章太1983年调文改会（1985年后改名为"国家语委"），后任国家语委副主任，兼具语言学家和国家语言文字工作机构领导的双重身份。其汉语口语水平分三级的设想被1986年全国语言文字工作会议的主报告所采纳，正式成为国家语言规划的内容之一。《略论汉语口语规范》在学术界和国家语言文字规划中都产生了深远影响，从这个意义上讲，我们可以认为《略论汉语口语规范》是整个普通话水平测试研究的"破题之作"。

　　2.《新时期的语言文字工作》——普通话水平测试的"张目之作"

　　1986年1月，全国语言文字工作会议在北京召开，时任国家语委主任刘导生做了《新时期的语言文字工作》的主题报告。关于推广普通话报告有很多新的提法，其中将普通话等级标准分三级的设想成为一大亮点。报告指出:"考虑到不同地区、不同部门、不同行业、不同学校、不同年龄等情况,从实际出发,具体要求可以不同。我们初步设想,可以分为以下三级:第一级是会说相当标准的普通话,语音、词汇、语法很少差错。第二级是会说比较标准的普通话,方音不太重,词汇、语法较少差错。第三级是会说一般的普通话,不同方言区的人能够听懂。"(刘导生1986:11)报告与陈章太《略论汉语口语规范》表述上略有不同:一是在总的描述语之后,增加了一点解说,如第一级的"语音、词汇、语法很少差错",第二级的"方音不太重,词汇、语法较少差错",第三级的"不同方言区的人能够听懂"。二是第三级的描述语有所调整,陈文用的是"说不很标准的普通话",报告用的是"会说一般的普通话"①。调整主要考虑是以正面表述替代否定的表述。报告的贡献在于及时汇集学者的学术智慧,把学者们的个人学术探索和个别实践提升到国家语言规划的全局层面。组织和动员力量,启动大规模普通话水平测试科学研究的号角已经吹响,《新时期的语言文字工作》可以看作普通话水平测试的"张目之作"。

二 立项研制时期(1988—1994年)

(一)时代背景

1986年1月全国语言文字工作会议和1986年9月《全国语言文字工作"七五"计划》,为开展普通话水平提供了工作依据。各地的测试实践活动为国家级普通话水平测试提供了条件,各地测试方案虽各有特点,但方法不尽相同,标准也难以统一,因此,制定统一的国家级测试已成为迫切的现实需要,势在必行。贯彻全国语言文字工作会议精神,落实"七五"计划的工作部署,在学者个人研究和地方实践的基础上,加快

---

① 第三个级别的描述和概括,陈章太在不同文章中用过"不很标准的普通话""一般的普通话""及格的普通话""不标准的普通话""不太标准的普通话""基本标准的普通话""基本合格的普通话""地方普通话"等,最后提出用"合格的普通话"。详参陈章太(2005:313)。

研究全国统一的普通话水平测试成为历史性的课题,普通话水平测试研究和实践进入到新的阶段。

（二）学术背景

20世纪80年代中后期,普通话水平测试在语音、词汇、语法等本体研究方面都获得了更为丰厚的学术支撑。语音规范方面,1985年发布了新的《普通话异读词审音表》；实验语音学领域出版了吴宗济、林焘等几部力作；词汇规范方面,除《现代汉语词典》之外还出现一批新词新语词典,如《新词新语词典》（李行健等主编,语文出版社1990年版）、《1991汉语新词语》（于根元主编,北京语言学院出版社1992年版）、《1992汉语新词语》（于根元主编,北京语言学院出版社1993年版）；语法研究成果突出,特别是口语语法研究成果增长较快；语言规范理论和方言研究也为测试研究提供了学术支持。汉语水平考试（HSK）的研究更是为普通话水平测试提供了可资借鉴的直接参考；前一时期学界关于测试等级标准、评估方法等的探讨和地方测试实践为普通话水平测试的深入研究奠定了基础。

（三）主要特征

这一时期的主要特征是：以国家语言文字规划机构的集体性学术研究和实验为主要形式。

1988年底,国家语委成立了由国家社会科学基金（93BYY010）资助的"普通话水平测试等级标准"课题组,1991年课题通过论证。1992年,国家语委组织《普通话水平测试大纲》研制课题组和学术委员会,1994年6月《大纲》定稿完成。《等级标准》和《大纲》由国家语委组织专家集体研制,体现出国家语言文字规划的工作属性。对于大规模国家级语言测试的开发,这种聚集国家力量的方式,有利于工作的协调,也有利于发挥集体学术智慧。

（四）代表性成果

1.《普通话水平测试等级标准》——普通话水平测试的"奠基之作"

"普通话水平测试等级标准"课题组由孙修章和于根元负责,成员还包括曹澄方、宋欣桥、魏丹、姚佑椿等人。

大规模、全国性的第一语言测试研究在我国尚属首次,课题组进行了大量具有开创性的研究。"为了扩大视野,更多地借鉴国内外汉语及外语水平测试、等级水平资料,使课题的研究能在已有成果的基础上进行,我们通过各种渠道,汇集到约50件资料,其中参考价值较强的在15件以上。在制订研究工作计划以后,我们还访问了周有光、徐世荣、王均等专家,就研究工作中应注意的问题及研究方法等广泛听取意见。"(孙修章1992:12)在此基础上,课题组还多次深入基层,进行调研和设计验证。经过深入探讨,课题组确定了制定标准和大纲5条原则:

"1.等级标准是全国统一标准;2.等级标准级中套等;3.主观评级与客观评级相结合,以客观评级为主;4.口试与笔试相结合,以口试为主;5.语音、词汇、语法全面考核,以语音为主。"(孙修章1992:13)"等级标准是全国统一标准",从理论上厘清了全国方言差异大、学习普通话起点不同、统一标准会导致结果不公正等错误认识。"等级标准级中套等",在"三级"基础上进而细化为"三级六等",普通话水平测试等级设置得以定型。"主观评级与客观评级相结合,以客观评级为主",确定了测试的评分操作原则。"口试与笔试相结合,以口试为主"(后来修正为只有口试),确定了普通话水平测试的方式。"语音、词汇、语法全面考核,以语音为主",确定了普通话水平测试的测试内容和重点。可以这样说,这5条原则明确了普通话水平测试等级标准研究的路向和目标,确定了普通话水平测试的主要特征。

课题组还对测试项目的设置、各测试项评分比例和记分方法、测试时间等进行了设计,为了验证方案初稿的可行性,选取广东、上海、石家庄和中央普通话进修班相关人群进行试测。经过多次试测调整,五易初稿,1991年"普通话水平测试等级标准"课题论证会召开。王均、周有光、吕必松、林焘、徐世荣、张颂、夏青、侯精一、刘照雄、佟乐泉、鲁允中、庄守常、厉兵为论证委员。论证委员充分肯定了课题组的研究成果。1992年,《普通话水平测试等级标准》经过修改后,由国家语委原普通话推广司印发各地试行(国语普[1992]4号文件)。

《普通话水平测试等级标准》正式确立了普通话水平测试三级六等的等级框架,描述了各等的特征,划定了等级分数线。课题组以勇于探索的科研精神、科学严谨的科研作风和卓越的研究成果,奠定了普通话水平测试的坚实基础。

2.《普通话水平测试大纲》——普通话水平测试的"成型之作"

《普通话水平测试等级标准》课题组原计划"用三年时间研制出'普通话水平测试标准''普通话测试大纲'及'测试题的编制与题型'三个项目"。(孙修章1992:12)1991年论证会召开时,课题组主要完成了"普通话水平测试标准"这一核心任务,"普通话测试大纲"及"测试题的编制与题型"的研究也已具雏形,但因种种原因并未最终完成。为了推动普通话水平测试尽早实施,1992年第四季度,国家语委组织专门的学术委员会和课题组,研制《普通话水平测试大纲》。"本课题列入国家语委'八五'重点科研项目,并且列入国家社会科学基金项目(93BYY010)。这个项目实际上是1988年课题(按:即"普通话水平测试等级标准"课题)的延续,是对前一个项目的拓展和完善。"(刘照雄2004:11)课题学术委员会主任由时任国家语委副主任、著名语言学家王均担任,课题组负责人为刘照雄。

1993年3月,《大纲》研制组提出编写框架和基础词表,提交《大纲》学术委员会论证研讨。学术委员会原则同意《大纲》的编写内容和框架,肯定了基础词表作为词语基础测试部分的作用,同时提出补充和完善的建议。经过课题组努力,1994年6月《大纲》定稿。

《大纲》主体结构由总论、正文和附录等三部分组成:总论包括三个部分:1.导语;2.试题编制和评分办法;3.试卷的分型和样卷。正文包括五个部分：第一部分：普通话语音分析，包括声母、韵母、声调、普通话音节表、变调、轻声、儿化；第二部分：普通话（口语和书面语）常用词语，包括［表一］8454条和［表二］15467条；第三部分：普通话与方言常用词语对照表；第四部分：普通话与方言常见的语法差异，常用量词的选择；第五部分朗读作品（1—50号），谈话题目50则。附录包括四部分：《汉语拼音方案》《普通话异读词审音表》《汉语拼音正词法基本规则》和《国际音标表》。

《大纲》详细规定了测试的目的、性质、方式、方法，明确了测试的内容、范围、题型和要求。《大纲》使普通话水平测试的实施有了切实的、具体的、可靠的依据，为保证普通话水平测试顺利启动和开展提供了操作蓝本。《大纲》编制的完成，标志着开展普通话水平测试的学术准备得以最终完成，普通话水平测试最终完成"定型"；也标志着普通话水平测试酝酿探索阶段历史任务的完成和实施发展阶段的来临。

探究普通话水平测试酝酿探索阶段发展历程，我们可以发现，其早期最具标志意义的研究成果，主要由国家语委专家完成，这体现出国家语言文字主管机构对这项工作的高度重视，也说明普通话水平测试从诞生之日起，就打下了国家语言规划的烙印。当然在这十几年间，全国不少语言学者和各地的语言文字工作者做了很多探索，为普通话等级标准和水平测试研究积累了丰富的理论和实践经验，并与国家相关机构形成良好互动，这是我们应该时刻记取的。

纵观整个酝酿探索阶段的工作，从社会需求，到学者学术探讨、地方工作实践，再到纳入国家语言工作规划并立项研发，发展脉络明晰。破题——张目——奠基——成型，等级设想——等级标准——测试大纲，科研扎实有序、学术理路清晰。各种因素协调互动，国家主导、语委统筹、地方支持、学者参与，一项具有鲜明中国语言规划特点的国家级语言测试——普通话水平测试就这样艰辛而又顺理成章地诞生了。这堪称我国语言规划富有成效的一个突出案例。

从时下流行的"出场学"角度来看，普通话水平测试的出现可以看作历史语境发生重大变化的必然产物。从普通话水平测试的"出场语境"来看，推普已经上升为国家基本的语言政策和语言任务；从普通话水平测试的"出场路径"来看，国家语言文字工作部门将测试纳入国家语言文字规划，行政推动是其主要实现方式；从普通话水平测试的"出场形态"来看，行政和学术二合一将是其出场的"定妆"形态。

第三节 普通话水平测试实施发展阶段

1994年10月，国家语言文字工作委员会、国家教育委员会、广播电影电视部联合下发了《关于开展普通话水平测试工作的决定》（国语〔1994〕43号，简称"三部委《决定》"），这标志着普通话水平测试正式启动，步入实施发展阶段。

1994—2000年底是测试的起步初创时期。在这一时期，初建制度、组建机构、建立队伍、组织动员和开展测试是主要任务，随着测试实践的初步进行，测试的科学研究也逐步开展。

2001年至今是测试的规范拓展时期，其标志为《国家通用语言文字法》的正式颁布和实施。这一时期，普通话水平测试法制化、规范化成果显著，出现了《普通话水平测试管理规定》为代表的规范性工作成果和《普通话水平测试大纲》（新《大纲》）、《普通话水平测试实施纲要》为代表的规范性学术成果。在这个时期，普通话水平测试的科学化、现代化也取得长足发展，以计算机辅助普通话水平测试的研发应用、普通话水平测试信息管理系统、信息资源中心的应用和开通、普通话水平测试学科的初步建立、全国普通话培训测试现状调研的开展等事件为代表，普通话水平测试体现出拓展深化的新特色。

两个阶段前后相继，不断推动普通话水平测试走向成熟、趋于完善。

一　起步初创时期（1994—2000年底）

（一）时代背景

1992年国家语委《全国语言文字工作十年规划和"八五"计划》正式确定新时期推广普通话工作方针是"大力推行，积极普及，逐步提高"。"所谓普及，应该包含量和质两个方面的要求。量的要求可用普及率的高低来说明……质的要求是指说普通话的水平达到何种程度。"（仲哲明1997：4）另一个问题是如何普及，原有的推普工作措施，行政手段导致的"运动式"的断续性、不均衡性等局限也日益显现，已不能很好适应新时期推广普通话的迫切需求。因此在依法管理、行政管理、宣传教育诸多手段综合运用的同时，"在实际工作中总要有一些既有科学性、可操作性，又对人们学习普通话具有激励作用，且能为人们接受的办法。"（仲哲明1997：4）正是在这种新的工作方针和思路下，我国的语文工作者充分认识到语言测试、评估和等级证书制度在语言教育和职业岗位准入方面的特殊的作用。

1992年国务院63号文件要求各级人民政府和有关部门加强领导，坚持不懈地抓好推广普通话等在内的语言文字工作。文件要求到20世纪末，普通话要成为"校园语言"（而不仅是教学语言）、工作用语、服务用语，特别强调"广播、电视、电影、话剧以及音像制品等在语言使用上具有很强的示范作用，必须使用标准的普通话"。为落实国务院63号文件要求，国家教委决定在师范院校开设《教师口语》课程，并于1993年颁布了《师范院校〈教师口语〉课程标准》，该《标准》规定，教师口语课"考核必须严格，注重平时检测，以口试为主。普通话测试要以国家语言文字工作委员会规定的测试等级标准进行"。无论从国务院、国家语言文字工作管理部门的要求，还是从教育、公务、服务、传媒领域的专业需求来看，尽快开展普通话水平测试工作已经成为时代的需要，摆上了有关部门的工作日程。

（二）学术背景

20世纪90年代初，是我国语言学开始全面发展的时期。语音学方面，语调和韵律的研究成为研究的热点，其中轻声、重音、儿化、时长的研究对测试研究有直接的启发和借鉴；词汇研究方面，词汇规范理论、外来词规范、新词语规范、通用词语研究、方言词语研究等成果与测试研究密切相关；语法研究方面，语法现象的语用研究得到重视；汉语水平测试（HSK）的研究成果显著，1993年被正式定为国家级标准化考试，其研究成果以及管理实施方式对普通话水平测试都不无启发。普通话水平测试研究继续深化，除《等级标准》和《大纲》外，另有一批论文，内容涉及测试理论研究、测试依据研究、测试界域研究等方面，提出了一些基础性课题。

（三）主要特征

这一时期的主要特征是：以全方位实践为主要形式。初建制度、组建机构、建立队伍、组织动员开展测试是主要任务，随着测试实践的逐渐推进，测试的科学研究也初步发展。

（四）代表性成果

这一时期，在制度建设、机构建设、队伍建设、科学研究诸多方面都有代表性成果出现。

1. 制度建设成果

（1）三部委《关于开展普通话水平测试工作的决定》——普通话水平测试工作正式启动的标志和政策依据

1994年10月，语言文字主管部门和教育、广电两大语言文字使用领域的主管部门联合下发了《关于开展普通话水平测试工作的决定》（以下简称《决定》），标志着普通话水平测试正式启动。其主要内容是：①阐述在一定范围内对某些特定领域特定岗位人员开展普通话水平测试、并逐步实行普通话等级证书制度的必要性；②规定现阶段主要的测试对象及其普通话等级要求；③等级证书及等级证书制度涉及的人群（播音员、节目主持人、教师）及实行等级证书制度的起始时间（1995年起）；④测试领导机构和执行机构；⑤测试的工作依据——《普通话水平测试实施办法（试行）》（附件一，简称《实施办法》）和《普通话水平测试等级标准（试行）》（附件二）。三部委《决定》（包括附件）解决了实施普通话水平测试必须明确的测试机构、测试依据、施测主体（测试员）、受测对象（应试人员）、测试流程等核心问题，成为开展普通话水平测试的纲领性文件和政策依据。

（2）《国家语言文字工作委员会关于普通话水平测试管理工作的若干规定（试行）》——普通话水平测试早期的规范指导性文件

三部委《决定》下发后，普通话水平测试陆续开展。但在实施过程中，国家和地方都发现一些具体问题，需要在制度上进一步明确和规范。1997年6月，国家语委出台《国家语言文字工作委员会关于普通话水平测试管理工作的若干规定（试行）》（以下简称《若干规定》）。

在机构组建上，《若干规定》明确规定国家和地方语言文字工作行政机构是普通话水平测试工作的管理机构，国家和地方普通话培训测试中心是普通话水平测试工作的实施机构，并首次勾勒出国家、省级、市级三级测试实施机构的雏形。在测试依据方面，《若干规定》明确《普通话水平测试等级标准》是全国统一标准，《普通话水平测试大纲》是全国统一大纲。在施测主体方面，进一步完善了国家级测试员和省级测试员的资格选拔、聘用、考核机制，新增了测试员职责纪律条款，提出测试员队伍规划要求。此外还首次提出建立普通话水平测试视导员队伍。在测试对象及其达标要求方面，《若干规定》进一步明确和细化了相关规定，使得各类应试人群的测试等级要求更具标准参照性。在测试流程方面，《若干规定》详细规定了成绩认定机制和一级成绩的复审制度，提出质量抽查制度。此外，还首次提出《普通话水平测试》等级证书全国通用，有效期为5年。《若干规定》还提出属地管理原则，提出财务制度规范和加强部门合作、加强科研工作的要求。

《若干规定》是在各地小规模测试实践开展以后出台的，它及时修正了三部委《决定》和《实施办法》不够科学、不便操作、不甚明确的部分条款和内容，对测试工作管理和测试实践环节，提出了较为全面和明确的制度性要求。《若干规定》是普通话水平测试早期重要的规范指导性文件。

2. 机构建设成果

国家语委普通话培训测试中心——普通话水平测试机构建设的重要标志。

1994年7月，中编办批准成立"国家语委普通话培训测试中心"（以下或简称"国测中心"），核定该中心事业编制15人，刘照雄被国家语委任命为首任主任，这标志着普通话水平测试机构建设迈出了关键的实质性的一步。

国家测试实施机构成立之前，国家语委普通话推广司承担着普通话水平测试研制和测试组织、管理的筹备工作。但是以宏观推普管理工作为主要业务的普通话推广司，不宜长期从事测试具体业务的管理。为此，国家语委决定成立普通话培训测试中心作为测试业务管理和实施的专门机构，这与普通话水平测试具有的行政、业务、学术特性相匹配，也符合"政事分开"的事业机构改革方向。

1994年三部委《决定》下发后，各地先后成立了地方测试实施机构。较早成立的省级机构有"云南省普通话水平测试中心"（1992年成立，1997年更名为"云南省普通话培训测试中心"）、上海市普通话培训测试中心（1994年）、河北省普通话培训测试中心（1995年）、湖北省普通话培训测试中心（1996年）、黑龙江省普通话培训测试中心（1997年）、湖南省普通话培训测试中心（1998年）、山东省普通话培训测试中心（1999年）、浙江省普通话培训测试中心（2000年）。还有一些省份由语言文字工作管理部门（语委办）负责开展普通话水平测试工作。地市级和高校测试机构，在各省级测试机构和省语言文字工作管理部门领导下，也着手组建。全国测试实施机构网络框架初成，为普通话水平测试在全国的实施提供了组织保障。

3. 队伍建设成果

首期普通话水平测试员资格考核培训班（简称"国测班"）——测试员队伍建设的发端。

（1）测试员队伍

测试员队伍的培养，是以1994年12月首期普通话水平测试员资格考核培训班（简称"国测班"）开班为发端的。

建立一支素质良好的测试专业人员队伍，是保证普通话水平测试顺利实施和健康发展的重要因素。1994年《实施办法》对测试员提出明确要求，内容涵盖思想作风、业务能力、普通话水平、文化程度、年龄、工作经历等诸多因素。1997年《若干规定》对测试员的要求进一步充实和明确，特别是对国家级测试员和省级测试员的要求有所区别，对测试员专业素质的要求更加明确。

1994年12月5日首期国测班在北京广播学院（今中国传媒大学）培训中心举办。培训内容为：1. 政策文件学习；2.《普通话水平测试大纲》介绍；3. 普通话水平测试的实操练习；4. 普通话语音系统简介；5. 朗读与口语训练要领。考核内容为：国家级普通话水平测试员考核（当时只有普通话水平口语测试，还没有测评能力考核）。首期国测班开启了测试员培训的序幕，不但为普通话水平测试在全国顺利实施培养了首批骨干，而且在培训方式和内容上，在理论与实践相结合的教学方针上，为各地省级测试员班提供了范式。

为了适应测试初期对测试员的大量需求，国家语委普通话培训测试中心计划"大致用五年时间，培训1500名国家级普通话水平测试员；实现人口多的省市至少应该有50名、人口少一些的省市有30名左右的国家级测试员。由国家级普通话水平测试员根据三部委文件和《普通话水平测试大纲》分别在各省市培训省级普通话水平测试员。五年内，培训省级测试员15000名。"（刘照雄2004：11）面对艰巨的工作目标，从1994年到2000年底，国测中心共举办国测班28期，培养学员2240名，为全国普通话水平测试事业和推广普通话事业培养了大量的专门人才。有人用普通话水平测试战线的"黄埔军校"来类比国测班，其影响之深远，作用之巨大，名声之显赫，可见一斑。

各地省级普通话水平测试员（简称"省测员"）的培训也迅速铺开。按照《国家语言文字工作委员会关于普通话水平测试管理工作的若干规定（试行）》的规划，"省级测试员数量为国家级测试员数量的5—8倍"。实际上，各地省测员的培训数量一般高于《若干规定》的要求，约为国测员数量的10倍左右。以上海市为例，截至2000年底，全市培养293名省级测试员，其中69名通过国家级测试员资格考核。

两级普通话水平测试员的培训，在短短几年内，在不少省市取得较快进展，为普通话水平测试在全国范围内顺利开展，提供了专业队伍保障。

（2）视导员队伍

除了测试员队伍，各地还从工作需要出发，尝试建立视导员队伍。

在全国统一的普通话水平测试开始之前先行开展测试实践的辽宁省，在1993年即开始组建全国第一支视导员队伍（韩玉华2012：66）。云南省1995年设立"测评指导"，2000年更名为"视导员"，全面参与指导和协助管理监督普通话培训测试业务工作。1997年《若干规定》提出："各省（自治区、直辖市）及省会（自治区首府）、计划单列市的普通话培训测试中心可根据需要聘任3—5名普通话水平测试视导员。"各地及时落实《若干规定》的要求，先后组建视导员队伍，且人数都远远超过3—5名的建议。例如，云南首批即聘任了50名，体现出各地对专家指导团队的需求和重视。视导员队伍由各方面的专家组成,他们主要从管理和业务的理论、科研等更高的层面对测试实践工作予以指导,及时提出积极建议,确保了测试质量和测试工作的规范。

还有的省市,如上海市、广东省和重庆市,在测试员和视导员两支队伍之外,设立了"讲师团",形成测试员——讲师团——视导员,三个队伍层次,丰富了队伍建设的工作实践。

(3)管理者队伍

测试管理者队伍是测试专业人员队伍之外不可或缺的另一支队伍。普通话水平测试是一项大规模国家级测试,需要大量的组织管理工作,必须依靠大批专业管理人才。但是在我国设立专门的测试管理机构受制于多种因素,专业管理人员编制有限,因此普通话水平测试管理者队伍由专门的管理者人员和挂靠单位或院校(测试站)兼职管理人员构成。广大管理工作者,依靠测试员队伍、视导员队伍的专业力量,探索测试管理科学经验,担负起规划、组织、实施、监管等大量测试管理工作,为普通话水平测试规范有序开展做出了积极贡献。

测试员、视导员和管理者三支队伍互相配合,为测试在各地顺利开展提供了专业队伍保障。

4. 科学研究成果

这一时期测试科研逐渐展开和深入,呈现出以下特点:

一是学术成果数量逐渐增长,呈加速发展之势。据我们对1994年至2000年中国人民大学报刊资料中心"语言文字论文索引"(简称"人大索引")进行的统计,有关普通话水平测试的论文共有110篇。1994年至1998年,仅有37篇; 1999年至2000年,则有73篇,约是之前的2倍。(王晖2003a)

二是学术阵地不断延伸,研究者队伍逐渐壮大。测试开展初期,研究成果多发表于国家语委主管的两刊一报——《语言文字应用》《语文建设》和《语言文字报》。1999年后研究成果广见于全国50余种学术刊物中，测试研究的学术阵地不断延伸。研究者队伍也日益壮大，由以国家语委研究人员为主，发展到以国家级普通话水平测试员为骨干，显示出勃勃生机。

三是研究领域有所拓展，研究角度趋于多样化。普通话水平测试的研究，涉及多学科、多领域。1994年以来，普通话水平测试的研究在相关领域均有所拓展，研究角度、研究方法趋于多样化，为普通话水平测试学科的发展进一步奠定了基础。

四是某些具体问题得到较集中的探讨。这一时期，等级标准与评分标准的研究、关于测试与教学互动的研究、测试员素质的研究讨论得比较集中，有些问题研究得比较充分，形成一些研究热点。

总体而言，起步初创时期普通话水平测试的研究取得了不小进展，但无论从普通话水平测试自身发展的需要来说，还是与语言学科其他研究领域相比，普通话水平测试的研究还相对薄弱：学科理论研究还不够深入，学科方法论的研究还不够系统，对词汇、语法的研究明显滞后，信息技术在测试中的应用研究还不够充分，在应用层面和理论层面都还有相当大的发展空间。

这一时期科研成果形式以论文为主，以下两例为代表：

（1）《普通话水平测试的理论与实践》——普通话水平测试起步初创期前沿性研究的集中体现。

这是一部论文集，国家语委普通话培训测试中心、《语言文字应用》编辑部合编，1998年出版。该论文集收录论文10篇，以1997年第3期《语言文字应用》刊出的"普通话水平测试研究"专栏论文为主（8篇），另收录孙修章、厉兵两篇重要论文。这些论文涉及测试研究诸多方面，集中体现了当时测试研究的前沿水平。

（2）《普通话水平测试员实用手册》——普通话水平测试员重要的业务参考。

宋欣桥编，1999年出版（2004年出版增订本），是论文（19篇）、管理性文件和教材的集萃。其中测试评分尤其是"语音评定参照细则框架"部分，对测试员"实际操作"具有重要参考价值，普通话教学研究和测试研究相结合也是该书的一大特色。

5. 测试实践成果

在机构、制度、队伍保障已经完备的前提下，测试实践得以顺利展开，并在相关领域取得初步成果。

普通话水平测试并非针对全体社会成员开发的考试，在设计之初主要是以普通话为工作语言的职业人群为目标对象的，并计划与相关行业的资格证书制度相关联。组织开展测试也正是从这些相关行业起步的。

学校是推广普通话的主要阵地，教育领域是开展普通话水平测试的主要领域。普通话水平测试开展之际，正是国家实行教师资格制度之时。1993年10月颁布的《中华人民共和国教师法》提出："国家实行教师资格制度。"1995年12月国务院发布《教师资格条例》。2000年9月教育部发布《〈教师资格条例〉实施办法》，第八条规定：申请认定教师资格者"普通话水平应当达到国家语言文字工作委员会颁布的《普通话水平测试等级标准》二级乙等以上标准。少数方言复杂地区的普通话水平应当达到三级甲等以上的标准；使用汉语和当地民族语言教学的少数民族自治地区的普通话水平，由省级人民政府教育行政部门规定标准"。这为普通话水平测试在教育系统的开展提供了发展的空间，普通话水平测试也为教师基本语言素质和能力的评价、提升提供了有力的工作抓手。普通话水平测试随着《〈教师资格条例〉实施办法》的逐步落实迅速推开。以测试开展较早的黑龙江省为例，1994年至2000年，黑龙江省教师参加普通话水平测试的数量分别为：1994年1421人次，1995年2350人次，1996年2992人次，1997年5086人次，1998年13964人次，1999年18235人次，2000年达31292人次。（参见黑龙江省普通话培训测试中心2009）《〈教师资格条例〉实施办法》的助推作用相当明显。

学生是普通话水平测试的另一个重要群体，在测试初始时期，学生受测范围逐步扩大,测试人数逐渐增长。以河北省为例,该省对学生群体的测试始于1996年,对象为中等师范学校毕业生,1997年扩大到高等师范学校毕业生,到2000年扩大到与口语表达密切相关的25个专业。(参见河北省普通话培训测试中心2009)

广播电影电视系统是普通话水平测试开展最早的系统之一。1997年6月,广播电影电视部颁布《播音员主持人上岗暂行规定》(广发人字〔1997〕322号)。该《暂行规定》第八条规定:"普通话水平达到国家《普通话水平测试实施办法》规定的标准。(按:即"从事广播、电影、电视剧、话剧表演、配音的专业人员,以及与此相关专业的毕业生应达到一级甲等或一级乙等水平"。)"实际上,广播电影电视系统对国家级和省级电台、电视台的普通话水平的要求从一开始就是最高等级,这个要求在1997年《若干规定》第二十一条中确定下来:"国家级和省级广播电台、电视台的播音员和节目主持人,普通话水平必须达到一级甲等。"

除教育系统和广电系统外,其他系统的普通话水平测试在起步初创时期尚未形成规模,以黑龙江省为例:该省公务员的测试,1996年启动,有100人参加,到2000年累积测试人数也仅为961人。(参见黑龙江省普通话培训测试中心2009)不过,由于有教育系统和广播电影电视系统的积极实践,特别是分别与教师和播音员、节目主持人的上岗资格制度相结合,普通话水平测试还是取得了积极进展。到2000年底,参测人数达到约300万人次,对于一个刚刚诞生不久的测试来讲,超出了预期的规模和影响。

二 规范拓展时期(2001年至今)

(一)时代背景

20世纪90年代末,社会政治、经济、文化和信息技术的高速发展对语言文字工作提出了新的更高的要求。语言文字法制化、规范化建设取得积极进展，《国家通用语言文字法》进入立法程序，即将颁布实施。1997年12月举行的第二次全国语言文字工作会议把"坚持普通话的法定地位，大力推广普通话"确定为我国语言文字工作的主要任务之首，并提出"坚持普通话培训测试工作，提高普通话培训测试的科学化水平"的工作要求。普通话水平测试已逐步展开并初具规模，社会影响逐渐形成，但开展不够均衡和规范，需要进一步完善和提高。

（二）学术背景

20世纪后期，插上计算机和互联网双翼的信息传媒时代扑面而来，语言研究理念和方法正经历着重大的变革，语言学研究迎来了繁荣发展的崭新局面。现代语音学方面，语音合成和语音识别技术不断提高；新世纪审音工作摆上日程；语料库语言学取得长足发展；现代词汇学研究的语义特色、数理特色日益明显；以解释汉语语法现象为目的的功能研究和认知研究日盛；教育测量理论方面，概化理论在普通话水平测试研究领域开始得到重视和运用。普通话水平测试研究呈加快发展的趋势，迎来加速发展的黄金时期。

（三）主要特征

姚喜双等将普通话水平测试进入发展创新阶段的标志总结为"普通话水平测试的法制化""测试实施机构的网络化""普通话水平测试的科学化""普通话水平测试的现代化"和"普通话水平测试领域的拓展"（姚喜双等2011：41）是很有见地的。我们用"四化"来概括这一时期的主要特征，即：测试的法制化、规范化取得显著成绩，测试的科学化、现代化水平显著提高。法制化、规范化，是这一时期工作的保障和发展动力；科学化、现代化则是这一时期工作主要的创新和实现路径。

（四）代表性成果

1.普通话水平测试法制化、规范化成果

（1）《国家通用语言文字法》——普通话水平测试法制化的标志和根本保障。

《国家通用语言文字法》2000年10月颁布，2001年1月1日正式实施，这是语言文字工作战线收到的21世纪的"一份不同寻常的世纪礼物"。[①]《国家通用语言文字法》是我国第一部关于语言文字的专门法律，是语言文字事业发展的重大成果。它的诞生标志着我国语言文字工作在制度化、规范化、科学化的基础上，开始走上法制化的新阶段。

　　《国家通用语言文字法》第二条明确规定："本法所称的国家通用语言文字是普通话和规范汉字。"这在法律上确定了普通话的"国家通用语言"的法定地位。第三条规定："国家推广普通话，推行规范汉字。"这把推广普通话这种体现国家意志和政府行为的语言政策法定化。第九条规定："国家机关以普通话和规范汉字为公务用语用字。"第十条规定："学校及其他教育机构以普通话和规范汉字为基本的教育教学用语用字。"第十二条规定："广播电台、电视台以普通话为基本的播音用语。"第十三条规定："提倡公共服务行业以普通话为服务用语。"第二十条规定："对外汉语教学应当教授普通话和规范汉字。"这些条款是1986年全国语言文字工作会议提出普通话"教学用语、工作用语、宣传用语、交际用语"四用语工作目标的法律化表述。从表述来看，各领域的要求其实并不完全一致，国家机关的"公务用语"要求最严格；学校及其他教育机构的"基本的教育教学用语"，广播电台、电视台的"基本的播音用语"，要求次之；公共服务行业的"服务用语"是"提倡"，处于要求的第三个层次。以上条款是对普通话地位和使用做出的规定，分层次要求，体现出这部法律严谨而又切合实际。

　　《国家通用语言文字法》第十九条规定："凡以普通话作为工作语言的岗位，其工作人员应当具备说普通话的能力。以普通话作为工作语言的播音员、节目主持人和影视话剧演员、教师、国家机关工作人员的普通话水平，应当分别达到国家规定的等级标准；对尚未达到国家规定的普通话等级标准的，分别情况进行培训。"这是国家第一次从法律

[①] 参见江蓝生2001年1月16日的讲话。

层面对特定岗位工作人员明确提出普通话的使用要求，而且有明确等级标准的要求。对未达到国家规定的普通话等级标准的，提出了培训的要求。播音员、节目主持人和影视话剧演员、教师、国家机关工作人员这四类人群，成为《国家通用语言文字法》规定的应当接受普通话水平测试并达到相应等级标准的人群，由于法律具有的强制性，这四类人也可以说是强制接受普通话水平测试的法定性人群。

《国家通用语言文字法》第二十四条规定："国务院语言文字工作部门颁布普通话水平测试等级标准。"这一条款对普通话水平测试等级标准的责任主体进行约定。由于载入法律，普通话水平测试等级标准的地位得到特别的凸显。

《国家通用语言文字法》第二十六条规定："本法第十九条第二款规定的人员用语违反本法第二章有关规定的，有关单位应当对直接责任人员进行批评教育；拒不改正的，由有关单位做出处理。"这其实是对违反普通话使用规定人员的一条罚则。

《国家通用语言文字法》为语言文字事业发展提供了根本的法律保障和最强大的推动力。对于普通话水平测试而言，更是意义非凡，影响深远。普通话水平测试以在国家专门法律中规定的独特"形态"呈现在世人面前，这在国内外语言测试中尚属首例。普通话水平测试从此成为真正意义上的国家级测试，依法管理和实施测试成为法律赋予语言文字工作部门和测试实施机构的神圣权利，依法接受测试成为特定岗位人员必须承担的法律义务，依法对直接责任人员进行管理成为有关单位责无旁贷的职责。《国家通用语言文字法》拉开了依法管理语言文字工作的序幕，为普通话水平测试的发展提供了根本的法律保障和强大的发展动力。在其影响下，2001年至2012年6月，全国各省（自治区、直辖市）先后出台了相应的省级地方性法规和规章29种。普通话水平测试正式步入法制化的发展轨道。

（2）《国家通用语言文字法》影响下的地方性法规和规章——普

通话水平测试法制化的重要组成部分。

《国家通用语言文字法》有力推动了地方立法前进的步伐，各地结合各自实际情况，纷纷制定地方性法规和地方政府规章，逐步把语言文字工作全面纳入法制轨道。作为《国家通用语言文字法》的实施性和操作性的补充，除了西藏自治区和新疆维吾尔自治区外，各省级地方性法规和规章均对有关普通话水平测试的条款予以明确、细化和补充。

①有的对测试机构职责进行细化。有20个省份对测试机构职责进行了细化和明确，如上海市《实施办法》第十八条规定："本市设立的普通话和汉字应用水平测试专门机构，具体负责实施全市普通话和汉字应用水平测试工作。"使普通话水平测试实施机构有了法律的坚强保障。

②有的对测试执行标准的规范性进行明确规定。有12个省份都有执行"国家规定的等级标准"（或等级要求）的表述，显示各地对国家"统一标准"的重视。这方面尤以浙江省和海南省的表述最为细备和完整：浙江省《实施办法》第十一条和海南省《实施办法》第十六条都规定："普通话水平测试应当执行国家统一的普通话水平测试管理规定、测试大纲和等级标准。"山东省《实施办法》第十五条规定："国家普通话水平等级证书由国家语言文字工作部门统一印制，由省级语言文字工作部门颁发。"这些规定，都把国家语委"四统一"（即"统一标准、统一大纲、统一规程、统一证书"）的工作要求法定化，具有重要的意义。

③大部分地方性法规和规章对测试对象进一步明确约定，对有关人员普通话水平测试等级的要求和持证上岗制度进行了细化。《国家通用语言文字法》的规定比较简约，不少地方性法规和规章，对应测试人员的范围、年龄和达标等级、持证上岗等内容进行明确和补充：

第一，对测试对象范围加以拓展。教师测试的范围，湖南省、安徽省、海南省由教学人员，扩大到管理（行政）人员和教学辅助（辅导）人员；国家机关工作人员的测试范围，辽宁省、浙江省、贵州省、河北省、海南省、甘肃省均有所明确和延伸。例如浙江省有"国家机关和具有管理公共事务职能的事业组织的工作人员",河北省有"国家机关、人民团体、事业单位工作人员"等扩充性表述。

除此之外,很多地方还把四类人员之外的人群纳入测试范围。有多达22个省份将公共服务行业人员纳入测试对象范畴,体现出语言服务的质量得到普遍重视。另有多达13个省份将普通高等学校和中等职业学校的学生纳入测试对象范畴,这些规定极大地促进了普通高等学校和中等职业学校的推广普通话工作,扩大了测试对象范畴,促使推广普通话对象年龄前移,意义非凡。

第二,对测试对象年龄提出具体要求。山西省、重庆市、山东省、湖北省、广西壮族自治区、贵州省、河北省等6个省份增加了1954年1月1日以后出生的有关人员,其普通话水平应当逐步达到相应的等级标准的限定;江苏省则对未满50周岁的有关人员提出测试达标的要求。对不同年龄人群区别对待、酌情处理,体现了法律法规的人文性。

第三,对有关人员的普通话测试水平的达标等级进行了细化。有20个省份对各类测试对象的达标等级进行了具体规定,增强了可操作性。同时对某些特定人群规定了更合理的要求,体现出尊重实际的特色。例如吉林省《条例》第十八条第二款规定:"教师应当达到二级乙等水平(民族自治地方的用本民族语言授课的教师应当达到三级甲等水平),其中汉语文教师、少数民族汉语教学教师和对外汉语教学教师等特定教学人员应当达到二级甲等水平;普通话语音课教师和口语课教师应当达到一级乙等水平",对不同教师有分别的规定,尤其是对"民族自治地方的用本民族语言授课的教师"的要求不同于其他教师,"民族自治地方的用本民族语言授课的教师"和"少数民族汉语教师"又有所区别,既体现了民族政策,又根据科目性质有所要求,既严格贯彻上位法的精神,又不乏灵活性,是对《国家通用语言文字法》很好的一种补充。

第四,对有关行业明确提出持证上岗的要求或录用、聘用要求。除对有关人员的普通话测试水平的达标等级进行了规定之外,有5个省份还对有关行业人员明确提出持证上岗的要求。其中广西《实施办法》对公共服务行业的播音员、解说员、导游员、话务员等特定岗位人员提出实行持普通话水平测试等级证书上岗,与其执业资格相关联,这在全国尚属首例。另外有10个省份对聘用和录用相关人员提出普通话水平的要求,从入职进行约束,起到了很好的促进作用。

各地的立法实践,健全和完善了语言文字法律法规体系,进一步落实了《国家通用语言文字法》有关普通话水平测试的要求,并且依据各地实际,提出了一些新的要求和机制,制定了更具操作性的条款,为地方开展普通话水平测试工作提供了法律依据和保障,成为普通话水平测试法制化的重要组成部分。

(3)《普通话水平测试管理规定》《普通话水平测试工作评估指导标准》《普通话水平测试规程》等——普通话水平测试规范化的系列基础性管理成果。

语言文字工作法制化是在语言文字工作规范化基础上发展的,同时语言文字工作法制化又加速了语言文字工作规范化的进程。《国家通用语言文字法》颁布后,国家语委形成以法制化推动规范化建设的工作思路。教育部语言文字应用管理司(简称"语用司")会同国家语委普通话培训测试中心,将制定新的工作规范和学术规范作为一项重中之重的基础性工作列入规划,出台了《普通话水平测试管理规定》《普通话水平测试工作评估指导标准》《普通话水平测试规程》等一系列基础性的测试规范化管理成果。

①《普通话水平测试管理规定》

《普通话水平测试管理规定》(简称《管理规定》)出台之前,1997年《国家语言文字工作委员会关于普通话水平测试管理工作的若干规定(试行)》(简称《若干规定》)是测试管理的工作依据,对保证测试的顺利实施和初步发展发挥了重要的规范性作用。《国家通用语言文字法》的施行,对普通话水平测试提出了更高的要求,把普通话水平测试工作推上法制化发展的历史轨道。《若干规定》积累实践、以待"后出转精"的"试行"使命，终于随着《普通话水平测试管理规定》的正式颁布宣告完成。

2003年5月，《管理规定》以中华人民共和国教育部令（16号）的形式颁布，这是语言文字工作法制化进程中又一个重要成果。《管理规定》已经由部委规范性文件上升为具有法律效力的国务院部门规章，其影响力和影响范围远远超过《若干规定》。《管理规定》以《国家通用语言文字法》为依据，对测试管理工作的主要要素、关键环节和程序进行了规定。《管理规定》共28条，内容主要包括：制定《管理规定》的目的和依据；普通话水平测试的性质和作用；普通话水平测试工作的管理机构、测试机构及其职能；普通话水平测试的属地管理原则；测试员的任职条件、培训、考核、聘任、管理和奖惩；视导员的任职条件和职责；测试对象的范围和达标要求；成绩认定和证书管理；测试时间间隔、测试申诉和测试纪律；测试收费和财务管理等。《管理规定》强化了测试宏观管理的统一性，使得测试的依法管理性质更加明确。

相对于《若干规定》，《管理规定》更加突出测试管理的内涵，行文上也更加注重规范性和简约性。例如《若干规定》第三部分规定"普通话水平测试的标准和大纲"，有很多业务性表述，《管理规定》则仅概括为："国家语言文字工作部门颁布测试等级标准、测试大纲、测试规程和测试工作评估办法。"《管理规定》把应该分属于"等级标准""测试大纲""管理规定""测试工作评估办法"的具体内容剥离出来，紧紧围绕"测试管理"的工作进行约定，更加富有针对性，也更富有实效性。而且"管理规定"与"等级标准""测试大纲""管理规定""测试工作评估办法"各有管辖，形成相互配套的规范化的工作体系，有效提升了普通话水平测试规范化的程度。

《管理规定》体现了普通话水平测试管理工作"四统一"的思想。《管理规定》第三条："国家语言文字工作部门颁布测试等级标准、测试大纲、测试规程和测试工作评估办法。"第二十一条:"普通话水平测试等级证书全国通用。"虽然在《管理规定》中没有出现"统一标准、统一大纲、统一规程、统一证书"的具体表述,但《管理规定》为"四统一"的测试管理工作目标提供了思想。所以《管理规定》颁布后,教育部语用司负责同志在回答"中国网"记者提问时说:"《管理规定》总的精神是强调测试管理要做到'标准、大纲、规程、证书四统一'。"①

《管理规定》完善了普通话水平测试的管理机制,强化了测试宏观管理的统一性,为确保测试的质量、维护测试的良好声誉、体现测试的权威起到了基础性的规范作用,使得测试的依法管理性质更加明确。《管理规定》为制定其他普通话水平测试管理规范性文件提供了基础,为各省地制定《实施细则》或《实施办法》提供了依据,也为制定地方性法规和规章提供了重要的参考。《管理规定》直接推动了全国普通话水平测试管理工作的规范发展。2004年7月全国普通话水平测试管理工作会议在太原召开,时任教育部副部长、国家语委主任袁贵仁出席会议并发表了题为《再接再厉,团结奋进,开创普通话水平测试工作新局面》的重要讲话,对《管理规定》颁布后,全国普通话水平测试管理工作取得的重要进展给予积极评价,并正式提出"统一标准、统一大纲、统一规程、统一证书"的要求,为进一步加强管理,促进测试工作规范、健康发展奠定了基础。

②《普通话水平测试工作评估指导标准》

《管理规定》是普通话水平测试宏观管理层面的部门规章,为了使其规定的工作落到实处,在制定《管理规定》的同时,与之配套的《普通话水平测试工作评估指导标准》(简称《评估指导标准》)和《普通话水平测试规程》(简称《测试规程》)同步制定。《评估指导标准》和《测试规程》是《管理规定》的下位规范性文件,在《管理规定》颁

---

① 参见中国网(http://www.china.com.cn/chinese/EDU-c/340355.htm,2003年6月4日)。

布6天后，由教育部语用司以通知形式印发。

《评估指导标准》的适用主体是各级测试管理机构和实施机构。该标准由一级指标、二级指标和检测内容三级体系构成。其中一级指标5个，即：工作定位、省级机构、测试队伍、测试过程及管理和工作效果；一级指标之下又细化为13个二级指标，即：工作地位、实施规划、测试机构、工作网络、财务管理、队伍组成、队伍管理、队伍建设、测试规程、教材试卷、证书管理、测试结果、社会效果；每个二级指标又包含若干项检测内容，共计43条。每条评估内容分值不等，最低1分，最高4分，满分100分。其中"严格执行国家统一的测试规程""使用全国统一证书"均占4分，重视程度得以彰显。量化指标，在一定程度上也突出了测试管理工作的重点方面和重点环节，有指引工作的方法论的意义。《评估指导标准》用量化的方式对普通话测试工作提出了明确要求，旨在"以评促建"，通过评估的手段，督促和引导各地测试管理机构和实施机构加强测试基础建设，提高测试管理水平，确保普通话测试工作在制度化、规范化、科学化的轨道上健康发展。《评估指导标准》是对普通话测试进行检查评估的重要依据，也是对普通话水平测试实施监督和指导的重要手段。

③《普通话水平测试规程》

《测试规程》是为进一步完善测试操作过程，在各地实践基础上，依据《管理规定》关于"标准、大纲、规程、证书"四统一要求而制定的。《测试规程》对普通话水平测试报名、考场、试卷、测试、质量检查、等级证书以及应试人档案等七个管理环节都提出了明确的要求。特别是测试环节，从测试员和考场工作人员要求、应试人要求、测试室要求，到测试过程，包括备测、核实身份、录音、评分、复议、试卷回收等环节，要求甚为细备。《测试规程》使测试在具体操作环节更加有章可循，测试参与者，包括管理者、测试员和应试人都有了便于依循的规范，对于进一步规范测试工作、加强测试工作的过程管理，保证测试质量,发挥了积极作用。

④《国家发展改革委、财政部关于普通话水平测试费和国家普通话水平等级证书工本费收费标准的通知》(发改价格〔2003〕2160号)

该《通知》2003年12月下发,2004年1月1日起执行,它规定了测试的收费项目、收费范围,核定了收费标准,并对收费单位的收费行为提出规范性要求。

至此,普通话水平测试管理规范化的系列基础性文件基本完备,规范化工作格局初步奠定。2007年计算机辅助普通话水平测试试点工作启动后,普通话水平测试出现一些新的规范性文件,如《计算机辅助普通话水平测试操作规程》(教语用司函〔2008〕23号);《教育部语用司关于印发〈计算机辅助普通话水平测试评分试行办法〉的通知》(教语用司函〔2009〕5号);《计算机辅助普通话水平测试试点业务指导意见(试行)的通知》(国语普测〔2010〕8号)等,对于保证机辅测试质量,确保试点规范、有序、健康发展并取得实效发挥了积极作用。

(4)新《普通话水平测试大纲》(简称"新《大纲》")、《普通话水平测试实施纲要》(简称《实施纲要》)和普通话水平测试国家题库系统(简称"国家题库系统")——普通话水平测试规范化的基础性学术成果。

①新《大纲》

新《大纲》在1994年原有《大纲》"总论"部分的基础上进行修订、调整和完善。该《大纲》于2003年1月由国家语委规范(标准)审定委员会审定通过,同年10月由教育部、国家语委正式公布。新《大纲》注重原则性和指导性,突出规范性和纲领性,简洁精当,它以部颁文件的形式规定了普通话测试的性质、目的、要求、工作的原则和依据、测试的方式和范围、评分系统和方法等,是命题的依据、题库建设的基础,也是评分的准则和应试者备考的指南。

②《实施纲要》

《实施纲要》是对原《大纲》"正文"部分的重新加工和编创。《实施纲要》规定了测试的具体内容和范围,是测试的具体依据。它包括:测试用的普通话词语表(附轻声词表、儿化词表)、普通话与方言词语对照表、普通话与方言语法对照表、朗读篇目和说话话题等内容。《实施纲要》不仅是测试员、应试者的指导用书,而且是语言研究者和语言测试研究者的重要参考文献。《普通话水平测试实施纲要》是普通话水平测试国家指导用书,2004年1月由商务印书馆出版。

③国家题库系统

国家题库系统由国家语委普通话培训测试中心和上海普通话培训测试中心联合研制,是在上海市普通话培训测试中心制卷系统基础上,按照《普通话水平测试实施纲要》所汇集的全部资料,根据《实施纲要》所规定的制卷原则和要求,进行题库设计、制卷规则设计,最后由计算机自动随机产生符合《纲要》的试卷。国家题库系统建设是普通话水平测试的一项基础性工作,它为顺利实施测试奠定了良好的工作基础。2004年9月,该系统通过了教育部语用司和语信司组织的鉴定,10月教育部语用司印发通知,指定该系统为全国进行测试使用的唯一题库。

新《大纲》《实施纲要》和国家题库系统为在新时期开展普通话水平测试提供了顶层学术依据和坚实的学术、技术支撑。

2. 普通话水平测试的科学化、现代化成果

科学研究在普通话水平测试的各个发展阶段都发挥了重要的支撑作用,在规范拓展时期,普通话水平测试的科学研究呈现出繁荣发展的新局面,特别是以信息技术运用为主要特色的现代化特色近年来更是愈发突出。普通话水平测试的科学化、现代化有力推动了普通话水平测试事业的发展,成为普通话水平测试新局面的主要创新和实现路径。这一时期普通话水平测试的科学化、现代化成果众多。概括而言,科学化成果主要体现在形成科研组织机制、建立科研交流机制、产生两大集成性成果、学科初步形成等四个方面;现代化成果主要体现在管理的信息化和

测试手段的部分自动化两方面。

（1）形成科研组织机制

2001年5月30日，时任教育部副部长、国家语委主任袁贵仁在国家语委语言文字应用研究"十五"科研规划论证会上，做了题为《以规范标准建设为核心，开创语言文字应用研究新局面》的重要讲话，他在讲话中指出："语言文字应用研究必须坚持'尊重规律，重在建设'的指导思想，以规范标准建设为核心，有计划、有步骤地开展科研工作。"他还特别强调要"坚持面向语言文字工作战线和全社会开展研究工作，发挥好学科建设的基础作用、基地作用"，这些重要思想，对普通话水平测试战线更新科研工作观念，更加注重规划，更加注重"开放"式科研组织方式，更加注重学科建设具有重要的指导意义和启发意义。2004年7月，在全国普通话水平测试管理工作会议上，袁贵仁同志再次在讲话中对加强测试科研提出具体要求。在新的科研思想指导下，规范拓展时期的普通话水平测试科研工作体现出越来越强的规划性，并逐渐形成以国家语委普通话培训测试中心为"龙头"，各地测试实施机构相配合，以课题形式组织各地高校、研究机构学者积极参与相关研究的科研工作组织新机制。

①国家语委"十五"科研规划课题——普通话水平测试组织机制的初步探索

国家语委"十五"科研规划项目的申报和组织实施，是全国普通话水平测试科研组织机制开始形成的重要契机和有益尝试。2002年国家语委"十五"科研规划项目申报工作启动，国家语委普通话培训测试中心发挥自身"国家队"的作用，组织全国测试战线力量共同申报"汉语普通话水平测试研究"课题。2002年5月，在首届全国普通话水平测试学术研讨会上，国测中心召开专题座谈会就《普通话培训测试"十五"规划课题项目指南（讨论稿）》进行研讨，并交流了框架方案和组织实施事宜。国家语委科研规划领导小组办公室领导莅会指导，充分肯定了课题研究框架设计和组织多方力量共同参与的工作思路。会后国测中心修改完善了方案，并组织、协调各地语委和有关高校积极申报，共收到相关申报材料96份，整合后于2002年8月向国家语委科研规划领导小组申请立项。2002年12月，正式获准立项。

到2007年，课题主体研究计划基本完成。课题研究取得了丰硕的成果（详见本节第三部分"重要成果"）。该课题研究的贡献不仅在其学术成果，它在全国普通话水平测试科研组织机制上进行的有益探索同样影响深远。该课题由全国18个省、自治区、直辖市语言文字工作机构、测试机构和20多所大专院校参与，共设立41个子课题组（详见表2-1）。该课题实行分级管理和项目主管负责制，姚喜双为项目总负责人，王晖为项目统筹。总课题组设在国测中心，负责制定研究总体框架，进行课题管理和成果集成。子课题采取二级委托形式开展研究和开发，二级委托单位（子课题组）对国家语委普通话培训测试中心（总课题组）负责。部分课题组织不同单位开展了平行研究（如信息管理系统、网络课程、课件开发、计算机辅助评分系统等）。课题采取开放形式，随着课题研究的深入和需求，陆续吸收相关人员和单位参与课题研究。为了加强课题管理，总课题组制定了《普通话水平测试研究课题管理办法》，并通过签订《普通话水平测试研究项目子课题任务合同书》的方式对子课题进行管理。课题组还成立课题指导协调委员会，负责对整个课题进行指导、协调和监督。

表2-1　国家语委"十五"规划重点项目——"普通话水平测试研究"子项目目录[①]

（2003-09-03下达）

项目批准号	申报项目	负责人	承担单位
ZDI105—18—01	普通话水平测试误差与成本控制的概化理论研究	杨志明	湖南师范大学社会科学处

---

① 资料来源：《国家语委科研项目申请书——"普通话水平测试研究"》，项目编号：ZDI105—18。

续表

项目批准号	申报项目	负责人	承担单位
ZDI105—18—02	普通话水平测试质量的统计分析	谢民育	华中师范大学社科处
ZDI105—18—03	普通话水平测试的心理学研究	白学军 苏 丹	天津师范大学（科研处） 天津市语言文字培训测试中心
ZDI105—18—04	普通话水平测试过程中考生心理因素的研究	马红英	上海市普通话测试中心
ZDI105—18—05	普—方对比研究及在普通话水平测试中的应用	刘冬冰	河南教育学院
ZDI105—18—06	普—方对比研究及在普通话水平测试中的应用	彭云帆	广西普通话培训测试中心
ZDI105—18—07	普—方对比研究及在普通话水平测试中的应用	汪风雄 彭润商	四川省语委办
ZDI105—18—08	普—方对比研究及在普通话水平测试中的应用	陈克守	山东曲阜师范大学科研处
ZDI105—18—09	普—方对比研究及在普通话水平测试中的应用	马重奇	福建师范大学语言研究所
ZDI105—18—10	普—方对比研究及在普通话水平测试中的应用	刘纶鑫	南昌大学科研处
ZDI105—18—11	广西普通话培训测试基础理论与实践研究	余 瑾	广西大学科技处
ZDI105—18—12	普通话与西南官话的比较研究及其在普通话培训测试中的应用	高廉平	西南师范大学社会科学研究处
ZDI105—18—13	普—方对比研究及在普通话水平测试中的应用	孟广智	黑龙江省语委办
ZDI105—18—14	普通话水平测试与其他语言测试的比较研究	原新梅	河南师范大学科研处
ZDI105—18—15	普通话水平测试的社会评估研究	朱青春	上海市普通话测试中心
ZDI105—18—16	普通话水平测试"语调"评价研究	毛世桢	上海市普通话测试中心
ZDI105—18—17	普通话水平测试员考核指标体系研究	王新敏	浙江省普通话培训测试中心
ZDI105—18—18	普通话水平测试员培训规范研究	贺建国	江苏大学科学技术处
ZDI105—18—19	普通话教学与测试互动性研究	杜文霞	徐州师范大学教务处

续表

项目批准号	申报项目	负责人	承担单位
ZDI105—18—20	大中师范生普通话水平发展特点与分布式认知研究	程肇基	江西上饶师范学院科技处
ZDI105—18—21	普通话水平测试理论与实践研究	陈佑林	华中师范大学社科处
ZDI105—18—22	普通话水平测试理论与实践研究	刘俐李	南京师范大学科技处
ZDI105—18—23	计算机辅助普通话水平测试评分系统研究	石 锋	南开大学社科处
ZDI105—18—24	计算机辅助普通话水平测试评分系统研究	王渝光	云南师范大学科研处
ZDI105—18—25	普通话水平测试数字化语音（中介音）语料库	叶 军	上海市普通话测试中心
ZDI105—18—26	普通话水平测试数字化语音（中介音）语料库	王兰柱	徐州市教育局教研室语委办
ZDI105—18—27	普通话水平测试网络课程建设	章 也	内蒙古师范大学科技处
ZDI105—18—28	普通话水平测试网络课程建设	贺凯琳	湖南师范大学社会科学处
ZDI105—18—29	普通话水平测试网络课程建设	王 斌	河北唐山市教育局语言文字工作处
ZDI105—18—30	普通话教学训练课件研究与开发	李向农	华中师范大学社科处
ZDI105—18—31	普通话教学训练课件研究与开发	王 琴	安徽省阜阳师范学院教务处
ZDI105—18—32	普通话教学训练课件研究与开发	黄建荣	江西省抚州师范专科学校科研处
ZDI105—18—33	普通话水平测试与培训策略研究	蒋万春	山东财政学院科研处
ZDI105—18—34	《普通话水平测试大纲》及《普通话水平测试实施大纲》研制	姚喜双 刘照雄	国家语委普通话培训测试中心
ZDI105—18—35	普通话水平测试国家题库建设	刘照雄 王 晖	国家语委普通话培训测试中心
ZDI105—18—36	计算机辅助普通话水平测试评分系统研究	侯玉茹 蔡莲红	国家语委普通话培训测试中心 清华大学文科建设处

续表

项目批准号	申报项目	负责人	承担单位
ZDI105—18—37	普通话水平测试信息管理系统研究与开发	韩其洲 饶正光	国家语委普通话培训测试中心、湖南省普通话培训测试中心等
ZDI105—18—38	普通话标准语音数据库研究与开发	姚喜双 侯玉茹	国家语委普通话培训测试中心
ZDI105—18—39	普通话水平测试大规模语音（中介音）语料库	王　晖 肖　航	国家语委普通话培训测试中心
ZDI105—18—40	普通话水平测试网络课程建设	宋欣桥 刘新珍	国家语委普通话培训测试中心
ZDI105—18—41	普通话水平测试培训课件研究与开发	宋欣桥 刘新珍	国家语委普通话培训测试中心

在"汉语普通话水平测试研究"课题研究过程中，国家语委普通话水平测试中心充分发挥组织协调作用，初步探索出一套依靠战线和高校，整合资源，合力攻关，成果集成共享的科研组织机制。

②《国家语委普通话培训测试科研管理办法（试行）》——普通话水平测试组织机制的创新

国家语委科研规划课题为全国普通话水平测试科研组织机制的探索提供了很好的思路。但是国家语委科研规划课题一般五年一个周期，属于中长期的规划，另外在资金来源和支持力度上，也比较单一和有限。为了进一步促使普通话水平测试科研工作长效化，推动测试科研工作持续发展，鼓励战线科研工作的积极性，国家语委普通话培训测试中心大胆探索新的科研组织模式，决定每年拨款几十万元资助普通话培训测试年度专项课题。

2009年国测中心印发了《国家语委普通话培训测试科研管理办法（试行）》和《2009年度国家语委普通话培训测试科研项目申报指南》，各地测试机构和高校积极响应、踊跃申报，共收到115份申报材料，经专家评审并报国家语委科研规划领导小组批准，确定11个项目为2009年度立项课题。2010年，国测中心下达《2010年度国家语委普通话培训测试科研项目申报指南》，启动新的项目，共收到161份申报材料，确定了22项立项课题，专项经费也比2009年翻了一番。国测中心设立的年度科研项目，一般都具有紧密结合工作重点，突出实践性，项目周期短、见效快等特点。

国测中心组织的普通话水平测试年度科研课题，是普通话水平测试科研组织机制的一次创新，它实现了短期项目与中长期项目相互配合，深化了研究内容，拓宽了资金来源渠道，项目设计上也以"小、快、灵"的实践性特点与国家语委科研规划项目重理论、建体系、讲规划的研究范式形成互补。通过联合申报国家语委科研规划项目，国测中心显示出对全国测试科研的组织协调作用；通过设立年度专项课题，国测中心凸显出对全国测试科研的统筹引领作用。国测中心和各地方测试机构通过工作实践，探索出一套管理有章、运行有序、上下互动、分工合作、成果集成共享的科研组织机制，对进一步促进测试科研工作长效化，推动测试科研工作持续健康科学发展，产生了积极影响。

（2）建立科研交流机制

①全国普通话培训测试学术研讨会——学术研究交流平台的搭建

2002年5月，首届全国普通话水平测试学术研讨会在扬州召开，这是普通话水平测试全国性学术交流机制开始形成的标志。经国家语委普通话培训测试中心和专家评审委员会对来自全国的近200篇选送论文进行初审、评议，有来自全国的27篇论文获选优秀论文，这是全国普通话水平测试战线第一次真正意义上的学术交流盛会。时任教育部副部长、国家语委主任袁贵仁特意发贺信，教育部语用司领导、语信司领导均莅会指导。首届全国普通话水平测试学术研讨会与即将开展的国家语委"十五"科研规划课题申报工作有机结合，对全国普通话水平测试战线进行了积极的学术动员，为"十五"科研课题的开展集结了力量。首届全国普通话水平测试学术研讨会把学术交流和学术激励（与会代表获得

"全国普通话水平测试优秀论文奖")相结合的方式,也是一种有益的尝试。

此后,全国普通话水平测试学术研讨会逐渐制度化,分别于2004年(珠海)、2007年(福州)、2009年(北京)、2012年(北京)召开第二届至第五届学术研讨会(从第四届起更名为"全国普通话培训测试学术研讨会")。全国普通话培训测试学术研讨会具有多方面的积极意义:它是学术动员平台,每次研讨会,都动员和吸引了全国广大测试研究者积极参与,五届研讨会仅送审提交国测中心的论文就达1000余篇。它是学术成果的展示平台,学术研究的优秀新成果得以集中展现,五届研讨会共有近200篇优秀论文获奖并分别结集出版。它是学术成果的交流平台,国家测试机构和全国测试同行通过会议,广泛交流研究心得和学术信息,扩大了研究视野,促使新的研究范畴和新的研究方法不断涌现。它是学术成果的奖励平台,研讨会不但对优秀论文作者予以表彰,还从第二届开始设立优秀论文组织奖,对选送论文数量较多而且质量较好的单位予以奖励和表彰。

全国性普通话培训测试学术研讨会的召开,激发了地方机构和学者的科研热情,有力地促进了普通话水平测试科研的快速发展和学科建设。在全国普通话水平测试学术研讨会影响下,不少地方测试机构都很重视科研工作,据不完全统计"全国有半数以上的省市组织召开了学术研讨会、出版了学术论文集……地方中心的科研工作,有力地促进了当地普通话培训测试工作,对国家的语言文字工作发挥了积极作用"。[①]

②全国普通话培训测试中心主任论坛——管理研究交流平台的搭建

普通话水平测试的管理不只是一项行政工作,而且是科学研究的重要范畴。为了提高普通话水平测试管理的科学化水平,国家语委普通话

[①] 姚喜双《加强普通话培训测试科学研究 促进普通话培训测试科学发展——在第二届全国普通话培训测试中心主任论坛上的报告》,2008年。

培训测试中心创新工作模式，于2007年5月举办第三届学术研讨会的同时，召开了首届全国普通话培训测试中心主任论坛。时任教育部副部长、国家语委主任赵沁平同志专门发贺信表示祝贺，语用司、语信司领导也莅会指导。这次论坛以"提升测试与管理的现代化水平，提高测试与管理的质量与效率"为研讨主题，取得了积极的成果。此后中心主任论坛渐成系列，2008年7月，第二届全国普通话培训测试中心主任论坛在黄山市举办。这次论坛以"科学研究与创新发展"为主题。时任国测中心主任姚喜双做了主题报告——《加强普通话培训测试科学研究 促进普通话培训测试科学发展——在第二届全国普通话培训测试中心主任论坛上的报告》。报告对"十五"以来普通话培训测试科研工作进行回顾和总结，对如何进一步做好普通话培训测试科研工作进行了探讨，并对普通话培训测试工作的创新发展提出了深入思考。关于进一步做好普通话培训测试科研工作，《报告》提出重视长效机制建设；以信息化为主线，紧贴应用，突出重点；立足自身优势，积极拓展科研领域等三方面的问题。对于建立长效机制，《报告》提出八条具体措施，包括：①成立培训测试科研规划领导小组；②编制《项目指南》，制定《国家语委普通话培训测试科研项目管理办法》等系列文件；③设立专项基金，资助和奖励重点项目和优秀成果；④继续举行全国性的学术研讨会，举办相关领域的高级研修班；⑤集结专家力量，适当时机组织成立"普通话水平测试学会"机构，以二级分会形式挂靠在语文现代化学会或中国应用语言学会；⑥组织筹建普通话水平测试专家委员会；⑦在《语言文字应用》设立研究专栏，在语言文字网开设学术研讨网页；⑧建立普通话培训测试研究（中心）基地或联合实验室。该《报告》体现出重视体制建设（包括科研组织机制、管理机制、运作机制、激励机制、交流机制），注重发挥战线优势、开门办科研的清晰思路。关于普通话培训测试工作的创新发展，《报告》提出重视培训测试手段的创新、方法的创新，也要重视理念的创新、机制的创新；创新不能一蹴而就；处理好创新与规范的关系等重要论述。第二届全国普通话培训测试中心主任论坛，是在计算机辅助普通话水平测试出现并快速发展、普通话水平测试创新发展面临新的机遇和挑战的新形势下召开的，会议形成的共识对推动普通话水平测试科研和管理工作沿着正确的轨道发展具有重要意义。

2011年8月，第三届全国普通话培训测试中心主任论坛在青岛举行。此次论坛重点是就全国普通话培训测试现状调研活动成果进行总结，并就"十二五"规划工作进行研讨。

全国普通话培训测试中心主任论坛，为全国普通话培训测试管理科学研究提供了交流的平台。它的定位是工作论坛，也是学术论坛，工作与学术相结合，正是普通话水平测试的特点所在。论坛与全国性学术研讨会两个平台，从不同角度，共同提升了普通话水平测试学术研究和管理研究的科学化程度。

（3）产生两大集成性成果

在规范拓展时期，普通话水平测试取得了丰硕的成果，最能体现这一时期科学化、现代化特点的是两大集成性成果——国家语委"十五"科研规划项目"汉语普通话水平测试研究"课题和全国普通话培训测试现状调研。

①国家语委"十五"科研规划项目"汉语普通话水平测试研究"课题

该课题研究的总体目标是：构建和丰富普通话水平测试理论框架体系；完善普通话水平测试规范标准；促进普通话水平测试信息化建设和资源开发。该课题是由五个研究方向组成的综合研究系统，主要包括以下几个方面：普通话水平测试理论与实践研究；普通话水平测试规范标准研究；计算机辅助普通话水平测试研究；普通话水平测试现代化管理及基础性资源库建设；基于网络的普通话培训测试研究。其中新《大纲》修订及《实施纲要》研制、国家题库系统开发，是核心的子课题，前文已叙。普通话水平测试管理信息系统建设是另一个核心子课题，它和计算机辅助普通话水平测试研究与测试现代化的关系最为密切，相关成果将在后文详细介绍。该课题在其他方面取得的一些主要成果简述如下（参见王晖2003b）：

在"普—方对比研究在普通话水平测试中的运用"方面，河南省、山东省、江西省、广西壮族自治区等省份根据各自特点开展平行研究，通过分析各地地方普通话（中介语）的特点，解决普通话培训测试的难点。其中江西、广西子课题组成果较为突出，江西子课题组完成《客赣方言研究系列丛书》12本，《江西方言志》1部，教材1部，论文9篇；广西子课题组完成专著《广西推广普通话的基础理论与实践研究》，发表系列论文17篇。

在测试的心理学和社会学研究方面，上海市的两个子课题组的研究很有特色："普通话水平测试过程中考生心理因素的研究"，采用自编"普通话水平测试调查问卷"，对上海市626名应试者进行即时调查，分析归纳可能引起应试者产生焦虑的各种主、客观因素，并提出了干预措施和调控策略。"普通话水平测试的社会评估研究"通过2098份有效问卷（含42个问题）对上海市普通话测试工作进行定量和定性的社会评估分析，对开展普通话水平测试的成绩、问题和改进措施都提出了颇具价值的建议。

在测试本体研究方面，上海市"普通话水平测试'语调'评价研究"子课题组在梳理学术界有关语调研究的理论和成果的基础上，运用感知听辨实验、声学实验、统计分析等科学方法，对普通话水平测试大量一手材料的朗读语调偏误和轻重格式进行了深入分析研讨，在语调构成要素、语调偏误分析、语调偏误和语言面貌相关性分析、双音节非轻声词的轻重音格式等问题的研究上有所创新和突破。课题组采用的"倒序听辨实验"也颇有新意。

在普通话水平测试教学和培训互动研究方面和测试员培训方面，"普通话教学与测试员互动性研究"通过个案研究，结合测试标准，实践与理论相验证，提出了一种行之有效的训练方法——逆序训练法，具有较高的应用价值。江西子课题组"大中专师范生普通话水平发展特点与分布式认知研究"考察了影响师范生普通话水平的诸多因素，提出了一系列可行性操作建议，并将研究成果运用于普通话教学实践。山东"普通话水平测试与培训策略研究"提出了普通话水平测试"一准二美"的理念，并在此理念下创新普通话培训模式，进行了普通话培训策略的研究和实验，具有一定的理论价值和应用价值。江苏省子课题"普通话水平测试员培训规范研究"成果集中体现在"普通话水平测试员培训系统"和"普通话水平测试员评分能力考试系统"两个交互式多媒体课件上，该研究构建了普通话水平测试员知识结构和技能训练体系，有利于测试员培训的规范化建设。

在普通话水平测试基础性资源库建设和基于网络的普通话培训测试研究方面，河北子课题组开发的网络课程，设计了临场指导、深入学习、方言辨正三大模块，针对不同层次学习者建立了多种学习资源，包含三本教材及培训课程、测试实例以及朗读的录音等，设置学习助理提供多方位导航，辅助学习者搜索开放的学习资源，同时设置课程讨论区，以利于学习者协助学习。该系统服务基于互联网或校园网的远程教育，既可用于在校学生，也适用于全民的终身学习。江苏子课题组开发的课件采用"网页+Flash"的方式，充分运用文字、图形、动画和声音等多媒体形式呈现教学内容。内容分为基础理论、训练策略、普通话水平测试三大模块，三大模块相对独立，又可通过文件调用方式实现彼此通信。该软件可在网站发布，也可在单机上播放。除电脑软件外，课题组还完成了《普通话口语训练教程》1部。

"汉语普通话水平测试研究"课题是普通话水平测试有史以来规模最大、参与人数最多、研究领域最广、成果最为集中的一次科研活动，到2007年，课题主体研究计划基本完成。该课题成果有以下几个突出特点：一是成果数量多，且形式多样。该项目共完成专著4种（15本），论文80篇，研究（调查）报告22篇，教材6部，电脑软件8种，部颁标准（文件）1个，《评分细则》3种，不但数量多，而且样态丰富。二是成果质量高，价值大。该课题很多成果，由国内权威出版机构出版或发表在核心期刊上，具有很高的理论参考价值和实践应用价值。特别是项目核心子课题《大纲》修订及《实施纲要》研制、国家题库建设、普通话水平测试管理信息系统研究与开发，成果突出，意义重大，为普通话水平测试的顺利实施奠定了坚实的学术基础和平台。三是研究方法科学，注重创新。该课题是一个综合的研究体系，内容涉及多学科、多领域。课题组综合运用多种研究方法，以及多种技术手段，视角新，方法新。如语音识别技术，现代数理统计技术、计算机技术、信息技术的运用，心理学研究范式的尝试，"中介语"理论的构建，语料库语言学、方言学、实验语音学成果的借鉴与运用，都是普通话水平测试研究领域和研究方法的新探索。四是成果针对性强，贴近应用。该项目具有鲜明的理论研究与应用实践相结合的研究特点，所有研究成果都直接服务于普通话培训测试实践，针对性强，应用范围广，对全国的培训测试工作乃至整个推广普通话工作起到了积极的促进作用，具有深远的社会影响。仅以新《大纲》《实施纲要》和国家题库系统为例，它们的服务对象已逾3500万人次。"汉语普通话水平测试研究"课题极大地丰富了普通话水平测试科学研究的内容，对推动普通话水平测试发展提供了坚厚的学术支撑。

②全国普通话培训测试现状调研

全国普通话培训测试现状调研2010年正式启动，是测试实施以来首次开展的大规模全国性系统调研工作，也是一项重要的科研活动。调研旨在了解全国普通话培训测试开展以来的基本状况，总结经验，查找问题、提出对策，促进普通话培训测试工作的科学发展。目前该项工作成果正在集结汇总中，对普通话水平测试的未来发展将起到极大的促进作用。

（4）学科初步形成

随着普通话水平测试实践的不断积累和普通话水平测试研究的持续深化，普通话水平测试学科也逐渐形成，其显著标志体现在以下几个方面：一是高层次人才培养体系初步建立；二是普通话水平测试研究领域日益多元、研究体系初步形成；三是成立专门了的学术团体；四是编写出版了专著和教材。这些方面共同构成普通话水平测试学科建设发展的重要内容。

①高层次人才培养体系初步建立

普通话水平测试最早是作为语言学及应用语言学的一个专业方向进入高层次人才培养体系的。从1996年起，云南师范大学王渝光教授就开始指导语言学与应用语言学专业的硕士研究生从事普通话水平测试的研究，培养出大量普通水平测试领域的专门人才。其研究团队研究领域广泛、方法多样而又形成系列，实验语音学、教育测量学方法和计算机科学的运用是其突出特点。根据中国知网（CNKI）"中国优秀硕士学位论文全文数据库"检索，另有首都师范大学、黑龙江大学、南京师范大学、浙江大学、华中师范大学、湖南科技大学、海南大学等院校在语言学及应用语言学专业或汉语文字学专业培养普通话水平测试方向的专业人才。此外，还出现一些跨领域、跨专业研究人才和成果，如2001年，首都师范大学"通信与信息系统"专业艾伦的《普通话水平测试系统的开发和研究》，2005年青岛科技大学"控制理论与控制工程"专业孟照国的《普通话培训测试的信息化研究》，2005年苏州大学"信号与信息处理"专业姜亚军的《普通话单字发音的客观评价方法》（韩玉华2012：100），2011年电子科技大学"软件工程"专业王智伟的《基于B/S模式的四川省普通话水平测试管理办公系统的设计与实现》。跨领域、跨专业研究甚至出现在博士研究生培养方面，2010年中国科学技术大学"信号与信息处理"专业刘庆升的《计算机辅助普通话发音评测关键技术研究》是这方面的代表。

普通话水平测试高层次人才培养体系建设最具代表性的当属教育部语言文字应用研究所（同时也是中国社会科学院研究生院语言文字应用系），学术带头人时任语用所所长（兼语用系主任）姚喜双教授对全国普通话水平测试学科的建设具有开创性和引导性。早从2003年开始，姚喜双教授就在中国传媒大学语言学与应用语言学专业以"汉语普通话教学与水平测试"方向招收硕士研究生，进行学科人才培养的探索和积累。2007年教育部语用所在中国社会科学院研究生院自主设置二级学科"语言文字测试学"硕士点，"普通话教学与水平测试研究"是该专业专业重要的研究方向（另一方向为"文字测试研究"），学术带头人为姚喜双、王晖。这是普通话水平测试学科建设中非常有意义的一个实践，"语言文字测试学"成为独立的二级学科，普通话水平测试成为其下一个重要的研究方向，相较归属于"语言学和应用语言学"或"汉语言文字学"专业，其学术属性更加清晰，学术界域更加独立，这个实践具有开创性和奠基性。2007年，语用所（语用系）和中国社会科学院语言研究所（中国社会科学院语言系）率先在语言学与应用语言学专业，联合招收普通话水平测试研究方向的博士研究生，姚喜双为导师，这在全国是首家并且是唯一的一家。2010年，语用所（语用系）开始单独招收普通话水平测试方向的博士研究生；同年语用所（语用系）媒体语言学博士后科研工作站通过人事部审批，2012年与北京语言大学联合培养的第一批博士后研究人员开始入站。至此，从硕士到博士再到博士后，语用所（语用系）培养高层次普通话水平测试专业人才的梯次已经完备。目前该学科共拥有研究人员16名，其中高级职称人员8名，博士6名，硕士8名（其中5人在攻读博士学位），研究力量雄厚，梯队合理，发展势头强劲，其学科引领作用可以预期会有更大的影响。

②研究领域日益多元化，研究体系初步形成

规范拓展时期，普通话水平测试研究在广度和深度上都有了很大的发展，研究领域多元化，研究范畴体系化是突出的特点。聂丹对1980年至2010年普通话水平测试的研究进行了深入的研究，其研究给我们很大的启发，故引述如下：

据聂丹统计（统计表见下页，参见聂丹2011），2000—2010年（我们与聂丹对普通话水平测试发展历程的划分略有不同，但与"规范拓展时期"时段大致重合，故不影响分析和讨论），关于普通话水平测试研究的论文达1056篇，远远超过1980—1999年的144篇。论文数量的增长是一个方面，更为重要的是研究的领域更加广泛，测量工具研究、测试主体研究、测试客体研究、测试手段研究、测试界域研究方面都有很大发展，还出现现代技术、测试质量、测试比较、民族界域研究等新的研究领域，可以说多元化的研究触角已经延伸到普通话培训测试的各个方面。

表2-2　普通话水平测试30年研究领域及成果分布（单位：篇）

研究领域	研究内容	1980—1993	1994—1999	2000—2005	2006—2010	总计
一、宏观问题	（1）总论	4（0.03）	21（0.16）	65（0.5）	40（0.31）	130（0.108）
	①发展历程	0（0）	2（0）	4（0.67）	2（0.33）	8（0.002）
	②目标定位	3（0.17）	4（0.22）	8（0.44）	3（0.17）	18（0.015）
	③理论方法	1（0.04）	1（0.04）	13（0.52）	10（0.4）	25（0.021）
	④问题规划	0（0）	7（0.19）	21（0.57）	9（0.24）	37（0.031）
	⑤其他	0（0）	9（0.19）	21（0.45）	17（0.36）	47（0.039）
二、测试活动四要素 测试依据	（2）标准与大纲	3（0.05）	9（0.16）	31（0.53）	15（0.26）	58（0.048）
	①等级标准	3（0.11）	8（0.30）	15（0.56）	1（0.04）	27（0.022）
	②测试大纲	0（0）	1（0.03）	16（0.52）	14（0.45）	31（0.025）
	（3）评分与规范	1（0.01）	21（0.14）	80（0.52）	53（0.34）	155（0.129）
	①评分系统	0（0）	5（0.13）	19（0.5）	14（0.37）	38（0.031）
	②语言规范	1（0.01）	14（0.14）	48（0.49）	35（0.36）	98（0.081）
	③题型测评	0（0）	2（0.11）	13（0.68）	4（0.21）	19（0.016）
	（4）测量工具	0（0）	5（0.09）	27（0.49）	23（0.42）	55（0.046）
	①题型试题	0（0）	1（0.02）	24（0.53）	20（0.44）	45（0.037）
	②试卷编制	0（0）	3（0.5）	0（0）	3（0.5）	6（0.005）
	③题库建设	0（0）	1（0.5）	1（0.5）	0（0）	2（0.002）
	④测试长度	0（0）	0（0）	2（1.00）	0（0）	2（0.002）

续表

研究领域		研究内容	1980—1993	1994—1999	2000—2005	2006—2010	总计
测试活动四要素	三测试主体	(5)队伍建设	0（0）	3（0.05）	32（0.5）	29（0.45）	64（0.053）
		①能力素质	0（0）	3（0.08）	24（0.6）	13（0.33）	40（0.033）
		②培养管理	0（0）	0（0）	8（0.33）	16（0.67）	24（0.020）
	四测试客体	(6)应试培训	0（0）	29（0.11）	116（0.42）	131（0.47）	276（0.229）
		①语言表现	0（0）	5（0.16）	14（0.45）	12（0.39）	31（0.026）
		②语言表现	0（0）	12（0.16）	31（0.42）	31（0.42）	74（0.062）
		③培训指导	0（0）	12（0.07）	71（0.42）	88（0.51）	171（0.142）
	五测试手段	(7)组织管理	0（0）	3（0.16）	3（0.16）	13（0.68）	19（0.016）
		(8)现代技术	0（0）	0（0）	12（0.22）	43（0.78）	55（0.046）
六测试界域		(9)区块测试	2（0.01）	18（0.10）	75（0.42）	83（0.47）	178（0.148）
		①不同地域	1（0.01）	7（0.08）	34（0.43）	38（0.48）	80（0.067）
		②不同民族	0（0）	0（0）	9（0.36）	16（0.64）	25（0.021）
		③不同群体	1（0.01）	11（0.15）	32（0.44）	29（0.40）	73（0.061）
七测试作用		(10)改进教学	0（0）	20（0.17）	38（0.31）	63（0.52）	121（0.101）
		(11)其他效用	0（0）	3（0.14）	7（0.33）	11（0.52）	21（0.017）
八测试评价		(12)测试质量	0（0）	0（0）	32（0.56）	25（0.44）	57（0.047）
		(13)测试比较	0（0）	0（0）	2（0.33）	4（0.67）	6（0.005）
总计			10（0.008）	134（0.112）	523（0.436）	533（0.444）	1200（0.998）

（注：此表转引自姚喜双等《普通话水平测试概论》第五章，第147至149页；同时参见聂丹《关于普通话水平测试研究走向的思考》，《语言文字应用》2011年第2期，第94页。聂丹统计结果共计1203篇文章，里面包含3篇综述类文章，在此表中未体现，但计算百分比时是按1203篇计算的。每类"总计"栏的百分比等于"该类总篇数/1203"。每类在某个阶段的百分比等于"该阶段的篇数/该类总篇数"。）

普通话水平测试研究体系，"从研究内容来看，大体可以划分为13大类别，分属八大研究领域：'宏观课题'研究普通话水平测试活动的发展历程、目标定位、理论方法、存在问题以及未来规划等；'测试依据''测试主体（测试员）''测试客体（应试者）''测试手段'是对普通话水平测试活动内部要素的研究；'测试界域'研究普通话水平测试活动在不同方言区、不同民族聚居区、不同行业部门以及特殊人群中的实施情况；'测试作用'研究普通话水平测试对教学的作用及其社会效用；'测试评价'涉及普通话水平测试的质量评价及与其他语言测试的比较评价研究。"（聂丹2011：93）普通话水平测试的研究范畴，日渐体现出体系化特色，日益显示出其学科发展的内在逻辑性。

③成立专门学术团体

专门的学术团体是聚集学科力量、团结学界同仁、促进学科发展的重要因素，也是学科形成的标志之一。2008年7月，姚喜双在第二届全国普通话培训测试中心主任论坛主题报告中提出成立"普通话水平测试学会"的设想，并将之列入《国家语委普通话培训测试中心2009年度工作计划》。因中国应用语言学会长期处于筹建状态，语文现代化学会获批较早，加之后者由教育部语用司代管，与普通话水平测试管理机构一致，所以学会最终挂靠在语文现代化学会。

2009年7月，中国语文现代化学会普通话水平测试研究分会正式成立（习惯上也称"全国普通话水平测试研究会"）。研究会第一届理事会第一次会议在天津召开，审议通过了分会章程，选举产生了由13名常务理事组成的常务理事会，选举韩其洲为第一届理事会理事长，刘照雄、姚喜双为名誉理事长，刘朋建、王晖、赵红弢、饶正光为副理事长，刘朋建兼任秘书长。理事会聘请陈章太、仲哲明、傅永和为分会顾问，聘任孙海娜、单明、曹艳丽为副秘书长。为加强组织建设，研究会于2010年9月专门下发了《关于进一步做好会员发展和会费收缴工作的通知》，扎实推进团体会员和个人会员发展工作。截至2011年底，共吸收团体会员32个，发展个人会员约200名。在制度建设方面，研究会成立后，先后印发了《普通话水平测试研究会章程》（普测研会［2009］1号）、《普通话水平测试研究会会员发展管理办法（试行）》（普测研会［2009］2号）、《普通话水平测试研究会会费标准及收缴办法》（普测研会［2009］3号）等规章制度，为研究会工作的顺利展开和规范运行提供了基本的制度保障。研究会成立后，于2009年11月与国测中心联合举办了第四届全国普通话培训测试学术研讨会。这次研讨会也是普通话水平测试开展15周年的纪念会，时任教育部副部长、国家语委主任郝平专门为会议发来贺信。通过研讨会的举办，既组织开展了培训测试业务的学术交流活动，又扩大了测试研究会的社会影响，收到了很好的效果。2012年12月研究会与国测中心联合，成功举办了第五届全国普通话培训测试学术研讨会。

研究会成立以来，积极发挥研究会的群众性、学术性优势，与国测中心联合举办了三期全国普通话水平测试站站长管理工作研修班。2010年8月，首届研修班在北京举办，教育部副部长、国家语委主任李卫红亲自莅会并发表重要讲话，充分肯定了举办研修班的重要作用和意义。第二期站长研修班于2011年7月在北戴河举办，第三期站长研修班于2011年10月在武汉举办。三期研修班，共有来自全国各地的326名测试站站长参加研修交流，研修班的举办，为加强普通话水平测试管理干部队伍建设，提升基层测试站的管理水平，促进全国范围内各测试站之间的相互学习和交流研讨提供了良好的平台。全国普通话水平测试研究会正在发展成为聚集学科力量、团结学界同仁、促进学科发展的重要平台。

④出版学科理论性专著和教材

随着普通话水平测试的发展，普通话培训测试教材建设取得长足发展。早期以刘照雄主编《普通话水平测试大纲》（刘照雄主编，1994年出版，后又于当年出版修订本，于2002年出版新修订本，略有个别调整，框架和主体内容没有大的变化）为主要成果。在该《大纲》的影响下，出现一批培训教材，以各省级测试机构为编写主体。2004年《普通话水平测试实施纲要》出版，《实施纲要》是普通话水平测试研究的重要学术成果，也是培训的基础教材，对推动培训测试教材建设有很大的影响。以此为蓝本，全国各地出现大批教材，除了各级培训机构，以学者和教师个人名义出版的教材也大量涌现，呈现出繁荣的景象。

除教材外，更为引人注目的是普通话水平测试的理论性专著开始出现并日渐丰富，这是普通话水平测试学科发展的重要标志。

最具代表性的成果是姚喜双等《普通话水平测试概论》（姚喜双等2011），这部学术专著是应实践之需、教学之需和理论研究之需而产生的，是普通话水平测试领域第一部学术教材和学科理论力作。《概论》首次对测试的发展历程进行了系统的梳理，对测试的理论基础和研究范畴进行了深入挖掘，对测试基本矛盾、基本要素、基本特征、基本原则、基本方法的概括尤具启发性，对测试发展趋势的研究具有时代性和前瞻性。《概论》对于建立普通话水平测试学科理论、丰富学科基础、构建学科方法体系具有重要意义。

聂丹《普通话水平测试研究概说》（2012），全书分为五个研究专题，总结了测试30年的研究成果，对测试研究脉络的爬梳细致绵密，自成体系，另外对测试学科定位、测试理论框架和方法体系等均有深入的探讨，对测试学科发展方向的探讨富有建设性。将第二语言习得、语言教学、语言测试理论及方法与普通话水平测试研究相结合，是该书的一大特色。

王渝光《语言信息处理与普通话水平测试》（2010）和《实验语音学：普通话水平测试等级标准》（2011），将语言信息处理、语言统计学、教育测量学、实验语音学与普通话水平测试相结合，在研究内容和研究方法上都有鲜明的特点。

李海英《普通话水平测试（PSC）的社会语言学阐释》，对普通话水平测试的研究进行了概括，重点研究普通话水平测试的非语音因素，特别是社会语言学的研究视角别开生面。另外，屠国平《普通话水平测试研究》（2010）也有一定特色。姚喜双指导的博士生团队，发挥集团研究优势，《普通话水平测试常用术语》《普通话水平测试发展历程研究》《普通话水平测试员评价体系研究》《普通话水平测试手段研究》等专题系列研究著作也列入出版计划，将会进一步夯实普通话水平测试学科理论基础。

当然，普通话水平测试学科目前也仅仅是初步形成，学科体系初具规模，但专业属性尚待进一步清晰，基础理论和方法体系还相对薄弱，学术成果还不十分丰厚，仅以聂丹论文数量统计为例：2000—2010年年均105.6篇，较以前发展还算迅速，但相对于一个学科来说还很不够。普通话水平测试学科还未成为一个成熟的、完备的学科体系，进一步成长的空间还很广阔。

（5）普通话水平测试管理信息系统和全国普通话培训测试信息资源中心、全国普通话培训测试信息资源网的建设——普通话水平测试管理信息化的重要平台

普通话水平测试管理信息系统是"汉语普通话水平测试研究"课题的核心子课题之一，由国家语委普通话培训测试中心和湖南普通话培训测试中心联合研制，是在吸收上海、湖北、黑龙江等省市信息管理系统建设经验的基础上研制而成。该系统以普通话水平测试业务流程为主线，兼顾其他相关管理工作，对各级测试实施机构在业务流程中的处理权限进行了合理划分和设置。该系统包括国家中心子系统、省级测试机构子系统、地（市）级测试站子系统和县（市）及高校测试点子系统。该系统符合教育部《普通话水平测试管理规定》及《普通话水平测试规程》，技术较先进，可操作性强，界面灵活，功能较全，能较好满足需求，有利于促进全国范围内实现测试管理的规范化和信息化。2005年8月，该系统通过了教育部语用司和语信司组织的鉴定。但由于种种原因

该系统未能在全国推广使用。

2007年安徽省普通话培训测试中心和科大讯飞公司开发了新的信息管理系统，实现了与"计算机辅助评分系统"的无缝链接，在整合为"国家普通话水平测试管理系统"后，于2007年"推普周"期间由时任教育部副部长、国家语委主任赵沁平正式启动，实现了全国范围内测试管理的信息化。

2009年4月，国测中心和安徽省教育厅举行签字仪式，合作建设"全国普通话培训测试信息资源中心"。2010年6月，教育部副部长、国家语委主任李卫红参加了在合肥举行的"全国普通话培训测试信息资源中心"揭牌仪式和"全国普通话培训测试信息资源网"启动仪式。信息资源中心成立和信息资源网的开通，标志着普通话水平测试信息化工作迈上了新台阶。

（6）计算机辅助普通话水平测试（以下简称"机辅测试"）评分系统的开发和应用——测试手段自动化的部分实现

"汉语普通话水平测试研究"最早将评测试手段自动化纳入研究领域（2002年）。由于机辅测试是一个全新的领域，带有实验性和创新性，总课题组采取了平行研究的方式，委托清华大学、云南师范大学和南开大学（后因种种原因，该子课题未能结项）三个子课题组开展探索，第一阶段目标以对单音节字词和多音节词语辅助评分系统为目标。

清华大学子课题组研制的系统包括考务信息管理、仿真测试和录音、机器辅助评分三部分。机器辅助评分以语音识别技术为基础，以后验概率方法作为评价的基本依据，辅以时长、语速等特征，建立了多种评分的融合算法，完善了评分性能。该研究实现了以计算机为辅助手段，进行无纸化、电子化的高效率评测。项目研究成果于2007年10月通过了教育部科技司组织的鉴定。

云南师范大学子课题组开发的"机辅测试"评分系统，由基础层面的"普通话水平测试各等级标准数据库系统"和应用层面的"普通话水平测试人机对话评分系统组成"。其数据库系统，建立了一级乙等、二级甲等、二级乙等、三级乙等的男女声语音样本，多媒体数据分析和评分数据系统。该研究将实验语音技术、数据库技术、计算机技术紧密结合起来，建立集图形、声音、文字为一体的"普通话水平测试各等级标准语言特征数据库"，为普通话水平测试提供了一种操作性强的"机助人测"评测方式。

"机辅测试"研究的开展引人注目，2004年7月，时任国家语委主任袁贵仁在全国普通话水平测试管理工作会议讲话中对这个研究予以了特别的关注，提出要按照"有利于提高测试科学性、有利于规范测试管理、有利于提高测试效率"的要求，加强科学研究工作，"特别是在计算机辅助测试和测试自动化研究方面，要力争有所突破，有所创新"。为了进一步推动研究，2004年11月，国家语委科研办批准安徽省科大讯飞信息科技有限公司（简称"讯飞公司"）申报的"智能语音技术在普通话辅助学习中的应用研究"项目（ZDI105—B02）。2005年9月，教育部语信司在讯飞公司召开了中期成果汇报及技术研讨会，会议对"计算机辅助普通话评测系统"进行了评估。该项目建立以一级甲等为参照的标准普通话语音模型（包括近50位一甲水平播音员近250小时语音样本，参见叶军2010：29）和地方普通话语音语料库（12个省份共计4700余份应试人语音数据和测试员评分数据），通过语音建模、测试员精标，辅以语音识别技术，建立计算机自适应算法策略，实现计算机对单音节、多音节、朗读等三个测试项的自动评分。2006年1月，该项目通过了国家语委科研办组织的鉴定，从2007年起，"机辅测试"在实用层面迈出了步伐，安徽省、上海市成为第一批试点省市，之后"机辅测试"试点范围迅速扩大，测试人数增长显著。截止到2012年12月31日，除新疆、黑龙江两省份以外，全国其他省市均已开展了机测。2012年，全国机辅助测试的人数为298万人，全国累计机测考生总数达到887万。历年计算机测试的人数如表2-3所示：

表2-3　计算机辅助普通话水平测试数量统计

年　度	2007年	2008年	2009年	2010年	2011年	2012年	合计
测试量	27万	50万	108万	169万	235万	298万	887万

安徽省普通话培训测试中心还开发了信息管理系统，并无缝嵌入了"机辅测试"系统，使测试的现代化和管理的信息化结合起来，该管理系统2007年被整合为"国家普通话水平测试管理系统"，开始在全国推广使用。

为了保障"机辅测试"沿着健康的方向发展，国家语委普通话培训测试中心提出"科学、规范、积极、稳妥"的试点原则，并组织调研组跟踪调研，及时发现问题予以引导。2008年12月，国测中心组织召开有13个省份参加的"机辅测试"业务研讨和质量分析会，总结经验，肯定成绩，分析不足，促进发展。2009年9月，国测中心与讯飞公司成立"联合实验室"，共同推进"机辅测试"科研的深化。伴随"机辅测试"的产生发展，国测中心在"机辅测试"的规范化方面做了大量富有成效的工作：2008年6月，国测中心会同安徽省测中心共同起草的《计算机辅助普通话水平测试操作规程》，以教育部语用文件（教语用司函［2008］23号）形式下发各地；2008年国测中心成立课题组对"机辅测试"评分进行研究，2009年1月《教育部语用司关于印发〈计算机辅助普通话水平测试评分试行办法〉的通知》（教语用司函［2009］5号）印发各地执行；2010年9月国测中心制定下发了《计算机辅助普通话水平测试试点业务指导意见（试行）的通知》（国语普测［2010］8号）。这些新的业务规范，对于保证机辅测试质量，确保试点规范、有序、健康发展并取得实效发挥了积极作用。

"机辅测试"是测试手段的历史性技术变革，是现代语音技术和计算机技术在测试领域的应用，是普通话水平测试科学发展进程的必然结果。机辅测试实现了测试手段的部分自动化,提高了测试的效率,同时为信息化管理带来很大便利。"机辅测试"嵌入信息管理系统,将测试手段现代化和管理的信息化结合起来。它不但是一种技术层面的变革,还为测试带来观念的变革和管理模式的革新,影响极其深远。

除测试的法制化、规范化和科学化、现代化取得重要成绩外,测试实施机构网络化和队伍建设规模化,以及测试领域的延展化也是这一阶段工作的突出成绩,它们共同构成普通话水平测试规范发展阶段丰实、繁盛的崭新面貌,并且为普通话水平测试的未来发展提供了前所未有的新动力。

第三章
普通话水平测试学科

　　普通话水平测试既是国家语言文字规划的一项工作，也是正在初步形成并迅速成长的一门学科。从上世纪80年代初提出普通话水平测试构念，到1994年正式实施，再到本世纪载入国家专门法律、并以独立研究方向列入相关高校及科研机构的学位授予和人才培养学科目录，普通话水平测试从实践到研究都取得了长足的进步，并逐渐形成特定的研究对象和研究范畴，初步体系化的研究框架，日益丰富的研究方法和数量可观的研究成果，其学术界域逐渐清晰，初步具备了成为一门独立学科的条件。但是，因为刚刚有30年的实践历史，这门学科还没有形成成熟的理论体系，尚处于学科理论的建设期，其学科定位，包括学科任务、研究范畴、学科体系、学科性质甚至基本术语和概念等问题，都需要学术界共同探讨。

第一节 普通话水平测试的基本概念

一 普通话的相关概念

（一）普通话定义的解读和再思考

　　1956年国务院《关于推广普通话的指示》把普通话的涵义概括为"以北京语音为标准音、以北方话为基础方言、以典范的现代白话文著作为语法规范"之后，此后学术界多以此论为圭臬，争论不多。在《国家通用语言文字法》制订过程中，学术界对于普通话定义和名称有过小范围讨论，并曾在法律草案中有所表述，但最终因避免学术定义法定化等原因未予表述。学术界对普通话定义进行解读的文章不少，分述如下：

1.语音、词汇、语法三项标准"分立"——普通话定义的常规性解读

罗常培、吕叔湘《现代汉语规范问题》对普通话的标准问题和定义进行了阐述，该文是对普通话定义进行解读的早期文献。国务院《关于推广普通话的指示》明确将普通话的涵义概括为语音、词汇、语法三个层次，语音标准、词汇标准、语法标准"三项分立"，逐渐成为流行于学术界的常规性普通话定义解读范式，并广泛出现在《现代汉语》教材和权威工具书当中。以王均先生主编《当代中国的文字改革》为例：

普通话以北京语音为标准音，指的是北京语音系统，并不是指北京土音，如北京土音的"我们"说mmen，"这么"说zènme，"豆腐"说dòufe；也不是指北京人所说的每一个字的读音，如北京人把"教室"读成jiàoshǐ，把"质量"读成zhǐliàng，而普通话标准音定为jiàoshì、zhìliàng。

普通话定义里"以北方话为基础方言"，这里指的主要是词汇。也就是说，普通话词汇主要来源于北方话。当然不能把所有北方话的词汇都看作是普通话的词汇，要有一个选择。经过选择以后，才成为普通话词汇。……普通话所选择的词汇，一般都是流行较广，而且早就用于书面上的词。

普通话定义里"以典范的现代白话文著作为语法规范"，这是普通话的语法。这个标准包括4个方面的意思："典范"就是排除"不典范"的现代白话文著作作为语法规范；"白话文"就是排除文言文；"现代白话文"就是排除"五四"以前的早期白话文；"著作"就是指普通话的书面形式，它是建立在口语基础上的，但又不等于一般的口语，而是经过加工的、提炼的。（王均1995：277—278）

2. 语言规范复合参照系视角下的新解读

对于普通话定义有影响的学术质疑并不多见，胡明扬先生《普通话和北京话》对普通话的定义提出新的思考。对于语音标准，胡文认为"普通话实际上并不完全以北京语音为标准音"，"实际上是一种北京音和'官话'音的混合体"。对于基础方言，胡文认为"普通话很难以泛泛的北方话为基础方言"，因为"'以某种方言为基础方言'意味着这种方言为民族共同语提供了语音、语汇和语法方面的规范。……基础方言要为规范的民族共同语提供明确的语言规范，因此往往是一个方言点，这样才可能有相对稳定的语音、语汇和语法规范。北方话代表的不是某个方言点而是一个大方言区"，因此他认为普通话以北方话为基础方言"事实上这样做是有困难的"。他还认为普通话定义中，"在语音、语法这两方面的规范已经另有'基础'，北方话作为'基础方言'的作用就只剩下一个语汇领域了"，因此他认为"从实际情况来看，说'普通话以北方话为基础方言'至少是很难落实的"。胡文指出："普通话的基础方言不是哪一个地点方言，也不是泛泛的北方话，而是一种在现代典范的白话文著作的影响下通行于北京地区知识阶层的社会方言。"（胡明扬1987：14—37）社会方言视角的提出，是胡文对普通话定义的一个理论贡献。

李宇明《权威方言在语言规范中的地位》在胡明扬论文基础上，进一步提出语言规范复合参照系的解读视角，使得对普通话的解读更为系统和科学，颇具启发。李文认为国务院《关于推广普通话的指示》不仅是在共同语标准上增加了"语法"层面的关照，"若从规范参照点的角度来看，它更重要的价值是在语言规范中引入了权威社会方言的这一新的参照点"。他认为："从1925年确认权威地域方言在语言规范中的地位，到1956年又将权威社会方言引入语言规范中，是中国语言规范理论的一大飞跃。""如果将1956年的普通话定义再拓展一步，就构成了由权威地域方言和权威社会方言纵横组合的'复合参照系'，即语音和词汇的规范不能仅参照权威的地域方言，还必须参照权威的社会方言；语法的规范不能仅参照权威的社会方言，还应参照权威的地域方言，即以基础方言的语法为参照点。这样，普通话的基础方言就具有了'权威方言的双重性'，进入了理想状态。"（李宇明2010：85—86）①

社会方言是伴随社会语言学的兴起而产生的，社会语言学勃兴于上世纪60年代，1956年国务院《关于推广普通话的指示》发布时，社会方言的概念尚未确立，但难能可贵的是《关于推广普通话的指示》在共同语标准上增加了"以典范的现代白话文著作为语法规范"，这是对权威社会方言理论的一种自发的应用实践。如果说"国语运动"的一大贡献是寻找到了"中国语言的'心'"——权威的地域方言，那么1956年国务院《关于推广普通话的指示》则是寻找到了"汉民族共同语的'魂'"——权威的社会方言。胡明扬先生、李宇明先生的探讨是对权威社会方言理论的自觉运用和创新，特别是李宇明语言规范复合参照系的观点，对审示当今的语言规范观念，重建权威的社会方言，重塑新的"雅正"语言观，指导国家语言规划，乃至指导普通话水平测试，都具有方法论的重要意义。

（二）普通话的功能地位的讨论

1.普通话的语言本体功能

普通话在语言本体功能上有不同表述，有的表述为共同语，有的表述为标准语。以《现代汉语词典》（简称《现汉》）对普通话的释义的变化为例：

普通话：现代汉语的标准语，以北京语音为标准音，以北方话为基础方言，以典范的现代白话文著作为语法规范。（《现代汉语词典》1996年版）

普通话：我国国家通用语言，现代汉民族的共同语，以北京语音为标准音，以北方话为基础方言，以典范的现代白话文著作为语法规范。

---

① 原文载《清华大学学报》（哲学社会科学版）2004年第5期。

(《现代汉语词典》2005年版，2012年版）

二者的区别之一是后者增加了"我国国家通用语言"的表述，这是2000年我国颁布《国家通用语言文字法》后进行的调整；区别之二是前者表述为"现代汉语的标准语"，后者改为"现代汉民族的共同语"。那么标准语和共同语哪一种表达更为妥当呢？

共同语：民族内部共同使用的语言。通常是在政治、经济、文化较发达地区方言的基础上发展起来的。现代汉民族的共同语是普通话。

标准语：有一定规范的民族共同语，是全民族的交际工具，如汉语的普通话。

汉语：汉族的语言，是我国的主要语言。现代汉语的标准语是普通话。（《现代汉语词典》2005年版，2012年版）

《现汉》共同语和标准语的词条都以"普通话"为例释，这难免令人迷惑，共同语和标准语到底是不是同一个概念呢？《现汉》标准语"有一定规范的民族共同语"的释义，可作二解，如果把"有一定规范"看作修饰性成分，那么就可理解为标准语等同于共同语；如果把"有一定规范"看作限定性成分，似乎可理解为标准语并不等同于共同语，二者的规范程度不同。罗常培、吕叔湘两位先生说过："共同的语言和规范的语言是不可分割的，没有一定的规范就不可能做到真正的共同。"（罗常培、吕叔湘1956：7）可见"有一定程度的规范"是共同语的内在特征，我们推测《现汉》或许把"有一定规范"看作修饰性成分，并未对共同语和标准语进行详细的区分。《现汉》普通话定义由"标准语"到"共同语"的变化，或许是为了与国务院《关于推广普通话的指示》的表述取得一致。

关于共同语和标准语，王力先生在《论汉语标准语》一文中指出："标准语和民族共同语的涵义并不完全相同。标准语是在民族共同语的基础上更进一步，它是加了工的和规范化了的民族共同语。汉语需要民族共同语,同时也需要标准语。"①

胡明杨先生在《普通话和北京话》中指出:"一般说来,民族共同语是在同一民族内部通过长期的互相交往自然形成的,而规范的民族共同语,也就是民族标准语,则是有意识的民族语言规范化过程中逐步形成的。自然形成的民族共同语和规范的民族共同语或民族标准语往往有密切的关系,但毕竟不是一回事。把两者等同起来实际上就会取消有意识的规范化的努力。"(胡明扬1987:22—23)

王力先生和胡明扬先生都把共同语和标准语看作关联的两个不同概念:标准语是经过人工加工的和规范化了的共同语,共同语也有规范,但属于自发的规范,而标准语则属于自觉的规范。

陈松岑先生认为:"共同语纯粹是从交际工具适用范围着眼的一个术语,这个使用范围是可大可小的。……共同语只是作为使用不同语言变体的人们相互往来的交际工具,并不要求使用者平常的口语以它为规范。这就是说,在方言和共同语的对立中并没有引进价值概念,不存在谁从属于谁的问题。""我们又把方言和标准语对立起来加以讨论。这时,我们就导入了价值标准,隐含着方言不够标准的意思。因此,标准语不仅是各方言地区之间相互交际的共同工具,而且是各方言的标准,要求各方言向它靠拢,或是制约各方言发展的方向。由于上述缘故,标准语又是社会威望最高,可用于一切正式场合的语言变体。""标准语是人为的干预语言发展的结果,因此,标准语的形成过程,也就是某个方言变体标准化的过程。这过程一般要经过选择、整理、加工和承认这四个步骤。"(陈松岑1985:87—89)陈先生在区分共同语和标准语时引入了"价值判断"和"标准化过程及步骤"的视角,其观点富有启发。

戴维·克里斯特尔在《现代语言学词典(第四版)》中对标准语(standard)词条这样表述:

---

① 引自《王力文集(第二十卷)》,57—58页,山东教育出版社1991年版。

社会语言学术语，指一个言语社会内使用的一种高声望的语言变体。"标准语言／方言／语言变体"超越地域差异，提供统一的信递手段，因而也是一种制度化的规范，可用于大众传播媒介，向外国人教授语言等。（戴维·克里斯特尔2000：334）

斯图尔特（W. Stewart）提出标准语的四项标准：标准性、独立性、历史性和持久性。

（1）标准性（standardization）：指具有全社会所遵循的正式的规范标准；

（2）独立性（autonomy）：指具有独一无二的自律性和功能；

（3）历史性（historicity）：指具有与有关国家或民族的传统相关联的发展历史；

（4）持久性（vitality），指具有稳定的操该种语言的言语共同体。

标准性是标准语的重要特征，包括技术性规范和制度化标准两方面。新中国成立以来，我国不仅制定和颁布了《汉语拼音方案》《汉语拼音正词法基本规则》《简化字总表》《普通话异读词审音表》《第一批异形词整理表》《通用规范汉字表》等100多部汉语言文字领域的技术性规范标准，还编辑出版了以《新华字典》《现代汉语词典》《规范字典》《规范词典》为代表的规范性辞书；尤其是以《宪法》《国家通用语言文字法》为代表的法律法规和大量语言文字领域的地方性法规及部门规章，形成具有自身特色的语言文字制度化标准。

无论从普通话社会威望和超地域差异的功用地位、抑或"传媒""教育"的传播途径，还是从制度化规范的"标准化"程度而言，我们都认为一般教材上所说"汉民族的共同语"，不如"现代汉语的标准语"更为合理。如果放眼于汉语海外传播事业的发展，普通话"现代汉语标准语"的语言本体功能定位，更能显其便利和优长。

2. 普通话的法律地位

（1）国家通用语言

普通话的法定地位首先是通过1982年修订的《中华人民共和国宪法》得以确立的。这部宪法的第19条规定："国家推广全国通用的普通话。""全国通用"是国家根本大法赋予普通话这一"现代汉语标准语"的崇高的法律地位，这里没有用"官方语言""国语"之名，但"全国通用"既指明了普通话"国家语"之实，也指明了其"通用语"（即"公用语"）之用。

2000年10月31日全国人大常委会通过的《中华人民共和国国家通用语言文字法》则通过专项法律的形式，第一次以法律的形式明确了普通话作为国家通用语言的地位，使普通话的法定地位具体化。随之，全国各地以此为基础建立了相应的地方性法规和部门规章，至此普通话"国家通用语言"法定地位的内涵基本完善。

（2）中华民族族际共通语

我国是一个多民族、多语言、多文种的国家，有56个民族，共有80种以上语言，约30种文字。除汉族外，我国55个少数民族约占全国人口总数的8.49%。除回族、满族已全部转用汉语，其他53个民族都有自己的语言，有些民族许多人转用或兼用汉语或其他民族语言；有些民族内部不同支系还使用不同的语言。我国除占总人口91.51%的汉族使用汉语外，有些少数民族也转用或兼用汉语。[①] 鉴于如此复杂的语言国情，我国进行语言规划时要坚持语言公平政策，兼顾"同质一体性"和"异质多样性"，处理好多种语言和语言变体之间的关系。

中华人民共和国政府网在"中国概况·语言文字"部分对普通话有这样的表述："普通话不仅是汉民族共同语的标准语，也是中华民族的共同语。"[②]普通话实际承担着中华民族族际共通语的职能，这充分尊重了"共同的""主体的"和"差异的""多样的"这两组范畴的和谐统一。提高对普通话"中华民族族际共通语"的认识，对增进各地区

---

①② 参见www.gov.cn。

各民族之间的交流与沟通、强化对中华民族和中华文化的认同、增强中华民族凝聚力具有重要作用。

3. 普通话水平测试对普通话概念的界定

2000年《国家通用语言文字法》颁布以来，权威辞书对普通话的定义在原有语言本体功能描述的基础上，都增加了对其法律地位的界定，以《现代汉语词典》和《现代汉语规范词典》为例：

普通话：我国国家通用语言，现代汉民族的共同语，以北京语音为标准音，以北方话为基础方言，以典范的现代白话文著作为语法规范。（《现代汉语词典》2005年版，2012年版）

我国国家通用语言，也是我国基本的教育教学语言。是以北京语音为标准音，以北方话为基础方言，以典范的现代白话文著作为语法规范的现代汉民族共同语。（《现代汉语规范词典》2004年版）

普通话水平测试对普通话概念的界定，吸收了权威辞书的表述方式，同时认为"现代汉语的标准语"比"汉民族共同语"更为确切。《现代汉语规范词典》在"我国国家通用语言"之后，增加了"也是我国基本的教育教学语言"的表述，意欲表达"国家通用语言"的基础性功能，但似有蛇足之嫌。我们认为"国家通用语言"的基础性功能，除教育教学（包括第二语言教学）领域外，还表现在公务领域、传媒领域、公共服务领域等众多方面。普通话定义中增加"也是我国基本的教育教学语言"的表述，似增益，实缺损。

普通话水平测试对普通话概念的界定如下：

现代汉语的标准语，中华人民共和国国家通用语言。以北京语音为标准音，以北方话为基础方言，以典范的现代白话文著作为语法规范。

二 普通话水平测试的相关概念

2003年颁布的新《普通话水平测试大纲》在起草酝酿过程中曾以规范标准的形式报送国家语委，其中有"术语"部分，对普通话水平测试中的几个重要概念（包括普通话、普通话水平测试、语音错误、语音缺陷、语调偏误）进行界定。后来新《大纲》以教育部、国家语委文件的形式正式下发，术语部分因体例协调等原因，未予表述，学术讨论未免不够充分，这里补充出来，希望引起更深入的探讨（"普通话"的概念上文已讨论，此不赘述）。

（一）普通话水平测试（**Putonghua Proficiency Test**）

蔡富有、郭龙生主编《语言文字学常用词典》曾立"普通话测试"（Test on Common Spoken Chinese）词条："是提高普通话工作水平的重要组成部分，是使推广普通话工作逐步走向科学化、规范化、制度化的重要举措。1994年10月30日国家语委、国家教委、广播电影电视部联合发布了《关于开展普通话水平测试工作的决定》。现在普通话水平测试一般使用三级六等即一甲、一乙、二甲、二乙、三甲、三乙的标准。"（蔡富有、郭龙生主编2000：209）

就其释义而言，词头当为"普通话水平测试"。该词典释义是就普通话水平测试工作层面进行的解释，作为对一个专业术语的揭示并不深入，英文名称也不够规范。

"普通话水平测试"已写入国家专门法律，是具有特定意义的专有名词。《大纲》规范标准文本，对普通话水平测试的定义是："测查应试人普通话规范程度、熟练程度的标准参照性口语考试。"

"测查应试人普通话规范程度、熟练程度"，是对"水平测试"的具体解释。"水平测试"是按使用目的对考试的一种分类（对应于成绩测试、诊断测试、学能测试等）。有学者将"水平测试（proficiency test）"中"proficiency"译为"熟巧"，多数论者讨论普通话水平测试时，认为它是测查应试人普通话规范程度（或标准程度）的测试。我们认为此说不够全面，规范（标准）程度和熟练程度是考察应试人一般语言能力不可忽略的两个要素，无论是名称上还是测试实践本身，熟练程度都应具有不容忽视的地位，所以在揭示术语内涵时有必要明确提出来。

"标准参照性"是按照分数解释的方法对普通话水平测试进行的分类，相对应的是"常模参照性"考试。对于普通话水平测试的性质目前还存在争议，我们比较赞同仲哲明先生"普通话水平测试基本上属于目前比较通行的所谓标准参照性或者说达标性测试的范围"（仲哲明1997：6）的看法。

"口试"指的是普通话水平测试以口试方式进行，但并不等同于"口头语"的测试。普通话包括"口头语"和"书面语"两种形式，把普通话水平测试仅仅理解为普通话"口头语"的测试难免有失偏颇。

（二）语音错误（Phonetic Error）

指普通话水平测试中，把普通话语音系统的一个音位发为另一个音位的现象。

（三）语音缺陷（Phonetic Defect）

指普通话水平测试中，未把普通话语音系统的一个音位发为另一个音位，但尚未达到标准音位的现象。

语音错误和语音缺陷是普通话水平测试语音评定中两个重要概念。普通话水平测试语音评定的一个重要特点是改变了以往语音评价"非此即彼"的二元价值判断的局限，在语音正确、语音错误之间增加了语音缺陷，使语音评定更符合实际和语感。但是对于语音错误和语音缺陷，人们尚存在不少认识的误区。有人认为方音成分是语音错误，地方普通话的语音成分是语音缺陷；有人简单地认为把甲读为乙就是语音错误，其他不到位的语音是语音缺陷。我们认为普通话水平测试要有音位学的观念，所以特别提出一个参照系，即普通话语音（音位）系统。把普通话语音系统中的一个音位发为另一个音位就是语音错误；未把普通话语音系统中的一个音位发为另一个音位，但尚未达到标准音位就是语音缺陷。

（四）语调偏误（Intonational Deviance）

指普通话水平测试中，语调型式不符合普通话规范。

语调研究是语音研究的难点，普通话水平测试对语调的评价原《大纲》主要通过"方言语调"这一测试要素体现。但"方言语调"的提法从一开始便争议不断，一是概念本身内涵不清，二是不能对测试中的很多语调现象进行科学的评价。例如，逻辑重音处理不当，可以说是"语调偏误"，说是"方言语调"就不那么妥帖。新《大纲》用"语调偏误"取代"方言语调"，内涵更明确，称说更科学。

普通话水平测试作为一门学科正在逐步确立。作为学科，普通话水平测试的学科术语和重要概念远不止以上几个，学科术语体系尚未建立，需要学界共同努力。

第二节　普通话水平测试学科基础理论

一　学科定位

国家语委的专家和领导，最早对普通话水平测试的学科定位进行归纳。仲哲明（1996∶245—246）、于根元（1996∶192—193）均把"普通话等级标准和水平测试研究"列为应用语言学研究中语言规划研究领域的代表性成果之一。许嘉璐（1999∶161—163）、冯志伟（1999∶141—142）都把普通话水平测试列为语言文字应用研究的一项重要学术成果加以评述。

云南作为普通话水平测试最早探索实验的省份，对普通话水平测试学科属性的探讨也很有代表性。戴梅芳明确提出："普通话水平测试是应用语言学领域里的一个新兴课题。"（戴梅芳主编1997∶9）王渝光等认为："从语言学的角度来看，普通话水平测试属于应用语言学分支学科中的语言教学与测试领域；从计算机科学的角度来看，普通话水平测试属于计算机辅助教学与测试领域。"（王渝光等2002∶91）

从属于计算机科学的划分，仅从技术科学角度看有一定道理，但未涉及普通话水平测试学科的基本属性，这种见解在学术界不占主流。正如对外汉语教学领域运用了计算机辅助教学和测试技术，而我们不能因此把它归入"计算机科学"一样。应该说学术界对普通话水平测试归属应用语言学基本上没有争议。我们认为普通话水平测试作为学科的基本属性，隶属于语言学及应用语言学范畴，更具体地说是隶属于应用语言学范畴中的语言教学与测试领域。

二　研究任务和研究范畴

普通话水平测试学科的任务是研究普通话水平测试的一般原理、活动要素、实施过程和方法规律，并用以指导测试实践，更好地实现测试的目的。

普通话水平测试学科研究的核心内容是普通话水平测试。通过研究普通话作为测试内容和测试对象的全过程，以及整个测试过程中各种内部和外部因素及其相互作用，揭示普通话水平测试的本质特征以及其作为测试工具的属性和规律，进而总结出普通话水平测试的基本原则和实施方法，并对普通话教学（包括普通话教育培训和普通话学习）提供有效参考。

普通话水平测试作为应用语言学的一个分支学科，还有另一项任务，就是以自身的学科理论建设和实践研究，反作用于普通话的本体研究和语言测试研究，丰富它们的学科内涵和理论。

普通话水平测试学科作为一门学科，可以概括为"两属性、两要素"。普通话是学科的本体属性，是学科构成的内容要素；测试是学科的应用属性，是学科的方法要素。两属性、两要素相互配合、相互作用，形成交叉互动的内在机制，构成学科的自身系统。聂丹（2012：42—43）以八大基本领域概括普通话水平测试的研究领域。我们认为，普通话水平测试学科的研究范畴，可以概括为以服务于语言测试的普通话本体研究和服务于普通话这一特定语言的测试研究为主线，以测试宏观理论研究为基础，以测试活动三要素（施测主体、受试客体、测试中介）研究为重点，以测试界域研究、测试作用研究、测试评价研究为构架要素。

三　学科体系

学术界对普通话水平测试学科体系的探讨一直不够充分，聂丹对普通话水平测试理论框架进行了系统研究，其《普通话水平测试研究概说》专辟一章讨论普通话水平测试的理论框架、理论基础和理论来源（详参聂丹2012：141—221）。聂丹将普通话水平测试学科的理论框架从理论基础、内容学科、方法学科、参照学科等四个方面进行了详细论述，这是学术界首次对普通话水平测试学科理论模式提出完整的框架。不过，普通话水平测试理论框架还不完全等同于普通话水平测试学科体系，聂丹在其研究中虽未提出普通话水平测试学科体系，但为我们的研究奠定了很好的基础。

我们尝试提出一种普通话水平测试学科体系模式，首先把普通话水平测试学科体系分为两个维度——理论体系和实践体系。

（一）理论体系

理论体系体现本学科的理论特征，可以分为支撑理论和学科理论两个层面。

1. 支撑理论

支撑理论指与普通话水平测试学科发展最密切的四个基础学科理论，即哲学、语言学、心理学、教育学。

2. 学科理论

学科理论指直接应用于普通话水平测试，属于本学科范畴的学科理论，包括内容学科理论和方法学科理论两大部分。

（二）实践体系

实践体系体现本学科的应用性特征。测试实践既是学科理论服务的对象，也是学科理论产生的土壤。

普通话水平测试学科体系谱系可用图（3-1）表示：

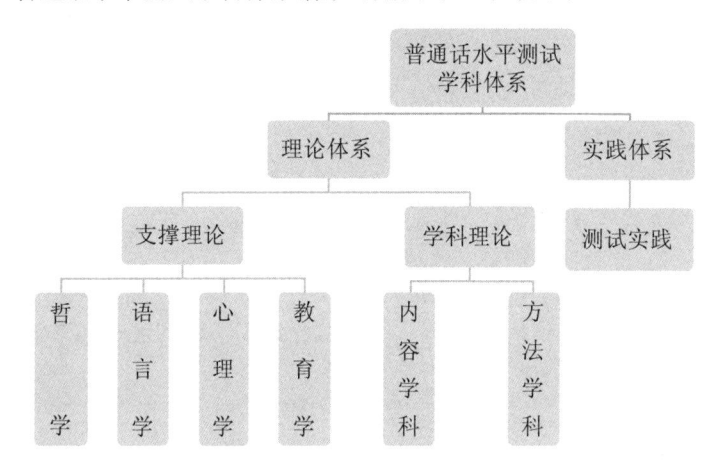

图3-1 普通话水平测试学科体系谱系

四 学科性质

"普通话水平测试的学科性质"，探讨的是普通话水平测试作为学科的根本属性，并不等同于"普通话水平测试的性质"。

（一）学科专门性

学科专门性指的是普通话水平测试有自身专门的研究对象、研究任务和研究视角，是其他学科无法替代的。

正如上文所述，普通话水平测试以普通话水平的客观化测量所必须的一个领域而存在，具有研究对象的独立性。普通话水平测试学科研究的核心内容是普通话水平测试，其研究视角不仅仅是普通话的、语言学的，也不仅仅是测量学的、教育学的，而是这几方面为主的综合的视角。本学科的主要研究任务是通过研究普通话作为测试内容和测试对象的全过程以及整个测试过程中各种内部和外部因素及其相互作用,揭示普通话水平测试的本质特征以及其作为测试工具的属性和规律,进而总结出普通话水平测试的基本原则和实施方法,并用以指导测试实践,同时对普通话教学提供有效参考。本学科的研究任务是其他任何学科,包括最近的语言学及应用语言学的其他分支学科所不能替代的。因此普通话水平测试学科有着区别于其他学科的学科专门性。

(二)学科交叉性

许嘉璐指出"普通话水平测试是应用语言学领域里的一个新兴课题","涉及语言学、语言规划(包括有关的管理)、现代汉语(包括方言学)本体研究的众多分支和语言教学论",还"必须运用教育学、心理学、教育测量学、统计学、信息学等许多学科的理论和方法"。(许嘉璐1997:3—4)

王渝光认为普通话水平测试应当广泛吸取现代语言学各有关学科、教育测量学、计算机科学的理论和方法。他指出:"普通话水平测试是一种综合语言学与教育测量学的研究成果,是多学科交叉的应用技术,是一个系统工程。普通话水平测试总的研究理论与实验方法为:以现代语言学和现代教育测量学的理论为基础,以语言概率为依据,以实验语音学、音位学的理论和成果为评判正误的尺度,通过实验,得出相关数据,研究制定普通话水平测试的教育测量学标准,建立、改进、完善普通话水平测试题库,实施规模性的普通话水平考试。"(王渝光2002:91)

大多数学者都认为普通话水平测试属于一门新兴的交叉学科,交叉学科又称为边缘学科,是各基础学科及其分支学科之间相互交叉、相互渗透所产生的新学科,在理论和方法方面,综合交叉是其重要的特点。

普通话水平测试的支撑学科和关联学科是一个庞大的学科群,其中语言学及应用语言学和测量学,是普通话水平测试学科理论最重要的两翼。李筱菊在阐述现代语言测试的理论框架时指出:"语言测试科学的发展,接受了多种学科的馈入,但归纳起来,馈入主要仍然来自两个领域。第一个领域的学科(按:指语言学)给语言测试馈入内容,解决'考什么'的问题。第二个领域的学科(按:指测量学)给语言测试馈入手段,解决'怎么考'的问题。"(李筱菊1997:24)

语言学一般归入社会科学,而应用语言学本身已具有了交叉性,一些分支如"计算语言学""语料库语言学"等具备了自然科学的因子;测量学则基本上属于自然科学。从科学发展史来看,边缘交叉学科经历了两个阶段。第一阶段是在自然科学各学科之间、技术科学各学科之间、自然科学与技术学科之间或理论科学与应用科学之间交叉;第二阶段则是自然科学、技术科学与社会科学之间交叉,而普通话水平测试则是属于第二阶段的交叉产物,是自然科学和社会科学的合成学科。因此普通话水平测试学科依托和吸收与之相关的各个学科的理论和方法,以促进自身理论体系的丰富以及实践水平的提高。

(三)学科应用性

普通话水平测试作为一门学科需要重视理论研究,认为普通话水平测试仅仅是一项工作,没有也无需什么理论的观点是片面的。作为应用性的学科,普通话水平测试有其自身的基础理论研究领域和理论体系,它不仅需要进行具体的实践应用研究,关注测试实践应用本身,还要进行与之相关的基础理论研究和宏观理论研究。

当然,普通话水平测试确实更为关注应用性研究,迄今累计逾4500万人次的大规模测试实践,造就了其应用性的鲜明学科特性。普通话水平测试的理论研究区别于基础学科的纯理论研究,它的理论植根于测试实践,以应用于测试实践、指导测试实践为旨归。无论是支撑学科还是内容学科、方法学科的研究成果都不能直接进入到普通话水平测试应用领域,而是需要在一定的理论指导下,进行应用性改造。以普通话水平测试中的语音评定为例,汉语普通话和方言的音位描写、归纳等本体研究成果，并不能直接移植来进行量化评分，必须通过制定语音评定规则，合理赋值后才能实现。作为一门应用性学科，普通话水平测试学科在研究方法上也体现出重实验、重数据、重量化的特点，脱离测试实践应用的研究是没有意义的。

第四章
语言测试基础理论

普通话水平测试,必须遵循语言测试的原理、方法和实践要求,研究普通话水平测试,应当了解普通话水平测试的基本原理和方法。

第一节 语言测试的实质

语言测试实质上是对语言行为样本所做的客观的标准化测量。这里包含着三个基本要素:语言行为样本、客观的测量、标准化的测量。

一 语言行为样本

语言测试的目的是要测量应试人的语言能力,而语言能力是一种内化的能力,我们无法直接测量,只能通过外化的有形的语言行为"表征"去推断。所谓语言行为样本,实际上是指对语言能力表现行为的有效抽样,有学者形象地称之为语言的"断片"。语言能力的表现行为会有多种形式,任何语言测试都不能期望把目标能力的全部表征都测量到,只能选取一部分有代表性的抽样进行测量,然后据此推测应试人的语言能力。有效抽样是统计学上的概念,语言能力表现行为的有效抽样要求语言行为样本数量足够,样本的语言能力构成要素的覆盖面广,而且取样经济易操作。

二 客观的测量

所谓客观的测量是指测量的标准应当符合语言事实。衡量一项语言测试的客观程度，实际上也就是衡量一项语言测试的质量，一般可以从测试的信度、效度、测试题目的难易度和区分度等方面进行评价。

三 标准化的测量

标准化的测量是指语言测试在测试设计、试题编制、测试组织实施、测试评分、分数解释等环节有一套规范的程序，以保证测试有统一的标准，测量结果具有可比性。

第二节 语言测试的代系发展

语言测试作为一门独立学科，一般以1961年Lado《语言测验》（*Language Testing: the construction and use of foreign language tests*）一书为标志。当然，语言测试实践远早于语言测试学科的建立。Spolsky（1975）首先把近代语言测试史划分为三个阶段：前科学或传统时期、心理测量——结构主义或现代时期、心理语言学——社会语言学或后现代时期。国内学者李筱菊《语言测试科学与艺术》借鉴了其划分，并重新进行了阐释，为了突出语言测试代系发展特点，在称说上，我们采纳李说并稍加调整：第一代体系——传统语言测试体系；第二代体系——结构主义语言测试体系；第三代体系——交际语言测试体系。语言测试三大代系的概况见表4-1：

表4-1 语言测试三大代系简表

测试代系	传　统语言测试	结构主义语言测试	交　际语言测试
主导年代	20世纪40年代以前	20世纪40年代至70年代	20世纪70年代至今
理论基础	经验主义	结构主义语言学、行为主义心理学、心理测量学	社会语言学、心理语言学、功能主义语言学
语言观	语言是一套知识（包括语法知识、词汇知识、语音知识）	语言是一套形式结构系统，可分解为语言技能（听、说、读、写）和语言成分（语音、词汇、语法）	语言是包括语言知识、语言技能在内的多种因素构成的交际能力
语言学习观	语言学习是知识的接受	语言学习是就语言形式结构进行的刺激反应技能训练	语言学习是以学习者为主体的交际能力的获得
代表人物及观点	Wood认为，语言是一套知识，包括语法知识、词法知识、语音知识	Lado认为语言测试涉及两个变量：成分（语音、语法结构、词汇、文化意义）和技能（听、说、读、写）。Carroll提出语言能力两维模型：语言维度（音位或拼音、形态学、句法、词汇）和技能维度（听、说、读、写）	Hymes提出交际能力的概念，认为交际能力包括两方面的内容：一是语法性（即合乎语法），二是可接受性（即在文化上的可行性）Bachman提出新的语言交际能力模型（CLA），认为语言交际能力由语言能力、策略能力和心理机制三部分组成。其中语言能力包括组织能力和语用能力，前者包括语法能力和篇章能力，后者包括语义能力、功能能力和社会语言能力，它们之下又有若干成分
测试特征	测试内容：语言点测试题型：知识型题型测试实施：分离式测试测试语言真实性：情景不真实测试目标：主要指向准确性测试评估：主观量化评估	测试内容：语言形式结构测试题型：技能型题型测试实施：分离式测试测试语言真实性：情景不真实测试目标：兼顾准确性、流利性测试评估：客观量化评估	测试内容：语言交际行为测试题型：任务型题型测试实施：综合式测试测试语言真实性：结合语境，情景真实测试目标：准确性、流利性、得体性测试评估："质"的评估

以上简表可以比较清晰反映三代语言测试体系的整体面貌，语言测试理论是个不断深化和完善的过程。但是必须指出的是，现实中的语言测试并非表上列出的那样特征突显，界限分明。上表虽列出了各语言测试体系主导的大致年代，但各代系并非"此兴彼亡"，正如李筱菊指出的："80年代，在某些欧美国家，第三代的测试理论虽然已占了上风，在实践上仍和第二代模式平分秋色。就全球范围而言，第二代测试体系甚至可以说仍然占据着语言测试的广大市场。"（李筱菊1997：5）很多语言测试，我们不能简单以出现的年代确定其体系归属，一些语言测试也不单纯属于哪个体系，可能集合了几种体系的成分，只不过以某种体系为主。因此我们不宜简单为某种测试贴上代系标签去断定其优劣，事实上采用哪种测试体系，选择什么模式的测试，有很多考虑，评价语言测试有理论的实践的复合标准。

第三节　语言测试的类别

语言测试的目的不同，所以采用的模式也不相同，根据不同的角度和划分标准，语言测试可以划分为不同的类别。

（一）按主办方式和应试对象范围分类

按主办方式和应试对象范围分类可有以下类别：官方/非官方测试、强制性/自愿性（服务性）测试、营利性/公益性测试、公共/公开/内部测试、通用性/专用性测试、大面积/小规模测试等等。

官方/非官方测试，以是否通过行政手段实施来区分。强制性/自愿性测试，以应试人是否可以自主选择参加测试来区分；如果从测试组织者角度而言，则可以区分为强制性/服务性测试。营利性/公益性测试，是从经济学角度对语言测试的一种划分。公共/公开/内部测试，着眼于实施范围的差异。通用性/专用性测试，以测试对象适用领域为别。大面积/小规模测试，以测试整体规模为别，大到跨国语言测试、全国性语言测试、行业语言测试，小到年级、班级语言测试。

（二）按实施频度分类

按实施频度分类，可分为以下类别：一次性测试、定期反复性测试、不定期反复性测试、随时性测试。

一次性测试，指为单一目的临时组织实施的测试，不具可重复性。定期反复性测试、不定期反复性测试，都可以重复组织实施，区别在于实施频度的规律性不同。随时性测试，指可根据用户单位或应试者需求，随时约定时间的测试。用户单位或应试者拥有实施测试的选择权，是它与其他测试的区别。

（三）按试题卷本分类

按试题卷本分类，有以下类别：固定卷本测试、组合卷本测试、分级测试、调整性测试（调适性测试）。

固定卷本测试，指对全体应试人使用一套试题的测试。组合卷本测试，指由多个试卷单元组合构成不同试题卷本的测试。分级测试，指由一系列独立的级别（每级自成一卷本）梯次搭配的测试。级与级之间往往试题结构相同或相似，只是程度相异。调整性测试（调适性测试），指在测试实施过程中根据应试人应答状况，调节试题数量和难度的测试。因其具有量体裁衣的特点，又被称为"量裁性测试"。

（四）按具体目的分类

按具体目的分类，可分为两类：教育测试、社会测试。

教育测试，指以服务于教育为目的的测试，具体用途包括学业测查、筛选选拔、诊断反馈、安置编班或教学科研等。社会测试，指不以教育为目的，以直接服务于社会需要为目的的测试。社会语言考试，面向社会需求和市场需求，以测查语言能力为主要用途，可为确认职业（岗位）资格提供专业服务。

（五）按规范性要求分类

按规范性要求分类，可分为两类：标准化测试和非标准化测试。

标准化测试，是指根据统一、规范的标准，对考试的各个环节包括命题、编制、施测、评分、计分、分数解释等都按照系统的科学程序组织的测试。标准化测试客观化程度高，测试规模大。非标准化测试，指测试设计、内容编排、组织实施、分数解释都未按照系统的科学程序组织的测试。非标准化测试，科学化程度低，测试规模一般较小。

（六）按应试方式分类

按应试方式分类，可分为两类：口试和笔试。

口试，指的是用口头，即说话表达的方式进行的测试。笔试，指用书面表达的方式进行的测试。这里需要特别指出的是，口试，不等于"口语"的测试，口语指的是语体，"口试"着重点在于测试实施的方式。"口试"也可以测书面语，"笔试"也可以测口语，这一点在普通话水平测试研究中有很多误解，需要澄清和说明。

（七）按评分方式分类

按评分方式分类，可分为两类：客观测试和主观测试。

客观测试，指有标准答案，不受测试员主观判断影响的测试。客观测试答案固定，评分简单，评分信度较高，但效度往往不如主观测试。主观测试，指试题答案比较灵活，需要测试员对应试者的应试表现进行主观判断的测试。主观测试较容易测查应试人的语言能力，效度高，但评分难度大，信度比客观测试控制难度大。

（八）按命题方式分类

按命题方式分类，可分为两类：分立测试和综合测试。

分立测试，指把语言要素和技能分解为若干小的单位，分别进行单项测试。分立测试多聚焦于语言的某方面的要素或单方面的技能。综合测试，指同时考察应试人多方面语言要素和技能的测试。

（九）按用途功用分类

按用途功用分类，可分为四类：成绩测试、潜能测试、诊断测试和水平测试。

成绩测试，又称学业成绩测试（学绩测试），测查学习者学业完成情况的测试。成绩测试一般以某种教学大纲、课程为参考，用以测查学会了什么。按照学业阶段，可以细分为：安置性测试、形成性测试、总结性测试等等。

诊断测试，是测查应试人在学习中存在问题的测试。其应用目的与成绩程度测试相反，成绩测试所关注的是应试人对于学习内容的掌握，或者说是学习成功的程度；而诊断测试关注的恰恰相反，关注的是失败的程度，以此获得教学反馈信息，发现错误并找出补救的办法。

潜能测试，也叫能力倾向测试，是测查应试人学习潜力和天赋的测试。潜能测试不依赖某种教学大纲，也不关心应试人目前学会了多少东西，它关注的是应试者未来是否可以成功。

水平测试，也叫能力测试，是测查应试人语言能力的测试。水平测试不基于某种教学大纲和特定课程，也不关心学习内容和方式，它关注的焦点是应试人当前的语言能力。

成绩测试是回顾过去的测试，水平测试则是主要着眼当前（兼顾展望未来和回顾过去），潜能测试只是预测未来，诊断测试旨在测查以往以图补今后。

（十）按分数解释方式分类

按分数解释方式分类，可分为两类：常模参照性测试、标准参照性测试。

常模参照性测试，指参照某一常模对应试人的分数进行解释的测试。常模指的是一群类型相同的应试人在一类测试中的成绩，常模通常用该测试的平均分与标准差来表示。常模参照性测试，目的在于确定应试人在测试群体中的位次。

标准参照性测试，指照某一个事先定好的尺度或者标准进行解释的测试。标准参照性测试，目的是通过应试人的成绩与这个既定的尺度或者标准相比，看他是否达到了所规定的要求，它不关心与他人做比较。

以上介绍了语言测试的不同类别，当然还可以从其他角度对语言测试进行区分。确定测试类别是设计语言测试首要的工作，测试类别要根据实际需求来决定，不应该简单从概念出发闭门造车。

第四节　语言测试质量评估

评价一种语言测试的质量，可以从信度（可靠性）、效度（有效性）、公平性、实用性、影响力等角度进行评价，其中信度、效度是评价测试质量的内质指标，公平性、实用性、影响力是评价测试质量的外展指标。信度和效度是第二代语言测试体系提出的两个概念，并由此搭建形成了关于信度和效度的整套理论实践体系，到第三代语言测试体系兴起，这一体系受到挑战，但至今尚未有可以取代其地位的系统理论和实践，信度和效度理论实践体系目前仍受到相当普遍的承认和肯定。

一　信度

（一）信度的定义

信度，指的是语言测试结果（分数）的一致性和稳定性程度，又称测试的可靠性。信度关注测试的成绩是不是反映了应试人的实际语言水平，多大程度地反映了实际语言水平。信度的高低是衡量语言测试重要的一项质量指标。

信度一般用相关系数（即两个数之间的比例关系）来表示，称为

"信度系数"，信度系数越高，表明测试越可靠越稳定。当系数为1.00时，说明测试的可靠性达到最高程度；而系数是0.00时，则测试的可靠性降到最低程度；通常情况下，系数不会高到1.00，也不会降到0.00，而是在两者之间。对信度系数的要求因测试类别的不同而不同，客观性测试的信度一般高于主观性测试的信度。人们对标准化测试的信度系数要求一般在0.90以上。

（二）影响信度的主要因素

影响测试信度的因素主要是来自测试本身和评分两方面，另外，应试人和测试环境也会对信度产生影响。

测试本身的影响主要指试卷信度。试卷信度主要取决于试题的范围、数量、难度、区分度，多卷本测试还涉及试卷的一致性等因素。

评分因素，主要指评分的客观性。其影响一取决于评分标准是否客观和准确，评分方法是否科学；二要看测试员评分的一致性和稳定性，对于主观性测试，后者尤为重要。

应试人因素会影响测试信度。从应试人个体角度而言，其自身身体状况、焦虑程度、情绪波动都会影响测试信度。从应试人群体角度而言，其内部差异会导致测试信度的变化。

测试环境也会影响测试信度。例如一些语言测试"机考""网考"环境与传统测试环境有很大差异；嘈杂的环境对"听力"的测试有直接的影响；测试员的态度和语言，对参加面试的应试人的影响是不言而喻的。

（三）信度的验证

验证测试信度的方法有很多种，常见的有以下几种：

1. 复测信度

复测信度又称再测信度、重测信度、稳定性系数，指用同一个量表对同一组被试施测两次所得结果的一致性程度。复测信度旨在观察两次测试结果的变动情况，反映了测试结果（分数）的稳定程度。

2. 复本信度

复本信度，指两个平行测试测量同一批被试所得结果的一致性程度。如果两个复本测试是连续施测的，这种复本信度就被称为等值性系数；如果两个复本测试是相距一段时间施测的，这种复本信度就称为稳定性与等值性系数。复本信度可以反映试卷之间的等值性。

3. 分半信度

分半信度，也称折半信度，指将一个测试分成对等的两半后，所有被试在这两半上所得分数的相关程度。分半有前后分半、奇偶分半、随机分半、半随机分半等方式。分半信度可以反映测试内部的一致性程度。

4. 同质性信度

同质性信度，也称内部一致性信度，指测试内部所有题间的一致性程度。需要指出的是一致性指的是所得分数的一致性，而非题目内容和形式的一致性。

5. 测试员信度

测试员信度，或称评分员信度，指测试员（评分员）评分一致性的程度。又可分为"测试员（评分员）间信度"和"测试员（评分员）内部信度"两类，前者指不同测试员对同一被试评分结果的一致性程度，后者指同一测试员对前后评分结果的稳定性程度。

二　效度

（一）效度的定义

效度，指的是语言测试结果（分数）的有效程度，又称测试的有效性。美国心理协会把效度定义为：由测验分数做出的推断的恰当程度、有意义程度和有用程度。（详参郭树军1995）效度关注测试的结果是否反映了所想要考察内容，或多大程度上反映了所想要考察内容。测试结果与要考察的内容越吻合，则效度越高；反之，则效度越低。效度的高低是衡量语言测试最重要的质量指标，规模较大的测试其效度一般应在0.70以上。

（二）效度的分类

语言测试的效度远比信度复杂，不同语言测试学家，对各种效度的理解不尽相同，可以从不同角度进行说明。英国语言测试学家阿兰·戴维斯上世纪60年代末在其《语言测试原理》中提出语言测试的五种效度，后来语言测试专家调整增删，多的有八种，少的甚至认为效度只是一个整体概念。各种效度检验都有一定局限，"证实某些推断，或许需要一种以上的效度研究"（Crocker, Linch M & Algina, James），"Bachman则认为把各种效度证据看作是互补的关系更为恰当"。（郭树军1995）我们认为各种效度检验对深化普通话水平测试的研究都是需要的，因此主张采用李筱菊先生的处理方式，首先把效度分为四大类，每类各有两个小类，共八种。

1. 内在效度

内在效度，指存在于测试内部本身的效度，因此也叫内部效度，是语言测试效度最本质的内容。内在效度包括内容效度和结构效度。

（1）内容效度

内容效度，指测试样本与所要测量内容的适切程度。它关注的是测试是否符合语言设定的测试内容范围。内容效度可从三个方面进行检验，一是测试的内容是否和测试目标有关；二是测试内容是否具有代表性；三是测试内容是否适合测试对象。内容效度评价的主要方法是专家评定和经验推测。

（2）结构效度

结构效度，指测试是否以有效的语言观（包括语言能力观、语言运用观和语言学习观）为依据，也即测试所依据的基础结构理论的有效性。这里的"结构"并非试卷结构和语言结构，而是语言的基础理论结构，有人称之为"构想效度""构念效度"或"理论效度"，但容易引起理解上的困难和混乱。结构效度关心的是测试最本质的问题，检验方法多样，一般采用因素分析、相关分析等实证研究方法。

2. 外在效度（效标关联效度）

外在效度，指利用测试之外的标准，即外部标准验证的效度。外部标准，又可称为效标，因此外在效度有称为效标关联效度。外在效度主要有共时效度和预测效度两种。

（1）共时效度

指验证某一测试结果与另一次同时（或相近）的测试结果相关系数的效度。共时效度期望说明测试是否能判断应试人当前目标语言能力的现状。

（2）预测效度

指验证某两次具有时滞性质的测试结果相关系数的效度。验证预测效度，要求两次考试有意识地相隔一段时间，预测应试人的目标语言能力应该有所发展或者变化之后才进行。预测效度期望说明测试是否能判断应试人目标语言能力将来的发展。

3. 使用效度

使用效度，指验证非专业人士对某种测试反应的效度。[①] 使用效度可分为两种：表面效度和反应效度。

（1）表面效度

表面效度，指验证非专业人士（包括应试人）从表面上看测试的有效性。换句话说，就是外行人看测试内容是否有效，与测试本身的特性关系不大。表面效度容易与内容效度混淆，表面效度是由外行对测试做表面上的检查确定的，它不反映测试实际测量的东西，只是指测试表面上看是否是所要测的东西；内容效度是由内行专家详尽地、系统地对测试做评价而建立的。

---

① 使用效度是李筱菊先生将Davies所谓"表面效度"和Henning所谓"反应效度"归并为一类所使用的名称，定义我们则参考其他学者的表述进行了综合。详参李筱菊（1997：64）。

（2）反应效度

反应效度，指验证应试者按照试题设计要求对试题做出反应的有效性。反应效度与应试者对试题题型的熟悉程度、试题指令、测试员指引、应试者动机以及焦虑程度等因素相关。

4. 超考试效度

超考试效度，指超出语言测试本身以外的效度。超考试效度是第三代语言测试体系的理论成果，其依据是交际语言测试的超考试目的论。超考试效度分为两种：实效效度和反拨效度。

（1）实效效度

实效效度，指应试人在测试环境以外完成语言能力目标的有效性。语言测试在得到一些数据、说明应试人目标语言能力测查状况这一直接目的以外，还有更深层的目的，也就是能够解释应试人在实际语言交际中，语言能力目标是否真的有效或高效。

（2）反拨效度

反拨效度，指测试对语言教学和学习是否具有良好的反拨效应。语言测试源自语言教学，一项好的语言测试应该有一种良好的导向作用反作用于语言教学和学习，这也是一种超出测试本身的另一种目的。普通话水平测试"以测促训，以训保测"工作原则的提出，正是基于测试反拨效度的理论提出的。

超考试效度的概念，不被第二代语言测试专家所承认，我们同意李筱菊先生的观点："一个考试的最终价值，不在于它能用多少数据去证明，而在于它能否给人带来美好的、快乐的效果，有助于使人变得更完美。"（李筱菊1997：56）

（三）效度的相对性和连续性

效度具有相对性，任何测试的效度是相对一定的测试目标而言的，或者说测试只有用于与测试目标一致的目的和场合才会有效，在评价一项语言测试的效度时，必须考虑测试的目的与功能。语言测试的种类不同，测试目标各异，对各种效度的要求也不同。语言潜能测试往往基于某种语言理论和语言学习理论，因此重视结构效度。水平测试当然也重视结构效度，但也强调效标关联效度。成绩测试和诊断测试受教学大纲限制，因此首先关注的是内容效度。此外，效度具有连续性，语言测试的效度通常用相关系数表示，它只有程度上的不同，而没有"全有"或"全无"的区别。

（四）效度和信度的关系

效度和信度是衡量语言测试质量最重要的两项指标，它们之间关系密切，互相依存，又互相制约。信度是效度的前提和保障，没有信度，根本谈不上效度。信度低，效度肯定不可能高；但信度高，效度却不一定高。因此，信度高是效度高的必要条件，但不是其充分条件。同时，信度价值附丽于效度，一项语言测试如果没有效度，再高的信度也毫无意义可言。保证测试的高效度和高信度兼而得之，是所有测试工作者追求的目标，但一项测试同时具有很高的效度和信度往往是难以做到的，二者存在深层矛盾，两全需要"妥协"。因此在设计测试时，不能为了追求效度或信度而忽视另一方，应采取积极平衡的态度处理效度和信度的矛盾，这也就是李筱菊先生所说的，实现"语言测试科学与语言测试艺术矛盾的最终统一"。（李筱菊1997：62）

三　评价测试质量的外展指标

评价测试质量的外展指标有测试公平性、测试实用性、测试影响力等。

（一）测试公平性

测试公平性，指测试在多大程度上同等地对待每位应试人，并为每位应试人发挥其与测试预测构念相关的知识、技能提供平等的机会。

测试公平性是语言测试质量的重要方面，也是广受关注的问题，尤其是对于大规模公开测试而言，语言测试对所有目标应试人而言都应该是公平的。但语言测试并不是天然公平的，存在组间差异是比较普遍的问题。组间差异并不代表一定存在测试偏见。例如普通话水平测试南方方言区与北方方言区相比有差异，但不能因此就说普通话水平测试公平性差，因为近年来语言测试专家普遍认为，有效的组间差异也可能是公平的。普通话水平测试原《大纲》曾规定方言里缺少的或易混淆的声母和韵母，在单音节字词的考查项中"酌量增加1—2次"，目的是增加测试的区分度，并期待对教学学习产生积极的反拨效应，但这无疑会造成全国测试试卷难度的不一致，损害测试公平性，是得不偿失的，因此新《大纲》对此予以纠正。

测试公平性概念可以从不同角度来定义，并不完全是一个纯技术概念，谢小庆（2006）从程序公平、条件公平、事实公平三个层面对测试公平性进行了阐释，并将公平性与测试效度关联起来，这种见解是很有见地的。

（二）测试实用性

测试实用性，指测试是否便于使用以及实施起来是否可行。测试实用性实际上是一个测试科学性和可行性协调的问题，提高测试实用性有两方面的因素需要考虑，一是条件制约因素，二是测试自身信度和效度权衡因素。

1. 条件制约因素

首先要对开展测试的实际情况和条件进行分析，充分考虑这些条件对测试的制约作用。条件制约包括以下方面：

（1）人员因素

实施一项测试涉及的人员包括测试员（评分员）、管理人员（包括测试决策者）、科研人员等。这些人员数量、素质、培训、管理、使用都必须充分考虑，例如，普通话水平测试这样大规模的主观性测试，数量足够、素质优良的测试员和考务人员是实施测试的重要保障，必须有周详的培训计划和系统的规范管理体系。

（2）资金因素

资金因素的重要性不言而喻，无论是营利性测试还是公益性测试，都需要资金的保障，资金的渠道和额度会制约测试开展的方式、规模和质量。

（3）时间因素

测试应当考虑测前准备时间、测试本身时间、成绩发布时间等制约因素，还要考虑按实施频度是一次性测试、定期反复性测试还是不定期反复性测试、随时性测试。

（4）地点因素

测试地点因素要考虑测试地点、评分地点；统计分析和成绩发布是集中还是分散，怎样集中，集中到什么程度。例如普通话水平测试属地管理原则的确立，就充分考虑了全国性测试地点因素的特点，是符合实际而又不疏于管控的合理选择。

（5）设备因素

设备，包括技术，对语言测试的实施是极大的制约因素。无论是笔纸、试卷，还是录音、录像设备，或是阅卷机器、计算机终端或互联网系统，对整个测试面貌的制约和影响都是具体而实际的。计算机辅助普通话水平测试手段、托福网络口试与DIALANG在线语言测试，都极大地改变了语言测试的形态。

2. 测试信度和效度权衡因素

测试采用什么路子，信度和效度的权衡或者说折中是必须考虑的重要因素，具体说来要考虑以下几方面的问题：

（1）测试的类属

测试的使用目的、主办方式、对象范围和实施频度属于什么类型都应当认真考虑。测试类属很关键，大面积、强制性、反复性、公共（或公开）测试，信度效度都应当得到特别的重视。

（2）测试对应试人的影响力

测试要充分考虑对应试人"命运"的决定作用以及影响范围。一些测试具有划线的性质，甚至与某些职业的资格相联系。例如普通话水平测试，对特定人员是否可以上岗的决定作用很大，信度和效度要求程度就比一般语言测试高。

（3）测试的反拨效应

充分考虑测试的反拨效应，特别是对教学的反拨效应。测试的指挥棒作用具有两面性，测试应重视对目标语教学现状的研究，努力使语言测试对教学起到促进作用，提高其反拨效度。

（4）测试用户的信度效度要求

测试应该充分考虑测试用户（可能是国家机关，也可能是用人单位）的意志，努力提高其实效效度。应试人也是特殊的用户，即使是被动或被迫参加测试，他们的意志也是不应被忽视的，更何况有时应试人是主动选择参加某些语言测试的，他们对测试的要求理应得到尊重。

（5）同类语言测试的发展状况

充分认识同类测试的现实状况和发展趋势，不脱离现实，又有所前瞻。同类语言测试可能存在竞争关系，这就为优化测试带来动力，同类语言测试也可以互相借鉴，共同促进测试发展。

（三）测试影响力

测试影响力，指测试对社会以及其他测试产生作用的能力。测试影响力是测试质量的一个方面，语言测试的影响力，主要与目标语言、主办机构、测试规模、对同类测试作用等要素相关。

1. 目标语言

目标语言的影响力与测试影响力是正相关，目标语言影响力越大，以之为目标语言的测试影响力越大。英语语言测试无疑是世界范围内最具影响的语言测试，汉语语言测试近年影响渐大，与汉语语言地位的提高是密不可分的。

2. 主办机构

主办机构地位越高，其主持的测试影响力越大，官方测试相较非官方测试，一般影响力更大。主办机构地位包含行政地位和学术地位两个方面，例如，托福（TOEFL）由美国教育测验服务社（ETS）举办，雅思（IELTS）由英国文化协会、剑桥大学考试局及澳大利亚国际教育发展署共同主办。专业测试机构的学术地位使得它们在国际语言测试领域拥有绝对的影响力。汉语水平考试（HSK）由北京语言大学开发主办，新汉语水平考试（新HSK）由国家汉办主办，二者较高的学术地位和行政地位，保证了其在对外汉语测试领域不可动摇的影响力。

3. 测试规模

测试规模越大，影响力越大。测试规模有测试范围和测试人数两方面。普通话水平测试是全国性测试，测试范围遍及全国，并延展到港澳地区和新加坡、泰国、马来西亚等国，测试规模更是达到逾4500万人次，成为以汉语为第一语言的最具影响力的一项测试。

4. 对同类语言测试作用

具有影响力的测试对同类语言测试，甚至所有语言测试都有积极的作用。例如托福考试对非母语人群的语言测试产生了极大的影响，汉语水平考试深受其影响，曾一度有"汉语托福"的称法。汉语水平考试，又对以汉语为第一语言人群的测试——普通话水平测试有非常直接的影响。同样，普通话水平测试对汉语能力测试、职业汉语水平测试、少数民族汉语水平等级考试（KHK）、汉语口语水平测试（HKC）、香港普通话水平考试（PSK）等也产生很大的影响。

测试公平性、实用性、影响力毕竟是评价测试质量的外展指标，它们以测试质量信度、效度两大内质性指标为基础，并在内质性指标基础上发挥作用。

第五章

普通话水平测试的基本属性

第一节 普通话水平测试的目的和类属

一 目的

任何语言测试的目的都是通过衡量和评定应试者的语言水平（语言知识或语言能力），为"用户"——用人单位和应试者提供服务。但正如第三代语言测试体系所主张的，任何语言测试除了自身测量语言水平以外，还都有超出考试目的的目的——超考试效度，我们把前者称为测试的直接目的，把后者称为根本目的。

（一）普通话水平测试的直接目的

普通话水平测试的直接目的简单地说就是准确测量应试人的普通话水平。仲哲明先生曾这样解释："普通话水平测试的直接目的，就是以我们所期望的普通话语音、语汇、语法规范（即普通话等级标准的一级甲等）为参照标准，通过测试评定应试人普通话口语水平接近这一标准的程度，即评定他所达到的水平等级，为逐步实行持证上岗制度服务。"（仲哲明1997：5—6）这段表述有几个关键词：参照标准，测试评定，服务。2003年新《大纲》送审稿对普通话水平测试的直接目的进行了重新表述：测查并认定应试人的普通话水平等级，为用人部门考核工作人员提供统一、客观、公正的标准。这个表述将普通话水平测试直接测试目的特性融于一般语言测试直接目的的共性，更为简练和概括。

（二）普通话水平测试的根本目的

仲哲明（1997）从三个方面讨论了普通话水平测试的目的：（一）评定应试人普通话水平所达到的等级，落实上述普及普通话的质的要求，即对不同人提出不同的等级要求。这是测试的直接目的。（二）通过测试，更好地贯彻新时期推普工作方针，促进普通话的进一步普及，并在普及的基础上逐步提高全社会的普通话水平，提高现代汉语的规范化程度。这是开展测试的一个重要目的。（三）促进推普工作进一步走上制度化、规范化、科学化的轨道，这是水平测试正常发挥自身功能的必然结果。仲文提出和区分了测试直接目的和其他目的，尚未提出"根本目的"的概念。

2003年新《大纲》送审稿正式提出测试直接目的的概念，并将其表述为：促进推广普通话工作进一步走向制度化、规范化、科学化，促进全社会普通话的普及和提高，这是对仲哲明文章思想的集成和提炼概括。我们认为，普通话水平测试所服务的"用户"，除了应试者和用人单位，还有国家。推广普通话是我国的基本语言政策，而普通话水平测试则被视为新时期推广普通话工作的三项基本措施之一，纳入了国家语言规划。我们在第四章第四节分析到，语言测试的超考试效度包括实效效度和反拨效度。普通话水平测试通过"以测促训，以训保测"，将普通话测试与普通话教学培训有效地关联起来，有意识地促使测试给教学培训带来一种良好的导向作用，从而大大优化了其反拨效度，并通过反拨效度的实现促进实效效度的达成。评价普通话水平测试，除了要考察它的信度、效度等测试学的质量指标，以及它对教学和培训的反拨作用，还要更为深层地考察它对推普工作的促进作用。脱离开测试的"超考试效度"评价普通话水平测试难免片面。

提出普通话水平测试的直接目的和根本目的，并不是意味着普通话水平测试有两种不同的目的，直接目的和根本目的是普通话水平测试目的的两个层面，二者共同回答"为什么测"的问题。直接目的是显性目的，根本目的是潜性目的，二者是相互联系的。直接目的是根本目的实现的前提和途径，根本目的是直接目的的宗旨和内驱动力。

二 类属

第四章第三节已从不同角度介绍了语言测试的类别，以下我们对普通话水平测试类别的归属进行讨论。

（一）按主办方式和应试对象范围归类

就主办方式和应试对象范围而言，普通话水平测试属于国家级考试，官方组织、一定程度强制性、公益性、公共性和大面积是它的鲜明特点。

普通话水平测试载入国家专门法律，由国家语言文字工作机构组织研发和管理，国家专门测试实施机构组织实施，全国范围开展，参加人数众多，因此是国家级大面积测试。普通话水平测试与特定领域资格证书相关联，因此带有一定程度的强制性。当然对国家和相关部门规定必须参加测试的人群以外，测试是服务性的。普通话水平测试收费为行政事业性收费，测试费和证书工本费标准严格执行财政部和国家发改委收费立项规定，并纳入财政预算，实行"收支两条线"管理，测试收入用于测试实施开展，公益性、公共性特点突出。

（二）按实施频度归类

普通话水平测试属于不定期反复性考试。普通话水平测试受测群体庞大而分散，且涉及行业较多，因此适宜选择较灵活的不定期测试方式。普通话水平测试对相关行业人员"命运"决定意义大，一考定终身有很大弊端，不利于普通话的持续学习和进阶，"以测促训"原则难以落实，因此选择反复性测试。

（三）按试题卷本归类

就试题卷本而言，普通话水平测试属于组合卷本考试。由于对试题难度和区分度等研究尚不充分，普通话水平测试没有采取分级测试或调整性测试的方式。应试人群的广泛性和不定期反复性测试特点，决定了对固定卷本测试的否定，因此普通话水平测试采取的是组合卷本测试。国家题库由多个试卷单元组合而成的不同试题卷本构成，不同试题卷本在题型、题量、测试要素覆盖、试卷编排等方面都有一致要求，确保测试信度有所保障。

（四）按具体目的归类

普通话水平测试兼具社会测试和教育测试的特点，以社会测试特点为主。普通话水平测试以直接服务于社会需要为目的，以测查语言能力为主要用途，并为确认某些行业职业（岗位）资格提供专门的语言测试服务。教育行业是普通话水平测试的重要领域，不少院校把测试与普通话课程关联起来，因此普通话水平测试又服务于普通话教育教学，具有教育测试的某些特点。

（五）按规范性要求归类

普通话水平测试属于标准化测试。标准化测试是从测试操作的规范性角度着眼的，不能因为评分方式的主观性而否定普通话水平测试标准化测试的类属。普通话水平测试测试规模大，因而其各个环节，包括命题、编制、施测、评分、计分、分数解释等都按照系统的科学程序组织。当然，其标准化程度仍有进一步提升的需求和空间。

（六）按应试方式归类

普通话水平测试属于口试。普通话水平测试的测试方式是经过一段时间的探索和实验才最终确定的。1987年云南师大进行的"普通话标准化测试"改革实验，考试内容分口试和笔试两部分，口试包括单音节、词语、说话、朗读，笔试考汉语拼音，题型为标准化选择题。1988年国家"普通话水平测试标准"课题组最早确定的是口试与笔试相结合，以口试为主的方式。口试分为读单字、读词语、读文章、说话；笔试集中考察词汇和语法，题型以选择题为主。根据笔试和口试综合成绩，口试占80%，笔试占20%。经过进一步论证和研讨，最终确定全部采用口试方式进行。1994年原《大纲》指出:"为了便于操作和突出口头检测的特点,测试一律采用口试。"2003年新《大纲》则明确:"普通话水平测试以口试方式进行。"

(七) 按评分方式归类

按评分方式分类,普通话水平测试是主观性测试。普通话水平测试要测查应试人的实际语言能力,采用直接测试的口试方式是最有效的。应试人应试的情况远较笔试复杂,需要测试员对其应试表现进行主观判断。有些同行特别不情愿承认普通话水平测试是主观性测试,认为客观性测试才科学,其实这是一种误解。主观测试和客观测试不能仅仅从概念名称上判定优劣,根据不同的测试目的和要求,二者各有其适宜的测试种类。还有观点认为,读单音节字词、读多音节词语、选择判断和朗读属于客观测试,只有说话才是主观测试,并据此认为普通话水平测试是"主观评级和客观评级"相结合的测试。我们认为,小到声母、韵母、声调和音节的评判,大到词、句、段、篇的评判,无一不是依靠测试员的主观判断。计算机辅助普通话水平测试以后,读单音节字词、读多音节词语、朗读由计算机评分,那么可以说是"主观评级和客观评级相结合"吗?我们认为,计算机评分是一种辅助技术,其建模的基础是测试员的主观经验而并非纯客观的声学参数,如果评测异常,还需要提交测试员最终判定,因此从根本上说,计算机辅助测试技术并未彻底改变普通话水平测试主观测试的性质,但的确增加了其客观性的因子。

主观测试信度控制比客观测试难,所以普通话水平测试在等级标准、测试内容、题库建设、评分标准、测试员培训和新技术运用等方面要着力加强。

(八) 按命题方式归类

按命题方式,普通话水平测试可以说是分立测试和综合测试的结合。读单音节字词、读多音节词语和选择判断三个测试项主要针对各自测试要素进行测查,基本属于分立测试。朗读和说话同时考察应试人多方面语言要素和技能，基本属于综合测试。

（九）按用途功用归类

按用途功用归类，"普通话水平测试"名称本身已经清楚表明了其功能属性——水平测试，它着眼于测查应试人当前的语言成就和水平。当然，普通话水平测试也有其他附属功能。例如，香港中文大学教育学院普通话教育发展及研究中心，利用普通话水平测试进行诊断服务，为应试人指出错误类型，利于其改进，使普通话水平测试具备了某些诊断测试的属性。

（十）按分数解释方式归类

按分数解释方式归类，普通话水平测试应该是标准参照性测试。在第四章第三节我们曾分析常模参照测试和标准参照测试的区分。常模参照测试是以常模作为参照系，它关心"应试人排在什么位置"。标准参照测试是利用某种既定的标准作为参照，也就是把每个人的分数与事先定好的标准比较，它关心"应试人是否达标"。打一个不太确切的比喻，标准参照测试好比是体育比赛的报名达标赛，例如，2013年莫斯科田径世锦赛规定男子100米的A标是10.15秒，凡是达到10.15秒（含10.15秒）以内成绩的都可参赛，凡是达不到10.15秒以内成绩的都不能参赛；而正式比赛就好比是常模参照测试，要决定某一成绩在比赛中的最终排名。普通话水平测试基本属于标准参照测试，它以统一的《普通话水平测试等级标准》作为所有应试人评分参照的准则，通过测试应试人的表现，及其与《等级标准》量表的对应关系，评定其所达到的水平等级。

以上分析了普通话水平测试的大致类属，在普通话水平测试研究和实践中，我们应遵循其类属特征、模式和原则，不分类属或混淆类属，于研究无益。

第二节 普通话水平测试的测试对象和目标

一 测试对象

语言测试作为一种测量工具，通常都有既定的测试对象。对普通话水平测试对象的认识，有一个逐步完善的过程。

（一）起步初创时期以前测试对象的界定

在普通话水平测试酝酿探索阶段（1982—1994年）和实施发展阶段起步初创时期（1994—2000年底），普通话水平测试对象的界定如下：

1. 孙修章指出："测试对象为非北京市（包括北京部分郊县区）出生和成长，以汉语为第一语言，具有小学六年级以上文化程度自愿参加测试的人员。少数民族各行各业人员也执行此办法，以汉语为第一语言，并具备其他条件的人员，参加普通话测试；第一语言为非汉语的人员参加汉语水平测试。"（孙修章1992：14）

从孙文可以看出，普通话水平测试最初测试对象有这样几个条件的界定：第一，语言背景以汉语为第一语言，但排除北京方言背景；排除第一语言为非汉语的人员（按：所指应当是外国人），但少数民族可以参加。第二，具有六年级以上文化程度。第三，自愿参加而非强制。

2. 1994年三部委《关于开展普通话水平测试工作的决定》规定的"现阶段的主要测试对象"是："中小学教师、师范院校的教师和毕业生、普通话语音教师；县级以上（含县级）广播电台和电视台的播音员、节目主持人；电影、电视剧演员和配音演员，以及相关专业的院校毕业生应达到一级水平。"

1994年《普通话水平测试实施办法》对三部委《决定》对应试人的

界定进一步细化:"1946年1月1日以后出生至现年满18岁(个别可放宽到16岁)之间的下列人员应接受普通话水平测试:1. 中小学教师;2. 中等师范学校教师和高等院校文科教师;3. 师范院校毕业生(高等师范里,首先是文科类毕业生);4. 广播、电视、电影、戏剧,以及外语、旅游等高等院校和中等职业学校相关专业的教师和毕业生;5. 各级广播电台、电视台的播音员、节目主持人;6. 从事电影、电视剧、话剧表演和影视配音的专业人员;7. 其他应当接受普通话水平测试的人员和自愿接受普通话水平测试的人员。"

三部委《决定》和《实施办法》对测试对象的界定有以下几个特点:第一,语言背景方面,将北京方言背景的相关人员纳入测试对象范畴。这个调整一是考虑到测试对象的区域公平性,二是考虑到测试对北京人语言规范化的促进作用。第二,测试对于测试对象的强制性得到凸显,教师(但不是所有教师)、播音员和节目主持人、影视话剧演员和配音人员以及中等以上院校相关专业毕业生,成为主要测试对象,自愿参加不再是测试对象的主流。第三,测试对象的年龄有了明确规定:1946年1月1日以后出生至现年满18岁(个别可放宽到16岁),年龄偏大或过小者排除在外。第四,测试对象的文化程度虽未明确指出,但隐含中等以上文化程度。

3. 刘照雄、仲哲明两位先生在三部委《决定》和《实施办法》基础上,分别撰文对普通话水平测试的测试对象进行阐述。

刘照雄指出:"这种测试包含着这样几个前提条件:一,应试人的母语(第一语言)是汉语;二,应试人一般通晓汉语书面语;三,应试人不仅能听、会说标准的或比较标准的普通话,而且他们所从事的职业要求他们必须能说标准的或比较标准的普通话。"(刘照雄1994:72)他在另一篇文章中指出:"普通话水平测试的最初设想,曾经把这种测试设计为对一切社会成员的测试。这种构想不但在操作上不分急缓、轻重,而且也难以实现普遍的实际效用。""现阶段的主要测试对象为:

中小学教师、师范院校的教师和学生，县级以上（含县级）广播电台和电视台的播音员、节目主持人，电影、电视演员和配音演员，以及相关院校毕业生。"（刘照雄1996：28）刘文明确指出应试对象不针对所有人群，而是有第一语言背景、文化程度（通晓汉语书面语）和职业需求等界定，对应试人群的普通话水平要求较高。

仲哲明指出："教师、播音员（按：仲文所指播音员包括播音员、主持人、影视剧演员）、公务员完成本职工作的重要职业工具是语言，他们在推广普通话工作中各自扮演重要角色，一个是基础，一个是示范，一个是表率，他们运用语言水平的高低对整个社会的语言生活和语言的规范化具有举足轻重的作用。因此，把这三类人（主要是50岁以下的中青年）列作必测对象是他们岗位工作的需要，也是推广、普及全国通用的普通话的需要。……在第三产业各行各业中，推广普及普通话工作要抓紧，但是测试可以归入可测可不测一类。……上述几类以外的人员则没有必要进行普通话水平测试。"（仲哲明1997：9）仲文的亮点是区分了"必测""可测可不测"和"没有必要参加"三种情形；把公务员列入"必测对象"，教师也不再区分类属，全部纳入应试对象范围，这些都是非常有见识的意见。

4.《国家语言文字工作委员会关于普通话水平测试管理工作的若干规定（试行）》（1997年）对测试对象的界定有几个特点：一是继续明确把教师（涵盖范围扩大到包括高校教师在内）和播音员、节目主持人及影视话剧、广播剧、电视剧演员列为测试对象；二是把师范系统毕业生、职业中学与口语表达密切相关专业的毕业生、播音主持专业和电影、话剧表演专业毕业生纳入测试对象，把报考教师资格的人员纳入测试范围，测试关口前移，旨在提高测试对职业准入的引导作用；三是测试把公务员、律师、医护人员、导游员、讲解员、公共服务行业的营业员列为应当参加测试的人员，但对其达标等级的要求区别于其他测试对象，具有灵活性。

（二）起步初创时期以后测试对象的扩展

1. 2000年颁布的《国家通用语言文字法》第十九条对测试对象进行了明确的规定："凡以普通话作为工作语言的岗位，其工作人员应当具备说普通话的能力。以普通话作为工作语言的播音员、节目主持人和影视话剧演员、教师、国家机关工作人员的普通话水平，应当分别达到国家规定的等级标准；对尚未达到国家规定的普通话等级标准的，分别情况进行培训。"《国家通用语言文字法》把播音员、节目主持人和影视话剧演员、教师、国家机关工作人员四类人员列为普通话水平测试的强制测试对象。国家机关工作人员被第一次正式列为测试对象，具有重要的意义。国家机关工作人员的范围比公务员的范围更广，包括国家权力机关、国家行政机关、审判机关、检查机关和军队等的工作人员都涵盖在内。

2. 2003年《普通话水平测试管理规定》对普通话水平测试对象进行了进一步拓展，该《管理规定》第十五条规定："应接受测试的人员为：1. 教师和申请教师资格的人员；2. 广播电台、电视台的播音员、节目主持人；3. 影视话剧演员；4. 国家机关工作人员；5. 师范类专业、播音与主持艺术专业、影视话剧表演专业以及其他与口语表达密切相关专业的学生；6. 行业主管部门规定的其他应该接受测试的人员。"《管理规定》遵循《国家通用语言文字法》四类强制受测对象的规定，另将四类强制受测人员所学专业的在校学生列入测试对象，还把"行业主管部门规定的其他应该接受测试的人员"作为扩展对象，特别是"其他与口语表达密切相关专业的学生"的规定，为在高等院校全口径地开展测试奠定了良好的基础。《管理规定》第十七条规定："社会其他人员可自愿接受测试"，更使普通话水平测试同时具备了社会服务性测试的特征，大大拓展了在国内的适测人群。

随着《国家通用语言文字法》和《管理规定》的相继出台和实施，普通话水平测试的规模迅速扩大，影响日益广泛，测试对象范围在实践中也逐步扩大，并从境内延展到境外。但普通话水平测试也并非适用所有人群。在国内适用于中等文化程度以上第一语言是汉语的人士。对于境外人士，普通话水平测试完全是一种服务性测试，但适用人群有明显的局限性和约定性，因为它以第一语言为汉语者为测试的目标对象，其测试内容和方法也以此为指向，因此对第一语言为非汉语（华语）者并不完全适用。正如游标卡尺不适宜测量北京到上海的距离一样，希望普通话水平测试成为测量所有人普通话口语水平的愿望是不切合实际的。我们建议汉语水平与中国中等文化程度相当的海外人士，如果希望通过与"母语者"的比对，评估其汉语口语规范程度和熟练程度，或者说希望评估其汉语普通话的"土人感"程度，可以以参加普通话水平测试作为一种参考。如果希望评估其汉语的交际能力，以参加HSK（汉语水平考试）为宜。

二　测试目标

测试目标不是指测试的目的，也不是指测试的对象目标，而是指语言测试本身的语言指向性，即语言测试测什么。

（一）学术界对普通话水平测试目标的认识

1. 语言能力说

厉兵认为，普通话水平测试"属于语言能力的考察和评价"，但"不是总体意义上的语言能力测试，不是普通话语音知识测试，也不是作为第二语言的汉语测试"。他指出："普通话口语水平最主要、最直接地体现在听和说的水平上"，因此"不主张把普通话测试搞成纯知识性的考试"。（厉兵1988：17）厉兵较早地把普通话水平测试目标定位于语言能力，反对把语言知识作为测试目标。

2. 语言运用能力说

刘照雄认为："普通话水平测试不是普通话系统知识的考试，不是文化水平的考核，也不是口才的评估，是应试人运用普通话所达到的标准程度的检测和评定。"（刘照雄主编1994：6）这里没有明确提出普通话水平测试的测试目标是语言运用能力，但提到"运用普通话所达到的标准程度"，可以理解为把普通话水平测试测试目标看作"运用"能力，当然作者把"标准程度"视作运用能力的主要视角。

仲哲明指出："（普通话水平测试）是语言运用能力的测试。而且主要侧重在语言规范程度的测试，不是语言知识测试，也不是表达技巧的测试，更不是文化考试，尽管这种测试跟知识、表达技巧、文化水平都有一定的关系。……所要测的语言能力主要是指从方言转到标准语的口语运用能力，即应试人按照普通话语音、语汇、语法规范说话的能力，而不是通常所说的包括听说读写全部内容的语文能力。"（仲哲明1997：5）

仲文明确提出用"语言运用能力"概括普通话水平测试的测试目标，并说明其所指是"从方言转到标准语的口语运用能力"，并非"包括听说读写全部内容的语文能力"。"语言运用能力"着眼点是"语言规范程度"。仲文用"不是""语言知识测试""表达技巧测试"和"文化考试"，对其所指进一步廓清。

3. 语言交际能力说

李宇明认为："什么是普通话水平呢？这可以有两种解释：第一种解释是，普通话水平就是人们掌握普通话这一语言系统的水平，包括普通话的语音系统、词汇系统和语法系统。第二种解释是，普通话水平是人们运用普通话进行语言交际的水平，这不仅牵涉到对普通话语言系统的掌握，而且还牵涉到对各种交际语境的把握，牵涉到交际中使用的各种辅助符号系统，也牵涉到各种交际策略。""无论是从学理上说还是从测试实践上看，第二种解释都是较为可取的：就学理而言，语言只有用于交际才有价值，不用于交际的语言只是交际的备用系统；就测试实践而言，测试题目中都有说话的内容，这说明现在的测试是考虑了交际因素的。"（李宇明2002：2—3）

李文从学理和实践两个方面论证了普通话水平测试的测试目标是语言交际能力。

以上三种认识涉及三个概念：语言能力、语言运用能力和语言交际能力。语言能力有广狭之分，狭义的语言能力指的是掌握某种语言形式系统（或称语码系统）的能力。广义的语言能力指的是包括狭义语言能力在内的多成分多层次能力的复合体，广义的语言能力也被称为语言交际能力或语言运用能力。从以上讨论可以看出，普通话水平测试的测试目标在学术界是有基本共识的，大家都认为普通话水平测试属于广义的能力测试，但又不是"总体意义上的语言能力测试"，而是语言能力范畴的某方面的能力。不同的学者力图对这些能力进行解释，但是表述各有差异。对这个问题进行理论阐释，需要从语言能力构成模式和普通话水平测试特殊性两方面进行分析。

（二）语言能力构成模式和普通话水平测试的测试目标

1. 语言能力构成模式

语言能力是第三代语言测试体系的基本理论构念，语言能力构成对语言测试而言是一个最基本的理论问题，但对这个问题的回答还不能说已经非常一致。乔姆斯基（Chomsky）首先提出了语言能力的概念，不过其理论所指的语言能力仅指抽象语言能力。海姆斯（Haymes）为代表的社会语言学家，认为仅有抽象语言能力是不够的，在此基础上提出交际能力的概念。此后一些语言学家如卡内尔（Canale）、斯魏恩（Swain）等在此基础上相继提出几种交际能力的构成模型。上世纪90年代，巴克曼（Bachman）提出一种新的语言交际能力模型——CLA，影响广泛，是迄今为止语言测试界最有影响的语言能力理论。对以上种种模式我们不详加评述，但可以总结以下三个基本观点：

第一，语言交际能力不等于语言知识或语言技能，前者远大于、多于、复杂于后者。第二，语言交际能力是多成分多层次的复合体。这包含两层意思，一是语言能力是包含语言知识、语言技能、认知能力和感受能力等多种成分的能力；二是语言交际能力是在多层次（语码、语篇和情景三个层次）上同时运作的能力。第三，语言交际能力是一个整体，各种成分和层次不是简单相加，而是相互作用，相互协调，化合而成。

国内语言测试学界对语言交际能力也进行了探讨，李筱菊（1997：11）整合各种能力构成模型后提出的模式概括力较强，对语言教学和测试颇具指导意义：

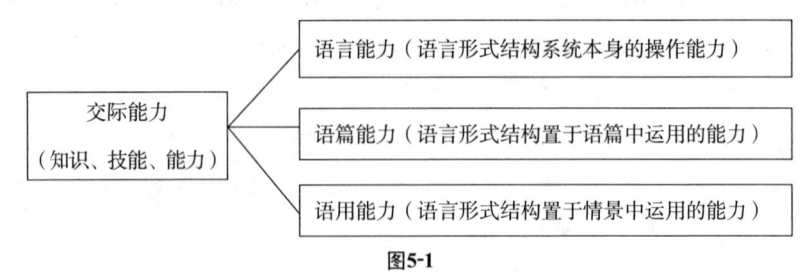

```
交际能力              ┌── 语言能力（语言形式结构系统本身的操作能力）
（知识、技能、能力）──┼── 语篇能力（语言形式结构置于语篇中运用的能力）
                      └── 语用能力（语言形式结构置于情景中运用的能力）
```

图5-1

为了避免语言能力广狭使用之混乱，本书语言能力的概念取其广义内涵（即交际语言能力的内涵），狭义的语言能力我们称之为语码能力。为论述方便，我们参考李筱菊语言能力框架，提出以下语言能力模式：

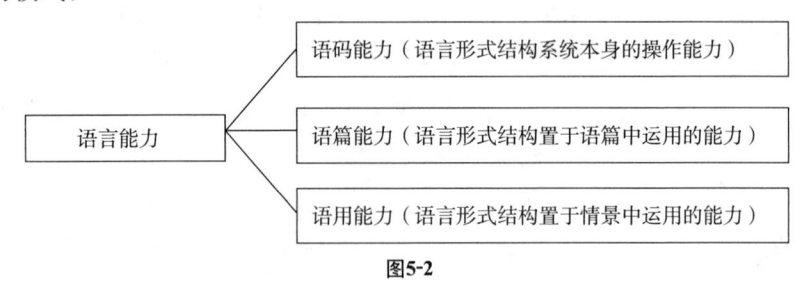

```
              ┌── 语码能力（语言形式结构系统本身的操作能力）
语言能力 ─────┼── 语篇能力（语言形式结构置于语篇中运用的能力）
              └── 语用能力（语言形式结构置于情景中运用的能力）
```

图5-2

2. 普通话水平测试的测试目标

普通话水平测试不是单纯语言知识和语言技能的测试，也不是全面测查应试人的语言能力，而是有所选择和侧重的语言能力测试。有人认为普通话水平测试没有笔试，只考察了"读"和"说"的能力，而且只考察语音标准与否，不能考察应试者的实际交际能力，并以此为由批评普通话水平测试，我们认为这种看法值得商榷。"听、说、读、写"只是语言输出或输入的不同形式，并不能等同于内化的实际语言能力，并非所有的语言测试必须测查这四项技能才算有效和全面。测试目标是由测试目的和测试对象决定的，语言能力的全面考查，对跨文化、跨语言学习者而言，是必须的。而对于同一整体文化背景下，不同"母言"的普通话学习者而言，语言能力各个方面的考查应该与前者有所区别。普通话水平测试之所以侧重语言系统本身的语码操作能力，之所以在分值权重上语音分值比例高，就是因为测试的根本目的是为了促进推广普通话，测试的对象又以不同"母言"的普通话学习者为主，他们普通话学习的难点和推广普通话的最明显的障碍恰恰在语音方面。这是我们的语言国情。分析普通话水平测试的测试目标，应着眼于此。

我们将普通话水平测试的测试目标定位于：侧重测查应试人对普通话这种语言系统本身的语码操作能力（具体体现为规范程度和熟练程度），语篇能力和语用能力有所涉及但不是测查重点。从测试项目的设置来看，朗读短文涉及语篇能力，譬如朗读如何衔接、呼应和连贯应当遵循上下文和语篇规则，停连和语调两项评分要素会对此进行监控和评价。命题说话除了语篇能力还涉及语用能力，譬如语义能力、达意程度、社会语言能力等。

有人认为普通话水平测试命题说话采用"独白型"测试方式，没有语境，并非真正的交际。我们认为普通话水平测试是一种特殊的语言交际，事实上，应试人和测试员也并非没有交流，即使是机辅测试环境下应试人面对的是电脑终端，他心目中也存在着测试员这个交流的对象，测试是在进行一种无形的交流。应试人由试卷馈入语言信息，经过语言机制的内化处理，依据语言规则（包括语码规则、语篇规则和语用规则）做出相应的反应，即语言输出，并进行自我监控和调节，完成对输入信息的语言反馈。我们承认，"独白型"测试方式不如测试员和应试人互动，或应试人之间互动更具真实的交际情景，但我们认为重要的是真实语言信息的输入和输出，而不是单纯的互动形式。正如阿兰·戴维斯指出的："交际语言测试似乎并不是指语言的交际测试，而是指交际语言的测试。"（阿兰·戴维斯1997：93）测试员和应试人互动，或应试人之间互动的测试方式，变量过于复杂，操作性和公平性都难以保证，对每年数百万测试量的大规模测试而言，并非最佳解决方案。

第三节　普通话水平测试的性质

语言测试的性质是指一种语言测试区别于其他语言测试的根本特性。在本章第一节我们讨论了普通话水平测试的类属，涉及普通话水平测试的一些特点，但是讨论到普通话水平测试的性质，还要分析和提炼出其中最本质，涉及普通话水平测试属于什么体系或采取什么路子的最具"个性"的特点。

我们认为普通话水平测试性质可以从外显特征和内质特征两方面讨论，外显特征主要包括地位、方式两方面特征，内质特征包括目标语言、测试目标、测试参照等三方面特征。

一　外显特征

（一）普通话水平测试是带有一定强制性的大规模国家级语言测试

普通话水平测试的这一特性，本章第二节已有讨论，此不赘述。需要强调的是，由于普通话水平测试载入了国家专门法律，实施测试带有依法行政的性质，体现出国家语言规划的鲜明特点，因此带有一定行政强制性的大规模的国家级语言测试，是普通话水平测试非常突出的、区别于其他语言测试的一个最根本、最具独特"个性"的外部特征。

（二）普通话水平测试是主观性口语测试

主观性口语测试是就测试方式而言的特性，是普通话水平测试决定采取直接测试路子的必然之选。语言能力是抽象的内化能力，不能直接测查，只能通过语言的表征（语言行为），推测其能力水平，因此从根本上说，任何语言测试都是间接的。但是在如何测试语言表征行为上，有两种不同的思路，体现出不同的测试路子，即直接测试和间接测试。直接测试不以语言交际的某个成分或层次代替交际行为，强调对语言表征的直接抽样。间接测试则是把语言交际的成分和层次进行分解，对各个构成因素分别测查。直接测试效度高于间接测试，所以主观性口试成为普通话水平测试的路径之选。当然像大多数语言测试一样，普通话水平测试也不是完全的直接测试，也有间接测试的成分，但基本上可以说是直接测试的路子。也有学者称其为半直接测试，如姚喜双等（2011：23）即持此论。

二　内质特征

（一）普通话水平测试是针对汉语标准语的第一语言测试

早在酝酿探索阶段，关于普通话水平测试目标语言的定性就比较明确。厉兵（1988）提出："（普通话口语测试）不是作为第二语言的汉语的测试"，它"面向全社会各行业以汉语为第一语言"的人。孙修章（1992）指出："以汉语为第一语言"的人士参加普通话测试，而"第一语言非汉语的人员参加汉语水平考试"。此后，仲哲明、刘照雄、王渝光、宋欣桥、聂丹先后撰文阐释普通话水平测试的这一特性，不过有时以"母语测试"代替"第一语言测试"的说法。例如，仲哲明（1997）认为："普通话水平测试是应试人的母语标准语测试，不是外语测试。"刘照雄（1994）认为："应试人的母语（第一语言）是汉语"是测试设计的重要前提条件。宋欣桥把"以汉语为第一语言的测试，作为普通话水平测试（PSC）的根本属性"，同时将这个论断进一步阐释为:"普通话水平测试(PSC)是以汉语为母语的测试;普通话水平测试(PSC)是以汉语为第一语言的测试;普通话水平测试(PSC)是以普通话为国家通用语言的测试;普通话水平测试(PSC)也是一种海内外华人以汉语为沟通语言的测试。"(宋欣桥2010:9)

  我们认为,第一语言和母语属于不同范畴的概念,第一语言着眼于学习语言的顺序,母语常与民族甚或国家相关联,因此不是单纯的语言学概念。一般情况下,母语是人们的第一语言,但又不尽然。在我国,汉语普通话是国家通用语言,有一部分少数民族人士以汉语为第一语言,他们的第一语言和母语(本族语)可能有所不同。将普通话水平测试定位于"母语测试",在学理上不够科学,在实践上可能将一部分少数民族人士排除在测试范围之外。我们建议,把普通话水平测试定位于第一语言测试,而且是针对汉语标准语的测试,不是针对方言的测试。

(二)普通话水平测试是一般用途语言能力(水平)测试

  如本章第二节所述,普通话水平测试是语言能力(水平)测试,以测查应试人语码操作能力为主,兼顾语篇能力和语用能力。需要补充的一点是,普通话水平测试是一般用途语言能力测试,或者叫通用语言能力测试,而不是专门用途语言能力测试。一般用途语言能力测试,测试内容范围广泛、受试面广,但针对性相对较弱。专门用途语言能力测试,针对性强,但受测面有很大局限。普通话水平测试定位于大规模测试,不是测查应试人特定(专门)语言能力,而是测查其一般语言能力。因此认为"普通话水平测试应该对播音员、节目主持人和影视话剧演员设置更专业的考查项目"等主张,是对普通话水平测试目标的一种误读。

(三)普通话水平测试基本上是一种标准参照性等级考试

  仲哲明(1997)最早对普通话水平的测试参照属性进行系统的探讨,他认为"普通话水平测试基本上属于比较通行的所谓标准参照性或达标性测试的范围，而不是选拔性的常模参照性测试。"此后学术界基本延续了这一观点。目前语言测试界对标准参照概念和理论还存在分歧，还有学者认为标准参照也是一种特殊的常模。我们认为标准参照和常模参照并非界限分明互相排斥的，很多语言测试也是介乎两者之间。对于大面积反复性语言测试而言，确立准则，明确目标行为和量表尤为重要。普通话水平测试以统一的《普通话水平测试等级标准》作为所有分数解释参照的准则，从这个角度上讲，我们认同"普通话水平测试基本属于标准参照性测试"的论断。同时，等级测试成为普通话水平测试的一个显著特征，这个特征既是外显的（通过"三级六等"体现出来），也是由标准参照的内质所决定的。

第四节　普通话水平测试活动要素

普通话水平测试作为一种实践活动，有构成其活动的基本要素，这些要素互相作用，有机结合，共同形成一定的矛盾运动，形成了一定的必然联系和运行规律。认识普通话水平测试实践活动的基本要素及其各个要素之间的关系，对于探究测试活动矛盾运动规律，揭示测试活动本质，充分发挥测试理论对测试实践的指导作用具有重要的意义。

姚喜双最早对普通话水平测试活动要素及其关系进行了学术探讨，他指出：

测试活动的各种要素可以分为四大类：测试主体、测试对象、测试依据和测试手段。其中测试主体指测试员，测试员在整个测试活动中处于主导地位；测试对象是测试活动的客体，指参加测试的应试人，他们在测试活动中是不可或缺的一部分；测试依据包括试卷、大纲、评分标准、评分方法以及等级认定标准等，测试主体根据这些测试依据对测试客体的普通话水平做出客观、公正的评定；测试手段既包括测试设施，也包括测试活动的组织、管理手段，还包括测试的技术手段，测试手段是测试活动进行的物质保障。

普通话水平测试系统是由各种要素构成的，但这个系统不是各种要素简单相加，而是按照一定规律、模式组织运行的，各个要素在运行过程中互相联系、互相作用。（姚喜双等2011：75）

姚喜双对普通话水平测试活动要素的概括及其相互关系的阐述，奠定了该领域研究的理论基础和框架。我们赞同其理论架构，唯觉普通话水平测试活动是施测与受测间的一种对象性交互活动，在测试实践活动中，它们互为主客体，互为存在的条件。而就每方自身来说，在测试过程中，从不同的角度看，各自同时是这一活动的主体，又是另一活动的客体。因此，我们认为将其中的一方定位于"测试主体"，另一方定位于"测试客体"，似有欠周严之处，将一个概括为"施测主体"，另一个概括为"受测主体"可能更为恰当。为了便于清晰表述各要素之间的关系，我们将普通话水平测试实践活动要素归纳为：施测主体、受测对象、测试中介三要素，测试中介则可以细分为测试依据和测试手段。

一　施测主体

（一）施测主体的范畴

学术界一般把测试主体指向于测试员，我们认为，这还不够全面。施测主体有广狭之分：广义的施测主体指在测试实践活动中对应试人受测起到施测影响作用的组织执行机构和执行人；狭义的施测主体，指具体实施测试活动的人，即普通话水平测试员。广义的施测主体，包括测试实施机构、测试决策者、管理者和实施者（测试员），当然测试员是最主要的群体，是直接的施测者，在整个测试活动中起主导作用。关注广义的施测主体的作用，把测试实施机构和相关人员纳入研究视域，对全面深刻认识测试实践活动具有重要意义。

（二）普通话水平测试员

1. 测试员的分类

普通话水平测试员可以从不同角度进行分类，姚喜双等（2011）根据测试员所属等级、所属地区、所属行业等三个角度对测试员类属进行了讨论；屠国平（2003）根据测试员综合素质，将测试员分为实践操作性测试员、培训形式测试员、研究性测试员和综合性测试员。这些测试员分类的讨论各有其研究的角度的意义，按测试员培养规格、等级及其承担的任务的分类是最主要的一种分类方法，也最具有政策依据和实践价值，所以我们测试员分类的讨论，即立足于这个角度。

我国现行普通话水平测试员资格实行两级制：国家级普通话水平测试员（简称国测员）和省级普通话水平测试员（简称省测员）。有学者还论及市级测试员，如屠国平（2003）、李海英（2006）等。严格说来这并不科学，所谓市级测试员，不是标准意义上的普通话水平测试员，只是省测员的储备人员。

国测员是指经省级语言文字工作部门推荐，通过国家测试实施机构培训考核，获得国家语言文字工作部门颁发的国家级普通话水平测试员证书的测试员。

省测员是指通过省级测试实施机构培训考核，获得省级语言文字工作部门颁发的省级普通话水平测试员证书的测试员。

国测员和省测员都实行评聘分开的管理方式，测试实施机构根据工作需要，对获得资格的测试员进行聘任，颁发有一定期限的聘书。获得资格没有获得聘书的，不具备实施测试的资格。

2. 测试员的资格标准和素质要求

测试员是普通话水平测试活动中具有一定资格的、从事测试实施任务的专门人员，必需达到一定的专业资格标准方可上岗。国家对测试员实行资格准入制度，1994年以来，国家主管部门先后颁发了《普通话水平测试实施办法（试行）》（1994）、《国家语言文字工作委员会关于普通话水平测试管理工作的若干规定（试行）》（1997）和《普通话水平测试管理规定》（2003）。这些规章对国家级和省级测试员的资格准入进行了明确规定，具体要求可见表5-1：

表5-1　测试员资格要求简表

	《实施办法》（1994）	《若干规定》（1997）	《管理规定》（2003）
国测员	大专毕业文化程度和三年以上工作实践，最低上岗年龄为25岁；应熟悉和拥护国家语言文字工作方针、政策，热心语言文字工作，熟练掌握汉语拼音，普通话水平达到一级乙等以上，并有较高的语音分辨能力。	具有大专以上学历、中级以上专业技术职称的教师、播音员或专职从事语言文字工作5年以上的干部；熟悉推广普通话工作方针政策和普通话语音理论，熟练掌握《汉语拼音方案》和常用国际音标，熟悉方言同普通话的一般对应规律，普通话口语水平达到一级，有较强的普通话水平测试能力和较丰富的测试工作经验；身体健康，作风正派，有高度的事业心、责任感和工作热情。	具有大专以上学历，一般应具有中级以上专业技术职务和两年以上省级测试员资历，具有一定的测试科研能力和较强的普通话教学能力。
省测员	大专文化程度，三年以上工作实践，最低上岗年龄为24岁；应熟悉和拥护国家语言文字工作方针、政策，热心语言文字工作，熟练掌握汉语拼音，普通话水平达到一级乙等以上（少部分1946年以前出生的可放宽到二级甲等），并有较高的语音分辨能力。	具有大专以上学历、3年以上工龄的教师、播音员和语言文字工作干部；熟悉推广普通话工作方针政策和普通话语音理论，熟练掌握《汉语拼音方案》和常用国际音标，熟悉本地方言同普通话的一般对应规律，普通话口语水平达到一级（南方方言区1946年1月1日以前出生的，可放宽到二级甲等）有较强的普通话水平测试能力和一定的测试工作经验，身体健康，作风正派，有高度的事业心、责任感和工作热情。	应具有大专以上学历，熟悉推广普通话工作方针政策和普通语言学理论，熟悉方言与普通话的一般对应规律，熟练掌握《汉语拼音方案》和常用国际音标，有较强的听辨音能力，普通话水平达到一级。

从上表可以看出，普通话水平测试员的资格标准是一个动态发展的过程，国测员资格标准高于省测员。国测员和省测员资格标准的要素也不断进行调整，有一些要素被取消了，例如省测员工龄和国测员、省测员职业的限定等，这是测试员队伍年轻化和测试领域拓展化以后带来的适应性调整；有一些要素得到了强化，例如国测员专业素质的要求等。总

括来说，现阶段普通话水平测试员的素质要求可概括为以下几个方面：

（1）专业素质

测试员的专业素质体现为以下几点：一是普通话水平达到一级；二是熟悉了解国家语言文字政策法规和推广普通话工作方针政策；三是熟悉普通语言学理论、方言与普通话的一般对应规律。

（2）测试技能素质

测试员的测试技能素质体现为以下几点：一是熟练掌握《汉语拼音方案》和常用国际音标；二是有较强的听辨音能力；三是熟悉普通话水平测试的操作流程和规范；四是有良好的沟通能力和协调合作能力。

（3）身心品格素质

测试员的身心品格素质体现为以下几点：一是身体健康；二是有事业心和责任感；三是热情公正；四是情绪稳定，注意力较持久。

3. 测试员的作用

普通话水平测试员具有多方面的作用，具体体现为测试活动中的作用和测试活动之外的作用。

普通话水平测试员是测试活动的核心影响源，是测试活动的引导者、推动者和实际流程的操控者。核查身份，主持测试，记录评分，核分定级，回收试卷，填表归档是其主要任务。一组测试员对测试等级存在争议时，还应当进行复议。骨干测试员对一级（包括一级甲等和一级乙等）成绩进行复审，一级甲等成绩必须由国家测试机构组织国家级测试员进行复审，一级乙等成绩由省级测试机构复审。

普通话水平测试员是一支不可多得的、多功能的语言文字工作专业队伍，除了承担测试的专职任务，很多还担负着培训教学、管理、宣传、科研、评估等多项语言文字工作。

（三）普通话水平测试视导员及测试管理人员

1. 普通话水平测试视导员

普通话水平测试视导员是测试活动中的业务指导力量。1997年《国家语言文字工作委员会关于普通话水平测试管理工作的若干规定（试行）》提出："各省（自治区、直辖市）及省会（自治区首府）、计划单列市的普通话培训测试中心可根据需要聘任3—5名普通话水平测试视导员。"2003年《普通话水平测试管理规定》第十四条明确规定："省级语言文字工作部门根据工作需要聘任测试视导员并颁发有一定期限的聘书。测试视导员一般应具有语言学或相关专业的高级专业技术职务，熟悉普通语言学理论，有相关的学术研究成果，有较丰富的普通话教学经验和测试经验。"视导员的工作职责是："在省级语言文字工作部门领导下，检查、监督测试质量，参与和指导测试管理和测试业务工作。"

为了进一步健全完善培训测试视导制度，促进培训测试和管理工作科学发展，国家语委普通话培训测试中心制订了《国家语委普通话培训测试中心特聘视导员选聘管理办法（试行）》（国语普测〔2009〕10号），并于2009年11月聘任了首批16名特聘视导员，2012年聘任32名同志为第二批国家语委普通话培训测试中心特聘视导员。这些视导员在国家测试机构指导下，对全国普通话培训测试管理和业务工作进行巡查、督导，在某种意义上可称为国家级视导员。

国家级和省级视导员由语言文字专家和管理者构成，参与指导和协助管理监督普通话培训测试工作，保障和提高了普通话培训测试工作的权威性、学术性和专业性，确保了测试质量。

2. 普通话水平测试管理人员

普通话水平测试是一项专业性很强的工作，除了学科业务人员，测试活动的顺利开展还离不开测试管理人员的有效参与。普通话水平测试管理人员可以分为两种：第一种是测试管理决策人员，第二种是测试管理实施人员。

测试管理决策人员，是指从国家到地方各级语言文字工作机构和测试实施机构的负责人员，他们是测试运行的主体控制者，负责组织实施测试的全部管理活动，从测试法规、行政运作，到测试开发实施的质量技术控制，再到测试外部社会环境的创设都是其职责所在，他们对普通话水平测试实践而言是至关重要的。

测试管理实施人员是具体的测试管理实施者，围绕测试报名、考场安排、测试现场管理、测试员管理、试卷管理、证书管理、档案信息管理等环节和日益受到重视的咨询服务进行工作，他们是普通话水平测试不可或缺的一支专业力量。测试管理决策人员必须是稳定的专职人员，测试管理实施人员则可临时聘用，但无论是专职还是兼职管理实施人员，都必须经过培训，认真负责，遵守法规制度，接受管理和监督。

视导员和测试管理者在测试实践活动中，不一定像测试员那样对应试人受测起到直接的施测影响，但他们对应试人的作用却是不容质疑的。例如，对测试对象和等级要求的规定，是测试决策管理者对应试人产生直接作用的具体事例；测试流程是否顺畅，可以反映测试管理实施人员对应试人产生的间接影响。

普通话水平测试是一项大规模国家级测试，需要大量的组织管理工作，必须依靠大批专业管理人才。但是在我国设立专门的测试管理机构受制于多种因素，专业管理人员编制有限，因此普通话水平测试管理者队伍由专门的管理者人员和挂靠单位或院校（测试站）兼职管理人员构成。广大管理工作者，依靠测试员队伍、视导员队伍的专业力量，探索测试管理科学经验，担负起规划、组织、实施、监管等大量测试管理工作，为普通话水平测试规范有序开展，做出了积极贡献。

（四）普通话水平测试实施机构

一定的组织形式是测试活动运行和存在的方式，也是测试活动其他特性的内在依据和机制。在测试活动运行过程中，相应的测试组织机构是维持活动有序运行的主体，组织本身又是测试活动中的管理对象。普通话水平测试自实施以来，一直重视测试机构建设，1994年三部委《决定》《普通话水平测试实施办法（试行）》、1997年《若干规定（试行）》、2003年《管理规定》都对测试机构提出明确要求；2003年《评估指导标准》把测试机构设置、工作网络建设、规范运作、人员安排、工作设施、信息管理、财务管理等都纳入评估范畴。普通话水平测试实施机构是应试人参与测试活动的组织者和测试服务的提供者，它对应试人的影响作用是非常明显的。

管理决策人员通过测试机构，协调管理实施人员和测试员为应试人提供施测服务，并由视导员对测试活动进行巡视监督，这样测试实施机构、测试管理决策者、测试管理实施者和测试员、视导员共同构成广义的施测主体，共同对应试人的测试活动产生了或直接或间接的影响。

二 受测对象

（一）受测对象的内涵

受测对象指在测试实践活动中接受测试并对测试依据（包括内容）产生能动反应的人员，通俗地讲即应试人或称测试对象。本节使用"受测对象"的名称，主要是为了与"施测主体"对举，更清晰表明二者的互动依存的关系。

普通话水平测试受测对象群体庞大，来源广泛。关于受测对象范畴的界定，本章第二节已有详细讨论，此不赘述。

（二）受测对象的特征

关于普通话水平测试受测对象的特征，姚喜双等（2011）进行了研究和概括，认为其具有多样性和开放性的特点。我们认为，除此之外，普通话水平测试受测对象还有能动性的特点。

1. 多样性

多样性体现在普通话水平测试受测对象来自多个不同领域和行业，语言（方言）背景和测试目的不尽相同，甚至适用于部分境外人士参加，受教育程度和年龄跨度也较大。

2. 开放性

多样性体现在普通话水平测试受测对象是一个不断变化和发展的群体，从测试实施之初的个别行业和群体，逐步扩大到社会各界人士，由带有一定强制性的人群，发展到自愿接受测试的人群。

3. 能动性

普通话水平测试的受测对象在测试活动中，不是完全被动的客体，作为"受测主体"，它与"施测主体"并存互动于统一的矛盾运动体之中，是构成测试活动不可或缺的重要要素。普通话水平测试受测对象并非静止消极的，只单纯接受施测，相反，会积极作用于测试活动本身。由于语言测试施受双方都是能动主体，因而有时其施、受地位也可以互换，而非绝对固定。例如，受测对象能动地调控自身的感觉、知觉和情感态度，并通过语言输出外化为语言表征，成为施测主体观察评测的依凭，这样受测对象便转化为"施"者（语言表征是其所"施"的内容），施测主体转化为"受"者（语言表征是其所"受"的内容）。语言测试所测量的是受测主体的心理特性，而主体具有能动性，所以我们应重视受测对象在测试过程中的能动作用，仅仅将其视为"测试客体"，不利于充分认识其对测试活动的深刻影响。

三　测试中介

（一）测试中介的内涵

测试中介指在测试实践活动中使施测主体和受测对象产生矛盾运动所依凭的居间联系的环节，即施测主体为了实现对受测对象的预期测试目的，所采用的测评内容、评价标准、实施规程、方法与技术手段等。概括而言，测试中介包括测试依据和测试手段两方面内容。

（二）测试依据

1. 测试依据的内涵和外延

测试依据的内涵指测试活动开展所凭借和依循的规则，它是其他要素活动和发挥作用的基础。测试依据的外延，学术界目前有广狭之分，狭义的理解指的是测试员给测试对象评分时所依据的评分标准；广义的理解，把等级标准、测试大纲、评分标准、语言要素的规范标准和命题依据（题型、试题、试卷、题库、测试长度等）等涵盖在内。我们认为这还不够全面，完整的测试依据还应该包括法律法规依据（包括法律、法规、规章，如《国家通用语言文字法》《普通话水平测试管理规定》《普通话水平测试规程》等）在内。因此，测试依据首先应当分为法律法规依据和学术依据两大范畴。法律法规依据可细分为法律依据和法规、规章依据；学术依据细分为基本依据、命题依据、评分依据等三个二级范畴，二级范畴还可细分为若干三级范畴：如基本依据可细分为等级标准、测试大纲、实施纲要等范畴，命题依据可细分为题型、测试长度、试卷、题库等范畴，评分依据可细分为评分要素、评分系统、评分规则、评分细则等范畴，这样就构成一个相对丰富的测试依据层级系统，如下图所示：

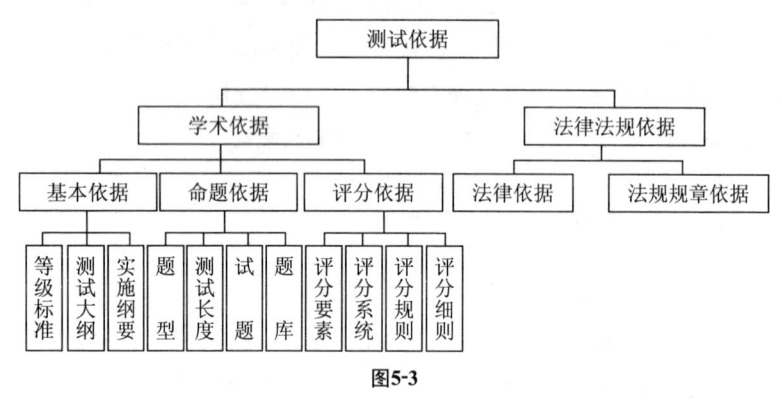

图5-3

2. 测试依据的特征

（1）规范性

大规模公开性测试是影响广泛的社会性活动，测试的科学性、可操作性和公平性对测试的重要影响是不言而喻的，而所有这些都必须依赖于测试依据的规范。测试依据是施测主体对受测对象实施测试所依据的具体标准。法律法规依据解决测试外部环境的一致性问题，学术依据解决测试命题、实施、评分、成绩解释和报告等各个环节的测试内部因素的一致性问题。测试依据对所有测试活动的参与要素都具有普遍约束力，它不但对受测对象和测试手段具有约束力，而且对施测主体也具有约束力，即便是开发和制定该依据的测试决策者，也必须在测试依据的规范域内活动。测试依据规范性的另一方面的体现是，它可以在不同区域和时间内反复适用，也即测试依据是统一的，全国不同地区、行业，不同人群在不同时间测试，必须遵循同一依据，其具体体现是普通话水平测试管理的"四统一"，即：统一标准，统一大纲，统一规程，统一证书，这对于确保测试质量，维护测试权威，使测试工作规范、有序、健康地发展并不断提高测试工作的科学化水平，具有重要意义。

（2）变动性和相对稳定性

从历时的角度看，测试依据具有变动性和可调节性，无论法律法规依据还是学术依据，普通话水平测试依据都体现出这一特征：《普通话水平测试实施办法（试行）》（1994年）、《若干规定》（1997年），再到《国家通用语言文字法》（2000年）、《管理规定》（2003年），体现出法律法规依据的不断调整与完善；从1994年原《大纲》到2003年新《大纲》，集中体现出学术依据的发展与变化。与此同时，测试依据又体现出相对稳定的特征，即测试依据在颁布生效以后，在一定时期内保持稳定，不能频繁更改。测试依据的相对稳定性不仅体现在内容上，也体现在其形式上。保持测试依据的相对稳定性是制定测试依据的基本原则之一，也是维护测试规范性、权威性的必然要求。

变动性和相对稳定性，都是测试依据的内在属性，在具体条件下，相对稳定性与变动性其中一方会占主导地位。从普通话水平测试的发展历程来看，在实施发展阶段的起步初创时期（1994—2000年底），变动性居于主导地位，测试依据修改调整较多；规范拓展时期（2001年至今），测试要素关系稳定，测试依据的稳定性居于主导地位，变化较少。2007年以后，计算机辅助测试技术的运用，引起施测主体、受测对象的变化，测试要素关系的稳定被打破，测试依据的调整就成为必然，《计算机辅助普通话水平测试操作规程》（2008年）、《教育部语用司关于印发〈计算机辅助普通话水平测试评分试行办法〉的通知》（2009年）、《计算机辅助普通话水平测试试点业务指导意见（试行）的通知》（2010年）等先后出台，更为根本的《管理规定》和《大纲》的修订也已列入工作规划。总之，我们应当根据测试实践活动的要求，协调测试依据的变动性和相对稳定性，不断提高测试依据的适用性。

（三）测试手段

1.测试手段的内涵和外延

测试手段的内涵指的是测试活动开展所采取的具体方式和方法，它是测试实践活动赖以发生、发展所凭借的外部物质条件的总和。测试手段的外延包括组织管理手段和施测手段两方面内容，组织管理手段包括测试的组织管理过程中报名、考场管理、试卷管理、质量管理、证书管理、档案管理等环节所采取的具体方法；施测手段主要包括考场设备和施测技术，考场设备属于施测的硬件设施，施测技术属于施测的软件设施，它是指各种现代化技术（主要指信息技术）在普通话水平测试实施（包括命题、测试、评分等环节）中的应用。

2.测试手段的特征

（1）制约性

测试手段是联系施测主体和受测对象的物质媒介，包括进行测试活动所需要使用的各种资源或工具，这些物质条件制约着测试的质量和数量。测试手段制约着测试实现的价值，测试手段的具体条件不同，测试实现的价值的高低与价值量的大小也不相同。测试手段的水平往往还是测试发展水平的直接反映，测试手段还制约着测试模式的选择。苏联著名的伏龙芝军事学院有一句名言："一切战术要适合一定的历史时代，如果新的武器出现了，则军队的组织形式与指挥也要随之改变。"这句话同样适用于语言测试。

开发和实施一项语言测试，必须考虑客观条件的制约，如人员因素、时间因素、地点因素、设备因素等等，并组织、动员和协调必要的物质力量予以保障。例如，普通话水平测试是大规模的主观性口试，需要大量的测试员，在技术手段还不具备的情况下，必须培训大量合格的测试员和测试管理人员，还要考虑采用属地管理原则实行分散测试以降低成本，考虑调配满足测试要求的教室或临时性测试场地，考虑最基本的录音设备、评分设备等等。在计算机辅助测试产生之后，要考虑测试机房的建设，测试环境的搭建，软硬件的采购、配置等具体问题。

（2）递进性

测试手段是各种测试工具、装备和方式方法在测试实践中有意识的运用，是随着测试实践和测试理论发展而成的，具有动态的过程和时代递进性。例如：普通话水平测试从直接面试到电脑录音测试，再到计算机辅助测试的发展，直接体现出测试手段递进发展的面貌。

四　测试活动三要素的关系

在测试活动要素中，施测主体着眼于"由谁测"的问题，由其承担测试活动的组织管理和实施职能，将各种相关资源进行合理组配，主导测试活动朝着既定目标运行。受测对象着眼于"测何人"的问题，是测试有待测评的对象，即参与应试的人。测试中介反映"测什么、如何测"的问题，即为实现预期的测试目的所采用的测评内容、评价标准、实施规程、方法与技术手段等，它渗透着观念形态和知识、技术形态的时代特征。

语言测试是以人为主客体的活动，"人本化"是其显著特征，"人"是测试活动中最活跃的因素。普通话水平测试的基本矛盾，是受测对象日益增长的对高质量测试服务的需求同测试服务不能完全满足这一需求之间的矛盾。施测主体与受测对象在测试活动的交互过程中，互为主客体，相互联系，互为存在的条件，二者之间的矛盾是推动测试活动的主要矛盾,它们在相互的矛盾运动中,共同推动普通话水平测试实践和测试理论向前发展。测试中介是施测主体与受测对象发生作用的关系媒介,是测试矛盾运动的基础性支撑因素。测试中介受施测主体和受测对象支配,同时又制约着二者的发展。

凡有意识、有目的的语言测试活动的开展,都根源于人及社会发展的某种内在需求。为何测?测何人?何人测?测什么?如何测?无不随测试活动主体利益需要及科学技术水平而变化,无不与人的社会相联系,与社会价值和物质技术手段相关联。所以,普通话水平测试是受测主体、施测主体和测试中介互相联系、互相作用,按照自身规律和一定模式运行的一种社会活动。

第六章

普通话水平测试的设计

　　1988年底,国家语委成立了由国家社会科学基金（93BYY010）资助的"普通话水平测试等级标准"课题组,正式着手国家统一的普通话水平测试的设计研究,此后以《普通话水平测试等级标准（试行）》和《普通话水平测试大纲》（包括1994年原《大纲》和2003年新《大纲》）的形式对这种设计予以体现。普通话水平测试的总体设计可分为等级标准设计和测试大纲设计两大部分,测试大纲设计主要包括试题结构设计、试卷编制和题库设计、评分体系设计等方面。

第一节　等级标准设计

一　等级标准的重要性

　　等级标准是普通话水平测试的外显特征,更是测试的基本依据,其重要性体现在以下两个方面:

　　（一）等级标准的研究是先导性的研究领域

　　在普通话水平测试研究的诸领域中,等级标准的研究具有先导性,等级标准的探讨开启了普通话水平测试研究的序幕。等级评价是教育测量和评价的主要方式之一,教育测量学告诉我们,等级标准是进行等级评价的基础和关键,任何等级评价开展前都要建立明确的标准,学校开展的学科等级评价如此，机构开发的专项语言等级测试也不例外。纵观普通话水平测试的发展历程，普通话水平测试最早的研究，也大多集中在等级标准的探讨方面，也可以换话句说，是等级标准的探讨引发了关于普通话水平测试研究的开展。现有文献可查最早的《普通话等级标准条例草案》（1982年北京语言学会普通话等级标准研究小组）和早期最具代表性的成果《略论汉语口语规范》（陈章太1983），都聚焦于等级标准的探讨。这些成果连同孙修章、于根元等"普通话水平测试标准"课题成果，最终奠定了普通话水平测试的坚实基础。

（二）《等级标准》是制定《测试大纲》和《实施纲要》两大学术依据的基础

《普通话水平测试等级标准（试行）》（国语〔1997〕64号），是开展普通话水平测试工作的一份指导性文件，而且也是制定《普通话水平测试大纲》和《普通话水平测试实施纲要》两大基本学术依据的具体根据。《等级标准》本以国务院组成部门——国家语委文件的形式下发，后因在国家专门法律——《国家通用语言文字法》（2000年）中予以确认和表述，成为具有基础性地位的法律法规依据，是《测试大纲》和《实施纲要》两大测试学术依据的基础。2001年实施的《国家通用语言文字法》第二十四条明确规定："国务院语言文字工作部门颁布普通话水平测试等级标准。"2003年《测试大纲》规定："国家语言文字工作部门发布的《普通话水平测试等级标准》是确定应试人普通话水平等级的依据。"普通话水平测试等级标准的重要性显而易见。

二 等级层级的设计

普通话水平测试等级设计为三级六等，共六个等级数量。普通话水平测试的等级设计有一个认识发展和深化的过程，在早期研究中，汉语（普通话）水平测试等级的设计多数为三级（一、二、三级，高、中、初级，上、中、下级）或三级六等，也有分为四级、五级、六级的，最多的设计为八级。三级的设想,符合人们认知的普遍规律,简洁明了,易于理解和操作。陈章太(1983)最早提出"标准的普通话""比较标准的普通话""不很标准的普通话"(后又几经修正,最后改为"合格的普通话")三个等级的设想,而且还尝试提出各等级的描述语,形成一个连贯的等级描述总体序列的雏形。孙修章、于根元等人在此基础上提出等级标准"级中套等"的设计原则。孙修章(1992)撰文谈及这样调整的两点考虑,一是三级之间的跨度大,级中套等,可以使跨度缩小,减少应试者晋级的难度,有利于激励学习者进取的信心;二是级的跨度大,"级"的特征难以具体描述,级中套等以后,"等"的特征和界限容易说清楚。我们认为,除此之外,六等的设立还有一个好处:在等级数量的选择上,偶数级别与奇数级别相比有一个优点,就是有利于减少测试员"趋中心理"对评分的影响。我们可以看到,偶数级别在众多语言测试中很常见,如中国少数民族汉语水平考试分四级,大学英语分六级,专业英语分八级,香港理工大学开发的香港普通话水平考试(PSK)等级设计为三级八等,欧洲语言共同参考框架(CEF)等级设为六级。在偶数级别中,四级略显粗疏,八级或以上操作不够便利,因而六级较为适宜。汉语水平考试(HSK)等级的设立和变化值得研究和思考:1989年通过鉴定时,HSK等级为两等(初等、中等)八级(1—8级),后"为了更科学、更精确地界定每一个考生的汉语水平",每级的上边加了一个"半级",所以总共是十六级。1991年又取消了"半级",恢复为八级。1993、1997年,高等HSK和基础HSK通过鉴定,其中高等HSK分为三级,至此全套HSK形成了四等(基础、初等、中等、高等)11级的等级框架。这个框架比较繁复,引发了一定争议。原以为细化等级可以更精确,但结果可能不尽如人意,等级分数的有效性也大打折扣。2009年推出的新HSK对等级进行了简化,笔试改为六级,口试为三级,笔试、口试单独报告成绩。其实,语言测试中,等级数量的多少并无一定之规,它主要取决于设计者的评价目的,也与评价要素的复杂程度和评分者可操作性等因素相关。普通话水平测试"三级六等"的等级设计，级差分明而又跨度适宜，简洁明了，易于操作，经过近20年实践的检验，证明是个相当科学的设计方案。

三 等级特征的描述

等级特征描述，实际上是一个连贯的等级评分量表的文字表述。等级量表的基础是基本要素分析，在普通话水平测试等级特征的描述上，我们可以清晰地解读出它的基本评价要素：语音（包括声母、韵母、声调）、词汇、语法、语调，流畅程度。如果把每个要素单独提取出来，评价量表连续序列特征会更加明晰：

语音：一级甲等：语音标准；

　　　一级乙等：语音标准，偶然有字音、字调失误；

　　　二级甲等：声韵调发音基本标准，少数难点音（平翘舌音、前后鼻尾音、边鼻音等）有时出现失误；

　　　二级乙等：个别调值不准，声韵母发音有不到位现象。难点音（平翘舌音、前后鼻尾音、边鼻音、fu-hu、z-zh-j、送气不送气、i-ü不分、保留浊塞音和浊塞擦音、丢介音、复韵母单音化等）失误较多；

　　　三级甲等：声韵母发音失误较多，难点音超出常见范围，声调调值多不准；

　　　三级乙等：声韵母发音失误多，方音特征突出。

词汇、语法：

　　　一级甲等：词汇、语法正确无误；

　　　一级乙等：词汇、语法正确无误；

　　　二级甲等：词汇、语法极少有误；

　　　二级乙等：有使用方言词、方言语法的情况；

三级甲等：词汇、语法有失误；

三级乙等：词汇、语法失误较多。

语调：

一级甲等：语调自然；

一级乙等：语调自然；

二级甲等：语调自然；

二级乙等：方言语调不明显；

三级甲等：方言语调较明显；

三级乙等：方言语调明显。

流畅程度：

一级甲等：表达流畅；

一级乙等：表达流畅；

二级甲等：表达流畅。

二级乙等：

三级甲等：

三级乙等：

我们发现，语音要素在各等级间的连续序列特征最为突出，语音由一甲的"语音标准"到三乙的"声韵母发音失误多，方音特征突出"，各等级语音错误逐渐增多，语音质量次第降低，而且错误性质由声母、韵母，继而到声调乃至方音整体面貌。语调要素在一甲、一乙、二甲中均为"语调自然"，二乙、三甲、三乙则从"方言语调不明显"到"方言语调较明显"，再到"方言语调明显"，其连续序列特征主要是通过程度词的变化实现的。词汇、语法要素在一甲、一乙均为"正确无误"，二甲、二乙、三甲、三乙分别对应于"极少有误""有使用方言词、方言语法的情况""有失误""失误较多"，连续序列特征大体上也是通过程度词的变化实现的。流畅程度要素等级序列体现得不够充分，一甲、一乙、二甲均为"表达流畅"，二乙、三甲、三乙则没有表述。

我们注意到，各评价要素在不同等级中，不是建立在简单的"加—减"原则之上，而是以不同的质量体现不同的水平。孤立地看，各评价要素等级序列具有一定不均衡性，但如果把各评分要素作为一个完整的体系来看，普通话水平测试等级标准，不失为特征明确清晰，富有概括性和协调性，易于标准参照的评价工具。当然，普通话水平测试等级的描述语，还使用了一些否定性描述如"方言语调较明显""方言语调明显""外地人听其谈话有听不懂的情况"等。这与目前语言测试领域主张采用正向描述的观念相比，还有一些可提升改进的余地。另外，等级描述较多使用程度词来修饰描述语，如"比较准确""失误较多"等，也应尽量避免。

四 关于《等级标准》的几个具体问题

（一）关于语音和语调

《等级标准》把语音和语调列为两个并列的能力描述要素，表面看有重复之嫌。学术界对语调的认识有广义和狭义之分，周殿福先生讲过，语调研究是语音研究的总和，这是着眼于广义。在普通话水平测试评价体系中，语调主要着眼于广义的理解，不仅包括句子的高低升降变化（句调），还包括轻重音、停连和节奏、语速等构成要素。当然，音节的声调（字调）也会对语调产生影响，从这个角度而言，语调和语音的确有重合。但总体上讲，谈到语音，人们想到的往往是在静态的音节层面的声母、韵母、声调问题；谈到语调，人们自然而然会想到动态语流层面的现象，特别是超音质的音高、音长、音强现象。所以把二者并列为两个要素，人们在认识上，一般不存在混淆，重合部分在评分体系中则可以通过技术处理加以解决。

（二）关于词汇、语法

词汇、语法是一个要素还是分立为两个要素？词汇和语法在语言测试中通常是两个独立的分立要素，与语音要素鼎足而三。在普通话水平测试第三项"选择判断"中,词汇和语法也是这样处理的。但是目前大部分省份采取四项测试,取消了"选择判断"测试项,词汇和语法的考察不再以独立测试项的形式出现,而是主要在综合的第四项"说话"测试中体现。在第四项中,词汇和语法是以一个测试要素的形式出现的。认知语言学主张,不绝对区分语法和词汇,而是把它们都视为一种形式—意义结合的符号。而且从主观测试的感知角度而言,在连续语流中词汇、语法分立操作不够便利。因此语音(物质外壳)和词汇、语法(意义结合符号)两大测试要素系统的设立,比语音、词汇、语法三大要素的分立更适用于普通话水平测试。

词汇、语法等级特征在一甲、一乙均表述为"正确无误",很多应试人担心,是否一旦有词汇、语法失误就不能进入一级。按字面理解,"正确无误"确实应指没有任何失误,但实际测试中,一级水平的应试者,有时也可能存在词汇、语法失误,特别是词语的失误。词汇、语法系统不同于语音系统,普通话语音系统标准比较确定,而词汇、语法系统相对模糊性更大一些,测试时出现一些词汇、语法规范程度不很高的现象是有可能的。即使出现典型的方言性质的词汇、语法错误,我们认为也是正常的,而且应当是允许的,关键是"量"的体现。这与"正确无误"的表述有矛盾,我们是这样理解的:"正确无误"是就词汇、语法系统而言,正如,一甲、一乙"语音标准"指语音系统而言一样,它并不排斥个别的语音失误,这样失分率在3%以内(一甲)、在8%以内(一乙)才会有所附着。当然,如果在等级特征表述上调整为更有弹性的表达,如"词汇、语法正确"或许会更好。

(三)关于流畅程度

普通话水平测试是测查应试人普通话规范程度、熟练程度的语言测试,语音、语调和词汇、语法,是规范程度的测查,流畅可以说是熟练程度的表征。如前文所述,流畅程度要素等级序列体现得不够充分,一甲、一乙、二甲均为"表达流畅",二乙、三甲、三乙则没有表述。有的学者认为"流畅"是三甲以上各等级的表征,换言之,除了三乙,都可表述为"表达流畅"。可事实并非如此简单,我们可能会遇到表达很流畅的三乙水平的样本,也可能会遇到表达不很流畅、或很不流畅的三甲样本,甚或二乙样本。为什么会这样呢?因为流畅程度是与规范程度不同质的要素,与规范性要素在一个等级框架内并列表述,难免捉襟见肘,这确实是个缺憾,也是一种无奈。如果调整为分列表述或可能性表述,如"表达有不流畅的情况",也许更合适一些。

(四)等级分数的根据

除了等级描述,《等级标准》还划定了各等级分数的界限,以失分率的形式体现,但并未规定记分形制。一甲到三甲失分率,依次为3%、8%、13%、20%、30%、40%,分数序列并不是等差的,很多人心存疑问,分数线到底是怎样划定的? 孙修章(1992)在《"普通话水平测试标准"的研制与实践》中做了详细说明,最初拟订的分数线初稿是5‰、2%、8%、15%……,试测时发现偏高,经讨论斟酌,再试测,最终调整为现在的等级分数线。普通话水平测试各等级分数线,是在专家经验判断基础上编制锚测验,根据对一手数据的收集、分析和评估、调试,最终得以确定的,是基于大量实证研究的结果,具有高度的科学性。

(五)普通话水平测试入级的标准

三级乙等是普通话水平测试能力量表中的起点量级,在三级乙等的等级描述中,有这样一句描述"外地人听其谈话有听不懂的情况"。不少人据此认为只要听得懂,就应该能够入级,甚至认为应当在三甲以上,这是一种误解。"外地人听其谈话有听不懂的情况",不是判断三乙水平的充要条件,而只是一种可能性表述,指在三乙水平的应试人群中,可能有这种现象,但并不代表所有的三乙水平的应试人都有这种表征。"听不懂"原因很复杂,有语音因素,也有词汇、语法因素。如果应试者操北方方言,即使都能"听得懂"也有可能不入级。总之,我们不能把"是否听得懂"作为普通话水平测试是否入级的判断标准。

我们认为，等级表述中去掉这一句比较好，因为不够严谨，也容易导致误解。

第二节　试题结构设计

一般人对于一项语言测试的认识，往往是从其试题——采取什么题型、考些什么内容、各题的分数比重、测试的时间等等直接感受的，这实际上反映出试题结构对人们认知的直接作用。试题结构要回答考什么，考多少，怎么考，它是测试本体研究必须面对的根本问题之一，是测试目的得以实现的媒介和途径，也是测试蓝图最直接的外化反映。

一　题型设计

（一）几个题型问题的讨论

普通话水平测试的题型设计经历过发展变化的过程。在测试发展初期，有三个问题讨论比较集中，一是是否需要"笔试题型"。孙修章、于根元主持的"普通话水平测试标准"课题（详参孙修章1992），最初设计的有五种题型：笔试为选择题，口试题型有四种——读单字、读词语、读文章、说话。云南省（详参戴梅芳主编1997）等方案也曾设计了笔试题型，采取标准化的命题方式。厉兵（1988）设计的测试方案，则采取完全的口试题型，包括读词语、读短文、对话、方言—普通话转述等四种题型。笔试题型，因效度较差最终被舍弃，但前人的探索是非常有意义的。第二个问题是是否需要"听力题型"，孙修章、于根元主持的"普通话水平测试标准"课题（详参孙修章1992），最初考虑设计"听力"，最终因普通话水平测试"第一语言测试"的性质而舍弃。第三个是是否需要"汉语拼音题型"，经过讨论和测试实验，多数人认识到尽管汉语拼音在普通话学习中有极其重要的作用,但作为一种学习工具和作为一种测试中介工具是不同的范畴,普通话水平测试可以不涉及汉语拼音题型。

(二)新《大纲》关于测试题型的规定

2003年新《大纲》在"试卷构成和评分"部分,对普通话水平测试的题型进行了明确的规定。新《大纲》规定,普通话水平测试试卷由五个部分组成——读单音节字词、读多音节词语、选择判断、朗读短文和命题说话。这五个组成部分也即五种题型。

有人对普通话水平测试的题型有过一些疑问,例如:不考单字,把它并入词语项目行不行?不考单字、词语,只考朗读、说话行不行?甚至,只考说话或只考单字、词语、朗读行不行?选择判断测试项有无必要?为何新《大纲》对选择判断测试项有弹性的规定?词语测试原《大纲》"读双音节词语",新《大纲》改为读"多音节词语",这是为什么? 要回答以上问题,需要明了测试项目和题型的确定不是一件简单的事情,需要从以下几个方面进行考虑:一要考虑该题型是客观题还是主观题;二要考虑该题型是综合考试题还是离散试题;三要考虑该题型是否有语境和情景。另外,还要考虑题量、覆盖、比重、组配等问题以及测试技术安排和形式等测试手段问题。因此,这不单纯是简单具体的题型设计问题,而是系统的整体结构问题。下面我们讨论几个关于题型的具体问题:

1."选择判断"题型

普通话水平测试其中第四部分"选择判断",目的在于测查应试人词汇、语法的规范程度,采取的是选择题型。根据测试内容和目的的不同,该题型又区分为三种小的项目,分列于下:

(1)词语判断(10组)。测试目的是测查应试人掌握普通话词语的规范程度。出题要求是:根据《普通话水平测试用普通话与方言词语对照表》,列举10组普通话与方言意义相对应但说法不同的词语,由应试者判断并读出普通话的词语。

例题：判断并读出下列词语中的普通话词语。

棒冰　雪条　冰棍儿　霜条

（2）量词、名词搭配（10组）。测试目的是测查应试人掌握普通话量词和名词搭配的规范程度。出题要求是：根据《普通话水平测试用普通话与方言常见语法差异对照表》，列举10个名词和若干量词，由应试者搭配并读出符合普通话语法规范的10组数量名短语（数词均为"一"）。

例题：搭配并读出符合普通话规范的10组数量名短语。

住宅　裤子　白菜　学校　竹竿　钥匙　毛巾　剪刀　柳树　冰棍儿

把　　间　　根　　棵　　条　　所

（3）语序或表达形式判断（5组）。测试目的是测查应试人掌握普通话语法的规范程度。出题要求是：列举5组普通话和方言意义相对应，但语序或表达习惯不同的短语或短句，由应试人判断并读出符合普通话语法规范的表达形式。

例题：判断并读出下列每组中的普通话句子。

①给本书我。/给我一本书。/把本书我。

②别客气，你走头先。/别客气，你走先。/别客气，你先走。

③他比我高。/他高过我。/他比我过高。

该题型是选测题型，新《大纲》明确规定："各省（自治区、直辖市）语言文字工作部门可以根据测试对象或本地区的实际情况，决定是否免测'选择判断'测试项。"这项测试的设计，带有一定的指向性，旨在引起大家对普通话词汇和语法的重视。但实际测试中，因其测试形式和测试目标有一定偏离，很多省（市、区）测试甫始就取消了这个测试项，将其分值加入"说话"测试项，但原《大纲》并未对评分进行规范，各地执行标准不够统一。新《大纲》仍将此项设为选测项，保留这项测试的理由，除了测试内容的"指向性"以外，还因为它在某些方言区（如香港、澳门）的测试中，还是比较有效的。新《大纲》对取消这项前后的分值进行了规范性处理。不过，这种题型无论是判断题（（1）和（3）小项）还是配对题（（2）小项），都有备选答案，某种程度上应试人都可以猜，因此属于接受型、间接型、客观型（相对而言）的题型，信度较高，但无疑影响效度。因此新《大纲》的调整属"技术性"调整，普通话水平测试词汇、语法考题怎样设计，采取怎样的题型，是值得继续深入探讨的议题。

2. 以语音考察为主要测试目的的题型

读单音节字词、读多音节词语、朗读短文和命题说话，都是以语音考察为主要测试目的的题型。因为具有某些同质性，不少人对其题型设立的独立性提出质疑。其实，仔细研读新《大纲》对每一项测试目的的表述，我们从中可以清晰看出，随着语言单位从小到大，测查目的也由简及繁，虽然朗读和说话综合性最强，但也并不能取代其他的测试项。例如，读单音节字词，就像放大镜和显微镜，可以清晰反映应试人音节声母、韵母、声调发音的细节；读多音节词语，可以有效测查应试人对处于备用状态的音节组合发音的掌握程度，特别是变调、轻声、儿化的考察都有特别设计；朗读短文在测查应试人声母、韵母、声调读音标准程度的同时，重点测查连读音变、停连、语调以及流畅程度；命题说话测查应试人在无文字凭借的情况下说普通话的水平，重点测查语音标准程度、词汇语法规范程度和自然流畅程度。四个测试项，由简到繁，又与我们传统语文教育字、词、句、段、篇的序列相配合，普通话水平测试"以测促训"的理念也可以落到实处。

读单音节字词和读多音节词语两种题型，答案虽然简单，但是需要应试人直接读出来，而不是在备选的答案中被动选择，属于受限制的产生性、直接型、主观型（相对而言）的题型。朗读短文，需要对所给的语言材料进行加工后输出，答案受所给语言材料的限制，但并非没有自主处理的可能，因此属于受限制的产生性、直接型、主观型（相对而言）题型。其主观性高于读单音节字词和读多音节词语，效度相对也更高一些。命题说话，需要在给定的两个话题中，选择一个进行独立的话语输出，是一种限定性说话，在一定程度上受话题制约。朗读短文和命题说话都属于表达性的主观题，区别在于朗读短文材料是给定的，无论内容或形式都受一定限制；而命题说话，仅仅是在话题内容上或多或少有一定限制，因此主观性更强，效度更高。当然从现代语言测试发展的趋势来讲，普通话水平测试的"命题说话"还缺乏语境、情景的因素，未来任务型话题题型是发展的一个趋势。

3. 关于取消"命题说话"题型的讨论

关于"命题说话"题型的讨论很多，有人看重该题型的高效度，甚至主张用它取代其他题型，如上文讨论的，这种认识有偏颇之处。也有另一种认识，认为"命题说话"题型主观性太强，信度较低，建议取消。特别是近年来其他测试项，由于从某种程度上容易做到限定一个答案（或少数几种答案），均已采用计算机辅助测试的方式，而"命题说话"测试题型，目前计算机技术还不能满足要求，不少人为了配合普通话水平测试采取现代技术，建议取消"命题说话"测试题型。我们认为，单纯从教育测量的统计数据来看，取消"命题说话"题型，无疑有利于提高测试的信度，但需要明确的是信度并不是衡量测试质量的唯一指标。在主观性测试中，我们应采取高效度前提下尽量提高信度的策略，也就是效度优先的原则，正如写作在所有书面语测试项中信度最低，却不能取消写作测试一样。至于"计算机技术还不能满足要求"，更不能作为取消说话测试项的理由。相对于测试本体需求而言，技术永远是第二位的。

二 题量设计

题量指构成一份测试的试题的数量，在教育测量领域一般称为"测验长度"。一般认为，题量和信度、效度呈正相关的关系，但也不是简单的线性正比关系。大量研究结果显示，测试题量并非越大越好，当题量达到一定信度、效度水平后，再增加题目数量不仅意义不大，而且影响效率，甚至增加误差。测试题量设计，除了考虑测试质量的需要，还要考虑测试成本和操作性的需求。

语言测试有速度测试和力度测试之分，速度测试往往需提供超量的试题，意在测量应试人在规定时间内准确完成的数量，侧重在熟巧程度；力度测试的题量是预期规定时间内可以完成的，旨在测量能力。普通话水平测试主要测试语言能力，虽然兼顾熟巧程度的考察，但从每一题型的限时来看，超时扣分是极少发生的现象，因此，普通话水平测试基本上属于力度测试，题量控制尤为关键。

1. 读单音节字词的题量

新《大纲》规定，读单音节字词题量为100个音节。由于该项题目是孤立的单音节字词，缺乏语言环境，考试难度较大，耗时较多，于是就有缩减该项测试量的呼声和实验。云南省普通话培训测试中心"普通话水平测试题库系统的改进与提高"课题组（2001）对比实验表明，测100个单音节字词的α信度系数为0.912，高于测50个单音节字词的0.906。这还只是孤立的单项实验，还有一点应当考虑，普通话有22个声母（含零声母）、39个韵母，从统计语言学的角度看，测100个单音节字词，可以保证每个声母平均测查不少于3次，每个韵母测查平均不少于2次，再加上第二项多音节词语（100个音节）的测查，可以较好满足测查测试抽样的需要。而50个字词这样的试题长度，有的韵母只能出现1次，声母最多出现2次，声、韵、调根本谈不上均衡出现，抽样代表性显著降低。此外，抽样题量过小，对测试员随机误差也有较大影响。所以尽管100个字词的经济性比50个字词略差一些，但综合科学性、经济性和可操作性，100个单音节字词是较佳的题量设置。

2. 读多音节词语的题量

新《大纲》规定，读多音节词语的总题量为100个音节，这样的测试长度对于普通话声、韵、调的均衡测查和处于备用状态的音节组合发音的测查，包括变调、轻声、儿化的测查都是相当适宜的，学术界对此没有很多争议。

3. 朗读短文的题量

新《大纲》规定，朗读短文题量为1篇，且为规定篇目，音节数量为400个。国家语委在新《大纲》颁布之前，曾在香港实施普通话水平测试时采用过朗读题型"1+1"的模式，即考核1篇规定篇目，再加1篇临场篇目，每篇各300个音节，音节总量为600。据云南省普通话培训测试中心"普通话水平测试题库系统的改进与提高"课题组（2001）对比实验表明，"1+1"（一篇规定篇目再加一篇临场篇目）的α信度系数为0.914，比只测规定篇目信度有所提高，不过差别并不显著。语言测试试卷设计必须综合考虑各个题型测试长度的均衡和测试的经济性与可操作性问题。鉴于考规定篇目和临场篇目的α信度系数均在0.9左右，科学性均有保证，从操作层面上讲，新《大纲》考1篇400个音节的设计显然更经济，操作性更强。

我们认为以上实验对比，主要反映400个音节题量和600个音节题量的信度差异。那么朗读短文考1篇还是考2篇，考规定篇目还是考临场篇目，有必要附带讨论一下，尽管这个问题已不仅仅是题量问题，还涉及测试方式问题。

目前新《大纲》提供60篇指定篇目为考核的范围，其题目是封闭的，可供应试人练习、准备。这种设计主要考虑到朗读可以有效改进学习者语音面貌，培养语感，提高语言表达的能力，是普通话训练的有效方法和提高普通话水平的良好途径。规定篇目可以有效发挥测试对教学和培训的反拨作用，引导应试人积极准备、多加练习。考核临场朗读篇目，可以更加直接地测查应试人对测试要素的掌握情况，获取更加真实的应试人表现，从教育测量数据的角度来看，信度虽提升有限，但毕竟有所提高。缺点是这牺牲了应试人根据指定篇目练习普通话朗读的机会，测试的反拨作用受到抑制。

因此，我们建议综合两种测试的优点，控制各自不利因素，提出以下新的测试方案：朗读测试设置为2篇，1篇规定篇目和1篇临场篇目。这样既可发挥测试的积极反拨作用，为应试人提供更多的普通话训练素材和机会，也可有效考察应试人在无预先准备的情况下，对测试要素的掌握情况。题量建议保持400个音节的总量，规定篇目和临场篇目各200个音节，可以兼顾科学性、经济性和可操作性。

4. 命题说话的题量

新《大纲》规定，命题说话题量为1个话题（题面是2个话题，选择1个进行测试），单向说话3分钟。云南省普通话培训测试中心"普通话水平测试题库系统的改进与提高"课题组（2001）进行了1个话题和2个话题的对比实验，做法是在1篇命题说话的基础上，增加1篇情景说话，结果表明信度系数有一定程度的提高。测试长度增加一倍，信度系数提高0.006，而情景对话试题命制和难度控制较难，考虑到经济性和可操作性，相较而言，考1个命题说话成为新《大纲》的最终选择。

但是，由于单向命题说话由封闭性的30个话题构成，在"考辅产业"发达的今天，很容易找到各种话题的"范本"，单向命题说话，日益显现出其局限性。特别是在计算机辅助普通话水平测试试点开展以来，很多考生出现话题雷同的问题，测试员不能临场加以引导和干预，虽然可以通过调整评分标准等手段加以指引，但终究不是根本之策。说话项的测试方式，应重新思考和改进。

我们认为，可以尝试命题说话与情景说话相结合的题型模式，具体建议为：说话项可以分为两个部分——指定话题和现场话题。普通话水平测试现有的规定话题可以保留，具体话题题目可以再完善调整，这样可以使测试的反拨作用得以有效发挥；此外再加上现场抽取的话题，话题可借鉴香港普通话水平考试（PSK）的说话项，给出交际情景和任务。这样，设定的情景使得说话更加接近真实语境，交际能力的三个范畴（语言能力、语篇能力、语用能力）都能得到更全面的考察，同时也避免了背稿的现象。这样"1+1"的设计有利于实现测试交际真实性和反拨作用之间的平衡，使普通话水平测试的说话题型在保持自身特色的同时，更加契合现代语言测试的发展方向。综合考虑测试科学性、经济性和可操作性，总时长建议保持3分钟，两个话题各1分30秒。

三 音节覆盖的设计

普通话水平测试是特别强调语音的测试，因此对语音的覆盖有专门的规定。由于朗读短文和命题说话是自然语料，语音要素的控制有一定难度，新《大纲》对读单音节字词和读多音节词语声母、韵母、声调覆盖以及读多音节词语上声变调、轻声、儿化出现次数，都进行了明确的规定。

新《大纲》对"读单音节字词"语音要素覆盖的要求是这样表述的："100个音节中，每个声母出现次数一般不少于3次，每个韵母出现次数一般不少于2次，4个声调出现次数大致均衡。"新《大纲》对"读多音节词语"语音要素覆盖的要求是："声母、韵母、声调出现次数与读单音节字词的要求相同。"新《大纲》规定了声母和韵母最少的出现次数，提出了声调的大致均衡的要求，这种规定是很有见地的。《普通话水平测试实施纲要》在"总论"部分对声母、韵母、声调分布有引申性规定，我们规整列表如下：

表6-1　PSC读单音节字词题声母须出现的频率（∅代表零声母）

出现频率（次）	声　　母
3~6	∅, d, l, j, q, x, zh, ch, sh
3~5	b, m, f, t, g, h, z
2~3	p, n, k, r, c, s

表6-2　PSC读单音节字词题韵母须出现的频率

出现频率（次）	元　音
3～4	i，u，ian，ing，an，-i（舌尖后元音），ong，ao，ang，e，eng，uei，ai
2～3	en，iao，uan，in，ou，a，ü，uo，-i（舌尖前元音），uen，iou，ie，iang，ei，uang，ia，üe
1～2	ua，o，üan，uai，iong，ün
0～1	er，ueng

（注：韵母ê[ɛ]除语气词"欸"外单用的机会不多，只出现在复韵母ie、üe中，ê[ɛ]相当于已在这两个复韵母中考察过了，故此表中共38个韵母）

《实施纲要》的引申性规定是对《大纲》的操作性细化，对建设题库提出了具体指标，但同时有超出《大纲》规定之嫌。在题库建设时，实际是严格按照《大纲》规定执行的，声调更是严格按照每个调类出现25次编制入库（指读单音节字词，读多音节词语时各调类出现次数大致均衡）。

学术界对声母、韵母、声调均衡出现有一些不同的看法，有学者认为测试中声、韵、调出现的次数应当与自然语言声、韵、调出现的频率相协调，例如声母d自然语言中出现频率远高于s，测试中它们都平均出现3次是不合理的；自然语言中去声最多，上声最少，出现次数也应该遵循这样的分布。这种观点孤立地看有其合理性，但应当看到，普通话水平测试作为一种语言测试，实际上是一种经过设计的抽样片段，与纯客观语言不完全相同。朗读和说话测试是基于自然语料的测试项，但不能完全按照需要控制语料抽样，特别是说话测试项。加大朗读和说话测试项的测试长度是一个解决途径，但这样会增加考试成本。声母、韵母、声调，甚至变调、轻声、儿化这些测查要素可以较容易地通过读单音节字词、读多音节词语实现均衡控制，也可以与部分朗读、说话的自然语料形成有效的互补。举一个极端的例子，上声在自然语言中最少,只占1/6左右,去声最多,占1/3左右,如果按照自然语言分布比例设计,上声在读单音节字词只能出现16次左右,而去声则需出现33次左右。再加上朗读和说话的自然分布,对上声的测试势必大大缺乏,尤其是全上在语流中很少出现,如果不在单音节保证其出现频率,其测查抽样会严重不足,上声、去声各出现25次左右显然是更为合理的覆盖设计。因此我们主张用系统和整体的眼光看待这个问题,参考但不完全拘泥于统计语言学的频度数据,才是更为科学的态度。

第三节 试卷编制与题库设计

试卷是语言测试作为测试工具最终的体现形式,试卷编制一般要经过选材、命题、审题、拼卷等技术环节,计算机技术在现代语言测试试卷编制中日益发挥出积极的作用。普通话水平测试试卷编制经历了分散编制和建设大规模统一题库的发展历程。

一 测试早期的试卷编制

在普通话水平测试开展初期,试卷编制采取分散命题的模式,由省级测试机构各自命题。普遍采取的做法是个人命题方式,一般先由富有经验的测试员独立编制试题,再由省级测试机构汇集、审查,最终定型。虽然命题人均遵循《大纲》(指1994年原《大纲》)试卷编制要求,孤立地看是有一定质量的,但把不同试卷作为一个整体来研究,就会发现测查要素均衡性、覆盖率、试卷规范度、通用性等方面都存在诸多弊端。同时,个人命题方式工作量大、效率低的缺点也很突出。

为了克服以上不足,云南省、上海市、湖北省等一些省份采用了统一命题的方式。这种方式保证了测试要素覆盖率大体相当,还避免了大量重复试题的发生,这些高质量的试卷汇总起来,就形成了一定规模的、规范程度较高的地域性统一试卷库,对保证测试的信度和效度具有积极的促进作用。但就全国范围看,这些还仅仅是局部,远不能适应大规模国家级语言测试的需求。

二 国家题库制卷系统的研制①

(一)研制背景

题库是上世纪70年代教育测量领域中的一项重要技术成果,它能高效地、科学地、反复地生产信度高的、等值的试题,从而解决了考试从不科学到科学,从不稳定到稳定,进而达到标准化的一系列大问题,因此现代语言测试都高度重视自身题库建设。

普通话水平测试题库研究和建设滞后于测试实践的发展,在正式开展测试近10年后,国家题库建设才得以开展。此前虽然地方性题库建设取得一定成绩,但尚未在全国范围内实现一致性和通用性,同时对机制试卷的人工干预环节仍需加强。因此,在吸收和借鉴地方题库建设经验的基础上,开发和建设与新《大纲》要求相一致的国家题库势在必行。国家题库建设是维护普通话水平测试法定地位的需要,是普通话水平测试工作发展形势的需要,也是维护普通话水平测试的社会信誉、体现国家级考试严肃性和权威性的需要。国家题库系统的开发,大大提高了测试试卷的规范性、灵活性、经济性和保密性,能有效降低人工制卷过程中的主观性和不确定性,维护和加强普通话水平测试的科学性。国家题库建设成果可全国共享,因此具有重要的意义。

普通话水平测试国家题库建设,是一项具有基础性和全局性的工作,被列为国家语言文字应用研究"十五"科研规划重点项目"汉语普通话水平测试研究"的核心子课题(ZDI105—18—21),刘照雄、王

---

① 详参本书作者为主要执笔人的《普通话水平测试国家题库制卷系统研制报告》(PSC国家题库建设课题组2005)。

晖（执行）为课题负责人。在国家语委普通话培训测试中心和上海市普通话测试中心等单位的共同努力下，课题组经过近一年时间的准备、规划和开发，于2004年8月基本完成了开发工作，并于2004年9月在北京通过了由教育部语用司和语信司组织的专家鉴定，为顺利实施新《大纲》、推进普通话水平测试科学发展发挥了积极作用。

（二）设计概况

普通话水平测试国家题库制卷系统，按照《实施纲要》所规定的制卷原则和要求，进行题库内容设计、制卷规则设计，最后由计算机根据规则自动随机地产生符合《实施纲要》要求的试卷。系统的设计完整体现了《实施纲要》对测试项目的要求，所生成的试卷涵盖了目前《实施纲要》所规定的全部测试项的内容。因此，制成的试卷是全面反映《实施纲要》要求的、内容完整的标准试卷。试卷样式的设计在总结近十年来普通话水平测试试卷使用情况的基础上，根据不同省市使用的特点，确定了两种不同类型的标准试卷。

系统还提供与试卷相关的辅助内容，便于对所生成的试卷进行分析和检验。其中包括试卷的标准答案、声韵母覆盖分布状况和单音节词语的声调分布等内容。系统所提供的对题库元素的分类统计功能，可为制卷规则的合理制定提供相应的依据。

系统提供了开放式的结构，用户可进行题库资料的修改。

（三）系统架构

整个软件系统主体结构分成以下几个子系统：题库基本资料、试卷系统和系统控制。系统架构如图6-1所示：

图6-1　普通话水平测试制卷系统架构图

1. 题库基本资料

该部分主要是用来执行储存《实施纲要》全部内容的电子资料，制卷系统所需的试卷元素全部来自该资料库，它是整个系统运行的基础。该部分包含了用户对题库资料的维护、查询和统计的功能。

2. 试卷系统

该部分依据《实施纲要》所规定的制卷原则，基于题库基本资料所提供的元素，实现计算机自动出卷，并具备试卷输出、试卷相关属性统计的功能，是整个系统的核心。

3. 系统控制

该部分主要涉及系统的安全、日常维护和用户的权限设置，执行对整个系统的管理职能。

（四）系统主要特点

1. 系统环境结构

系统采用用户交互的运行模式进行制卷。用户界面采用Windows图形界面，界面友好，操作方便。系统的环境结构如图6-2所示：

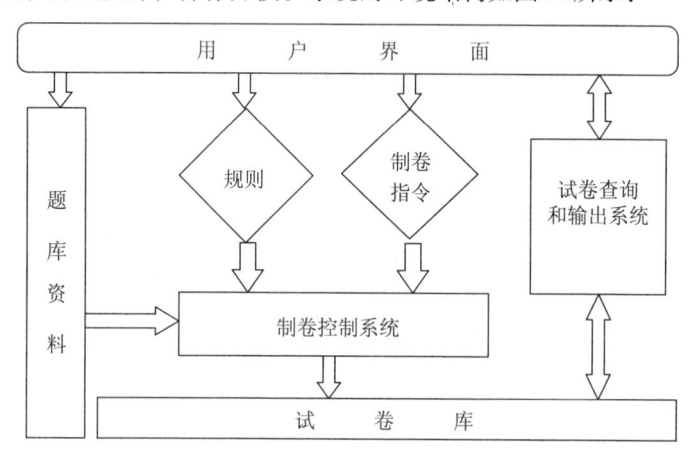

图6-2 普通话水平测试制卷系统环境结构图

2. 安全控制

进入系统的用户必须由管理员指定，并由管理员指定其登录名和密码。这样可使系统的使用在安全性方面有可靠的保证。

系统可对每个使用系统的用户指定其使用的范围，目前可进行限制的权限有：1.系统设置；2.题库资料维护；3.制卷和打印；4.查询。

3.字词的指标控制和排版

在编制试卷时，声韵母的搭配和声调的控制是比较困难的环节，系统在这方面进行了很好的处理和控制。系统对声韵母出现次数的控制按照均衡性原则处理，第一部分（单音节字词）和第二部分（多音节词语）的每个声母出现的次数控制在3—5个，韵母出现的次数为2—4个（个别特殊韵母除外）。同时，实现了单字和词语两部分的声韵母总的出现次数的上限控制。在音节数的控制方面，尽可能使第一部分、第二部分出现的音节不重复。理想状态下，实现了音节数198个，一般情况下可不低于195个。目前，经计算机处理和控制，单音节字词中4个声调出现的次数基本可达到均衡。

系统对第一部分和第二部分的元素的排列顺序做了严格的控制。单音节字词的排版格式是10行10列，多音字排在试卷的最右面一列，并保证相邻位置上字词的声母和韵母不同，相同声调的字词也不会相邻出现。多音节词语的排版格式是7行7列，四音节的词语（如果有）则放在试卷词语部分的末尾，具有相同属性的多音节词语（轻声、儿化、上声和上声相连或与其他声调相连等等）不会出现在相邻的位置上。

4.制卷效率和性能

系统在CPU P 118G以上、内存256M 以上、硬盘转速5400以上的PC机上，正常制卷的时间是4—6分钟。

系统原则上没有限制制卷数量的总数，但考虑到现有数据库的储存容量，同时也为了提高制作效率，建议用户制满1000份试卷后，在做好数据库备份的前提下，删除部分旧的试卷。

系统在制卷方式上提供了无指定词语和可指定词语两种方式，对于需指定出现在试卷上的字词，系统提供了相应的选择功能。每次制卷的数量可由用户任意设定。

5. 输出的内容和格式

试卷输出格式采用Microsoft Word电子文件形式。该方式可以方便用户进行人工干预，用户可根据需要进行试卷内容的变更。Microsoft Word是目前最流行的字处理软件，使用该文件格式也为试卷付印提供了方便，一般的印刷商都能接受Word文件格式，不需要进行重新排版。

系统提供了对试卷样式灵活选取的方式，用户可对试卷的输出样式和字体进行调整。

目前系统输出的试卷内容有：

    1. A 型卷（带选择判断部分）；

    2. B 型卷（不带选择判断部分）。

A 型卷和B 型卷除在选择判断部分不同以外，其余部分均相同。同时输出的还有与该试卷相关的分析内容，其中包括：（1）标准答案；（2）试卷的音节分布表、单音节词语的音节分布表、多音节词语的音节分布表；（3）单音节词语声调统计表。

6. 制卷过程的随机性控制

按新《大纲》要求，由于规则的相互牵制，第一部分和第二部分的字词元素的选择是一个难点，容易造成某些元素在卷面上出现的频率过高。为避免这种现象的产生，系统对已出现的频率过高的字词元素自动进行锁定。系统在设计上充分考虑了试卷元素对题库元素的覆盖性，题库中所有元素理论上均有机会出现在试卷中。除去个别的元素由于人工干预限制其出现，其他部分元素的出现均按随机性原则进行处理。

7. 题库资料分类统计

系统可对储存的题库资料进行分类查询和统计。由于系统在输入《实施纲要》的资料时对所有的元素进行了详细的标注，用户可按目前的测试要素对题库中的元素进行查询和统计,例如:可按儿化词语、轻声、表号等条件对题库内的资料进行搜索,搜索的条件可以是多重组合的。

8. 试卷分析和统计

系统可对已经生成的试卷进行各个测试要素项的统计。通过这些统计资料,可以对音节和词语的覆盖状况进行分析,也可以检测每份试卷不同词级的比例(《实施纲要》中的词语以"*""**"和不带*来区别,"表一"频度在前3250以内的最常用词语以**标注,"表一"其他词语用*标注,表二词语不带*),以及轻声、儿化和上声连接词语等测试要素的数量是否满足规定要求。

(五)开发工具

系统采用的主要开发工具是VB610,数据库采用Microsoft Access 97,报表输出采用Crystal Report。

(六)部分性能实测结果说明

为了检验系统的效率和各项性能指标,课题组对系统进行反复测试,所得结果完全达到设计的要求。下面是2004年8月19日的部分测试结果。

1. 制卷数量和方式:连续制卷20份,无指定词语;

2. 实际耗时:95分钟;

3. 运行状态:无故障出现;

4. 试验环境:CPU P4 210G、RAM 256M、80GHD。

通过对所制试卷的统计,列出一些重要的指标:音节覆盖率98.7%,单音节词语覆盖率49.8%,多音节词语覆盖率5.19%。每份试卷的不重复的音节数达到195个以上(经人工干预,均可控制为198个),声母和韵母的出现次数全部符合规定范围。

目前国家题库制卷系统已平稳运行近10年,为全国测试提供了几百套质量可靠的测试试卷。该系统在应用语言学和计算机应用领域都取得了较高的成就，技术达到国内领先水平。

第四节 评分体系设计

制定科学而又便于操作的统一的评分体系，现代语言测试必须考虑的核心问题之一。

一 普通话水平测试评分系统的特点

（一）普通话水平测试采用百分制

《等级标准》以"失分率"的形式厘定了各等级分数线，但并未规定记分形制。1994年原《大纲》对此也未明确，但在"总论"部分以分项描述的方式予以体现，如第一个测试项——读单音节字词100个："此项成绩占总分的10%，即10分"，通过计算可知五个测试项共计100分。新《大纲》则在"三、试卷构成和评分"部分明确阐明："试卷包括5个组成部分，满分为100分。"百分制是教育测量中较常用的一种导出分数的形式，它记分方便，容易解释，符合人们的习惯，且与普通话水平测试的测验长度比较协调。

（二）普通话水平测试采取分立式要素评分

评分规则一般可分为分立式要素评分和整体性综合评分。前者是对答卷的各个要素分别进行评分，然后再统计总分；后者是由测试员根据自己对答卷的总体印象给出一个综合的分数。

普通话水平测试由5个测试项构成，我们采用分立式要素评分：先依据评分规则，对应试人各测试项的每个评分要素分别进行量化统计，最后合成分数并评定等级。分立式要素评分，可以较好体现每个测试项的测试目的和要求。

（三）普通话水平测试评分系统体现定量、定性相结合的原则

普通话水平测试是一种主观性口语考试，我们只能通过听觉感知应试人在测试过程中的表现行为，间接测量其内化的能力水平。虽然普通话水平测试的评分系统，是通过赋值规则量化操作的，但认为普通话水平测试"采取了主观评级与客观评级相结合的办法"的观点或许是值得商榷的，因为即使小到对某个音节声、韵、调正确，错误抑或缺陷的定位，都是通过测试员的心理测度实现的，量化操作并不等于"客观评级"。我们认为这样的表述可能更恰当：普通话水平测试评分系统在设计上体现了定量、定性相结合的原则。例如占评分系统主体的语音评定，无论是单音节字词、多（双）音节词语还是选择判断和朗读测试项的语音部分，多是以音节为单位，逐个量化；而命题说话测试项"语音标准程度"（原《大纲》称为"语音面貌"）的评定，则划分为6档，档次的设定充分体现出定量与定性相结合的特点，如新《大纲》对第三档这样表述："语音错误在10次以下，但方音比较明显；或语音错误在10次—15次之间，有方音但不明显。扣3分、4分。"新《大纲》在朗读短文部分增设了"声母或韵母的系统性语音缺陷，视程度扣0.5分、1分"的规则，它与"语调偏误，视程度扣1分、2分、3分""停连不当，视程度扣0.5分、1分、2分""朗读不流畅（包括回读），视程度扣0.5分、1分、2分"显然均属于定性评价。命题说话"词汇语法规范程度""自然流畅程度"也采用了定性评价的方式。普通话水平测试定性评价的部分，以定量为基础并划分了细致的扣分档次，操作性强，所占比重也少于40%，因而可以比较好地确保试卷的效度和信度。

二　新《大纲》对评分系统的调整

在普通话水平测试近20年的实施发展过程中，经历过1994年原《大纲》和2003年新《大纲》两个阶段，新《大纲》在继承原《大纲》的基

础上，对评分系统进行了一些改进和完善，调整概况如下：

（一）调整的原则

在坚持《等级标准》的前提下，科学性与可操作性兼顾，连续性与前瞻性并重，是新《大纲》修订的总原则，也是评分系统调整的指导原则。根据这个指导性原则，采取了适度微调、不另起炉灶的做法。

1. 坚持百分制形式和分立式要素评分的规则。

2. 坚持定量、定性相结合的评分原则。

3. 坚持各测试项分值的权重比例。普通话水平测试由5个测试项构成，新《大纲》对某些测试项的名称有所修正，如"读双音节词语"改为"读多音节词语"；"判断测试"改为"选择判断"；"朗读"改为"朗读短文"；"说话"改为"命题说话"。但新《大纲》对各测试项分值的权重比例未做调整：（一）读单音节字词，占10分。（二）读多音节词语（100个音节），占20分。（三）选择判断，占10分。（四）朗读短文，占30分。（五）命题说话，占30分。因为测试实践证明，以上权重比例，可以较好实现测试的目标。

4. 对各测试项的评分要素进行微调。主要根据测试实践对第四项"朗读短文"，和第五项"命题说话"的评分要素进行各别调整。

评分系统的调整是比较敏感的问题，新《大纲》处理得非常慎重，主要是在原《大纲》的基础上，根据多年测试实践进行完善。修订过程中特别重视测试的实践依据和操作的简便、易行。适度微调、不另起炉灶的做法，有利于确保测试员评分信度的稳定。

（二）调整的主要内容

新《大纲》评分系统的调整主要在第四项、第五项，前三项主要是超时扣分的调整。

1. 关于限时和超时（缺时）评分的调整

表6-3 原《大纲》、新《大纲》缺时评分对比表

测试项	原《大纲》	新《大纲》
读单音节字词	限时3分钟。3—4分钟扣0.5分，4分钟以上扣0.8分。	限时3.5分钟。超时1分钟以内，扣0.5分；超时1分钟以上（含1分钟）扣1分。
读多音节词语（原《大纲》为读双音节词语）	限时3分钟。3—4分钟扣1分，4分钟以上扣1.6分。	限时2.5分钟。超时1分钟以内，扣0.5分；超时1分钟以上（含1分钟）扣1分。
选择判断	限时3分钟。超时扣0.5分。	限时3分钟。超时1分钟以内，扣0.5分；超时1分钟以上（含1分钟）扣1分。
朗读短文	限时4分钟。超过4分30秒以上扣1分。	限时4分钟。超时扣1分。
命题说话	未规定缺时的扣分。只是在"流畅程度"测试要素中规定"说话时间不足，必须由主试人用双向谈话加以弥补"为三档，即扣2分。	限时3分钟。缺时1分钟以内（含1分钟），扣1分、2分、3分；缺时1分钟以上，扣4分、5分、6分；说话不满30秒（含30秒），本测试项成绩计为0分。

普通话水平测试是测查应试人普通话规范程度、熟练程度的语言测试，各测试项的限时规定，不仅仅是控制考试程序的要求，而且应当视为熟练程度的必然要求，所以它本身也是测试的取量成分和评分要素之一。新《大纲》评分系统对各测试项限时和超时（缺时）扣分的修订，在表述上更加严密，而且赋值单位的处理上规整划一，便于操作。限时时间的调整，都具有科学依据和实测基础。第一项读单音节字词，是按音节孤立发音，音空较多；并且有些音本身不是词，而是不成词的语素甚或语素都算不上（如璃、蝴、窈、窕等），对它们进行认读，不大符合人们心理词汇的提取规律，所以第一项往往用时较多，所以我们增加了0.5分钟。第二项读多音节词语，与此相反，往往用时较少，我们减少了0.5分钟。我们曾对香港地区此项的实际用时做过统计，约为1分25秒左右，境内测试应当用时更少。命题说话限时由"说4分钟（不得少于3分钟）"调整为"限时3分钟"主要是为了给测试员和应试人都提

供更明确的考试信息，也提高了测试的公平性，方便了测试操作。

2. 关于朗读短文测试项评分的调整

表6-4 原《大纲》、新《大纲》朗读短文评分对比表

测查要素	原《大纲》	新《大纲》
字音（音节）	每次语音错误扣0.1分，漏读一个字扣0.1分。	每错1个音节扣0.1分；漏读或增读1个音节，扣0.1分。
声母或韵母系统性语音缺陷	无	视程度扣0.5分、1分。
语调	不同程度地存在方言语调一次性扣分（问题突出，扣3分；比较明显，扣2分；略有反映，扣1.5分。）	语调偏误，视程度扣0.5分、1分、2分。
停连	停顿、断句不当每次扣1分。	停连不当，视程度扣0.5分、1分、2分。
流畅	无	朗读不流畅（包括回读），视程度扣0.5分、1分、2分。
语速	语速过快或过慢一次性扣2分。	无
超时	超过4分30秒以上扣1分。	超时扣1分。

新《大纲》对于朗读短文测试项评分的调整主要表现为以下几点：

（1）评分要素的增删：①增加声母或韵母系统性语音缺陷评分要素。"语音缺陷"是普通话水平测试语音评定中的一个重要概念，但是在原《大纲》中，它仅在单、双音节测试项明确运用，在朗读测试项中不予考察。新《大纲》增加这个评分要素，具有必要性；它采取的是定性评价"视程度扣0.5分、1分"，操作上也很简便。②增加关于流畅程度的评分要素。流畅程度在原《大纲》中没有约定，虽然"停顿、断句不当"或"语速过慢"两个测查要素或可隐含，但"停顿、断句不当每次扣1分"或"语速过慢一次性扣2分"，赋值的单位过大，操作中极难运用。流畅程度可以视为熟练程度的重要外在表征，新《大纲》把它单列出来，可与《大纲》关于普通话水平测试性质的论述相匹配，"视程度扣0.5分、1分、2分"的规则也易于操作。③取消语速评分要素。主要原因是操作性较差，为了增强操作性某些省份竟做出物理性规定，

机械按朗读时间评判。"语速过快或过慢一次性扣2分",赋值单位不够合理,而且未充分考虑对不同水平的区分度。取消语速评分要素,并不表明朗读可以不重视语速,语速过快或过慢,可以在"停连不当"或"朗读不流畅"评分要素中处理。

(2)评分规则的调整。①音节评分要素中增加"增读1个音节,扣0.1分"的规则。②语调评分要素的评分规则,由"问题突出,扣3分;比较明显,扣2分;略有反映,扣1.5分"改为"视程度扣0.5分、1分、2分。"扣分分值整体看调低了一些,这与朗读测试项评分要素有所增加是相关的。③停连不当评分要素的评分规则,由"每次扣1分"调整为"停连不当,视程度扣0.5分、1分、2分。"操作性增强。④超时评分要素的评分,由"超过4分30秒以上扣1分"调整为"超时扣1分"。400音节限时4分钟,已很宽松,没有必要延长30秒再做扣分处理。朗读测试项评分规则调整的一个突出特点是:除音节错误(包括漏读、增读)和超时评分采取定量方法以外,其他评分要素均采取定性评价并按程度赋值的方法,系统上相当规整,更重要的是符合测试实际。

3. 关于命题说话测试项评分的调整

表6-5 原《大纲》、新《大纲》命题说话评分对比表

测查要素		原《大纲》	新《大纲》
语音标准程度	一档	20分:语音标准;	语音标准,或极少有失误。扣0分、0.5分、1分。
	二档	18分:语音失误在10次以下,有方音不明显。	语音错误在10次以下,有方音但不明显。扣1.5分、2分。
	三档	16分:语音失误在10次以下,但方音比较明显;或方音不明显,但语音失误大致在10—15次之间;	语音错误在10次以下,但方音比较明显;或语音错误在10—15次之间,有方音但不明显。扣3分、4分。
	四档	14分:语音失误在10—15次之间,方音比较明显;	语音错误在10—15次之间,方音比较明显。扣5分、6分。
	五档	10分:语音失误超过15次,方音明显;	语音错误超过15次,方音明显。扣7分、8分、9分。
	六档	8分:语音失误多,方音重。	语音错误多,方音重。扣10分、11分、12分。

续表

测查要素		原《大纲》	新《大纲》
词汇语法规范程度	一档	5分：词汇、语法合乎规范；	词汇、语法规范。扣0分。
	二档	4分：偶有词汇或语法不符合规范的情况；	词汇、语法偶有不规范的情况。扣0.5分、1分。
	三档	3分：词汇、语法屡有不符合规范的情况。	词汇、语法屡有不规范的情况。扣2分、3分。
自然流畅程度	一档	5分：自然流畅；	语言自然流畅。扣0分。
	二档	4分：基本流畅，口语化较差（有类似背稿子的表现）；	语言基本流畅，口语化较差，有背稿子的表现。扣0.5分、1分。
	三档	3分：语速不当，话语不连贯；说话时间不足，必须主试人用双向谈话加以弥补。	语言不连贯，语调生硬。扣2分、3分。
缺时		无明确规定，自然流畅程度三档可进行部分处理（见上）。	说话不足3分钟，酌情扣分：缺时1分钟以内（含1分钟），扣1分、2分、3分；缺时1分钟以上，扣4分、5分、6分；说话不满30秒（含30秒），本测试项成绩计为0分。

命题说话测试项评分的调整，最主要的有以下几个特点：（1）将原《大纲》的得分体系，调整为扣分体系，与其他测试项协调一致。（2）增加了缺时扣分的规定，旨在减少取巧行为，此不详述。（3）明确各档扣分分值，杜绝档间分值的出现。（4）适当增加词汇、语法和自然流畅程度扣分档次，增加0.5分和3分的评分档，提高了区分度。

4.其他调整

（1）取消第一项和第二项关于"声调系统性缺陷"的扣分

原《大纲》规定："这类缺陷一般是成系统的，每个声调按5个单音错误扣分。"新《大纲》取消了这个规定，原因是操作性较差，这条规则有些测试员用得过于频繁并且有淡化量化统计的倾向，从应试者角度考虑也存在有失公允之处，因为出现5次缺陷和出现10次、20次缺陷，扣分可能一样。所以新《大纲》改为按实际发音缺陷次数评判，这个改动是合理的。

（2）明确了四项测试与五项测试的分值转换

新《大纲》明确规定："各省（自治区、直辖市）语言文字工作部门可以根据测试对象或本地区的实际情况，决定是否免测'选择判断'测试项。"免测"选择判断"测试项，变为四项测试，是从测试开展伊始就采取的一种做法。但原《大纲》并未对评分进行明确规定，各地采用的标准很不统一，也不尽合理。有的地方将其分值加入"说话"语音面貌测试要素，有的加入词汇、语法测试要素，也有的直接把分值以"底分"形式加入应试人总分，使测试信度受到一定影响。新《大纲》对此进行了规范性处理：如免测此项"命题说话"测试项的分值由30分调整为40分，语音标准程度的分值，由20分调整为25分；词汇、语法规范程度的分值，由5分调整为10分；自然流畅程度，仍为5分，各档分值不变。具体分值调整详见评分系统简表（表6-6，6-7）。

（3）取消有关等级确定的"补充规定"

原《大纲》规定，第一项读单音节字词和第二项读双音节词语有一项或两项分别失分在10%的，既判定应试人的普通话水平不能进入一级；应试人有较为明显的语音缺陷，即使总分达到一级甲等也要降等，评定为一级乙等；语音面貌确定为二档（或二档以下），即使总积分在97分以上，也不能入一级甲等；语音面貌确定为五档的，即使总积分在87分以上，也不能入二级甲等；有以上情况的，都应在级内降等评定。新《大纲》的评分系统是一个自足的分数解释系统，所以对以上等级评定的"补充规定"都不予保留。

不能孤立地看待新《大纲》对评分系统的调整，应当从整个系统综合分析。所有调整都有实践基础，而且从设计之初的对比实验和大规模测试实践来看，评分系统的调整是合理可行的。

三　普通话水平测试新《大纲》评分系统简表

普通话水平测试新《大纲》评分系统可由以下两个简表表示：

表6-6 普通话水平测试新《大纲》评分系统（五项测试）

测试项			评分要素	评分规则
题型	题量	分值		
单音节字词	100个音节	10分	语音错误	0.1分/音节
			语音缺陷	0.05分/音节
			超时	0.5分（1分钟以内）；1分（1分钟以上）（含1分钟）
多音节词语	100个音节	20分	语音错误	0.2分/音节
			语音缺陷	0.1分/音节
			超时	0.5分（1分钟以内）；1分（1分钟以上）（含1分钟）
选择判断	词语判断 10组	10分	判断错误	0.25分/组
			语音错误	0.1分/音节（如判断错误已扣分，不重复扣分）
	量词名词搭配 10组		判断错误	0.5分/组
			语音错误	0.1分/音节（如判断错误已扣分，不重复扣分）
	词序或表达形式判断 5组		判断错误	0.5分/组
			语音错误	0.1分/音节（如判断错误已扣分，不重复扣分）
			超时	0.5分（1分钟以内）；1分（1分钟以上）（含1分钟）
朗读短文	1篇（400音节）	30分	音节错误（漏读、增读）	0.1分/音节
			声母或韵母系统性缺陷	视程度扣0.5分、1分
			语调偏误	视程度扣0.5分、1分、2分
			停连不当	视程度扣0.5分、1分、2分
			朗读不流畅	视程度扣0.5分、1分、2分
			超时	1分
命题说话	1个话题（3分钟）	30分	语音标准程度 20分	一档 扣0分、0.5分、1分
				二档 扣1.5分、2分
				三档 扣3分、4分
				四档 扣5分、6分
				五档 扣7分、8分、9分
				六档 扣10分、11分、12分
			词汇语法规范程度 5分	一档 扣0分
				二档 扣0.5分、1分
				三档 扣2分、3分
			自然流畅程度 5分	一档 扣0分
				二档 扣0.5分、1分
				三档 扣2分、3分

表6-7 普通话水平测试新《大纲》评分系统（四项测试）

测试项			评分要素	评分规则
题型	题量	分值		
单音节字词	100个音节	10分	语音错误	0.1分/音节
			语音缺陷	0.05分/音节
			超时	0.5分（1分钟以内）；1分（1分钟以上）（含1分钟）
多音节词语	100个音节	20分	语音错误	0.2分/音节
			语音缺陷	0.1分/音节
			超时	0.5分（1分钟以内）；1分（1分钟以上）（含1分钟）
朗读短文	1篇（400音节）	30分	音节错误（漏读、增读）	0.1分/音节
			声母或韵母系统性缺陷	视程度扣0.5分、1分
			语调偏误	视程度扣0.5分、1分、2分
			停连不当	视程度扣0.5分、1分、2分
			朗读不流畅	视程度扣0.5分、1分、2分
			超时	扣1分
命题说话	1个话题（3分钟）	40分	语音标准程度 25分	一档 扣0分、1分、2分
				二档 扣3分、4分
				三档 扣5分、6分
				四档 扣7分、8分
				五档 扣9分、10分、11分
				六档 扣12分、13分、14分
			词汇语法规范程度 10分	一档 扣0分
				二档 扣1分、2分
				三档 扣3分、4分
			自然流畅程度 5分	一档 扣0分
				二档 扣0.5分、1分
				三档 扣2分、3分

大面积考试主观题的评分，在国际语言测试领域仍是一个待解决的难题。普通话水平测试是大规模主观性口语测试，其评分体系设计经过原《大纲》和新《大纲》近20年的实践和发展，科学性和可操作性总体讲是相当令人满意的。随着计算机辅助普通话水平测试试点的深入开

展，针对测试中出现的一些新情况，国家语委普通话培训测试中心研究起草了《计算机辅助普通话水平测试评分试行办法》。2009年1月，教育部语用司正式印发试行该《办法》（教语用司函〔2009〕5号）。该《办法》在总框架维持稳定的原则下，对命题说话测试项评分标准进行了微调，增加了"离题，内容雷同"和"无效话语"两个评分要素。当然，这还只是适应"机辅测试"新情况采取的权宜之计，在今后修订《大纲》时，这些方面将得以最终完善定型。

第七章
普通话水平测试大纲和实施纲要

《普通话水平测试大纲》和《普通话水平测试实施纲要》是开展普通话水平测试最基本的两个学术依据。对于大型公共语言测试而言，制定测试大纲是必不可少的重要环节；区分《大纲》和《实施纲要》则是普通话水平测试根据自身情况采用的独特做法。

第一节 普通话水平测试大纲

一 测试大纲的作用

一般说来测试大纲可以发挥两方面的作用，第一方面的作用是规范，第二方面的作用是服务。

（一）规范

大纲，顾名思义就是为测试制定的"纲领"。纲领制定，测试方可依据而行；同时，纲领一定，测试必须依据而行。大纲的规范性不但是对施测主体而言，受测对象也必须遵照和依循。因此，大纲具有规范的强制性，大纲一经制定和公布，实施测试时就不能随意违背或偏离大纲。另外，大纲还具有稳定性，在通常情况下，已公布和执行的大纲会稳定较长时间，不能一两年就修改调整，尤其是对于大规模反复性公开测试而言更是如此。例如，普通话水平测试新《大纲》修订是在原《大纲》执行近10年后方才进行的。大纲稳定，测试才能稳定，而稳定性正是测试信度的必要因素之一。当然，正如第五章第四节所言，大纲的稳定性也是相对的，经慎重权衡，大纲也可以调整变动，但调整和变动在实施前应有充分的准备和科学研究的基础，并在新的测试实施前告知全体受测对象。

（二）服务

大纲的服务对象既包括受测对象、潜在的受测对象，也包括用户单位和施测主体。大纲制定并公布，有助于所有与测试相关的人员对该项测试有一个整体的、全面的认识。大纲的服务，尤应突出为受测对象的服务，大纲的公布方式、时间应充分考虑受测对象心理上、操作上、业务上的需求。有些测试喜欢搞神秘主义，把大纲视为保密内容，这与现代语言测试理念是相违背的。让受测对象了解测试设计要求，熟知测试内容范围、试卷构成（包括题型、题量、覆盖）和评分标准，有所准备而公平地参与测试，这是现代语言测试服务的应有之义。普通话水平测试原《大纲》和新《大纲》更迭之际，相关测试机构在全国范围内用约1年的时间广泛宣传引导，就连香港特别行政区的应试人也广为周知，取得了很好的服务效果。

二 《普通话水平测试大纲》概况

（一）原《大纲》和新《大纲》

《普通话水平测试大纲》，经历了大纲的制定和修订两个发展阶段。学术界一般把1994年刘照雄先生主编的《普通话水平测试大纲》称为原《大纲》，把2003年《教育部国家语言文字工作委员会关于印发〈普通话水平测试大纲〉的通知》（教语用［2003］2号）所附列的新修订的《普通话水平测试大纲》称为新《大纲》。

（二）《大纲》的修订

1.《大纲》修订的背景

（1）必要性

1996年国家语委在测试开展约2年以后，即开始酝酿《大纲》修订工作，这是因为原《大纲》在呈现形式的权威性、内容体例的纲领性和学术的规范性方面还有改进的必要。

①呈现形式方面

原《大纲》是国家社会科学基金项目（93YY010）的最终成果，呈现的形式是学术著作，字数达百万之巨，从呈现形式上讲，与一般测试大纲"纲领"性框架式的面目很不一致。在署名方式上，该《大纲》以刘照雄先生为主编，这体现了主编在课题中的学术贡献，其合理性毋庸置疑。不过，普通话水平测试毕竟是一项政府指导的带有一定行政强制性的国家级语言测试，专门管理机构的署名方式显然更为权威和适宜。

②内容体例方面

原《大纲》内容涵盖非常丰富，包括开展测试的三部委文件以及总论、正文和附录等三大部分。其中正文部分是原《大纲》的主体，包括普通话语音分析和词语表、普通话和方言语法差异对照、朗读篇目、说话话题的具体测试内容。可以说，原《大纲》涵盖了一般语言测试大纲应当具备的测试总体说明（包括测试目的、性质、对象等方面）、测试范围、试题结构以及相关细则等内容，但这些内容的概括比较分散，不够集中；同时其内容远远超出一般测试大纲的范畴，例如"普通话语音分析"完全是普通话学习的内容，"命题细则与方法"针对的则是测试实施主体，所以原《大纲》难免显得全而不专。总括而言，原《大纲》编写结构和内容体例与一般语言测试大纲有所不同，它集测试的管理性文件、测试操作要求、测试范围以及培训教材内容于一体，框架较为繁复，但大纲最需具备的纲领性特点却显得不够明显。

③学术方面

原《大纲》开启了首次实施大规模口语测试的先河，是一个了不起的学术创举，但在学术上也难免有不完善之处。随着测试实践的发展，不少学者对原《大纲》测试内容、试卷构成、评分标准等方面陆续提出不少学术性的改进意见和建议。

（2）可行性

原《大纲》的修订不仅是必要的，同时也是可行的，其可行性具体体现为以下几个方面：

①法律保障

2000年《国家通用语言文字法》的颁布，为测试工作奠定了坚实的法律基础，也对测试提出了更高要求，《大纲》修订拥有了直接的保障和依据。

②学术和工作基础坚实

1996年国家语委成立了专门的领导小组，研究部署《大纲》修订工作。语用司和国家语委普通话培训测试中心多次组织专家讨论会和专题调研，国测中心1999年成立了"PSC评分标准对比实验课题组"着手测试题型、题量、评分标准的对比实验；1996年6月和1999年1月，语用司曾就《大纲》修订下发过两次征求意见稿。由于当时测试尚未在全国范围内全面开展，测试实践还不十分丰富，此项工作没有取得突破性进展。但《大纲》修订工作一直得到历任委（部）领导的高度重视，修订工作自1996年以来从未间断，这为后来的修订工作奠定了坚实的学术基础和工作基础。

③测试实践日益丰富

随着测试工作在广度和深度上不断发展，全国范围内测试实践日益丰富，到2001年底，全国参加测试人数已近800万人次。同时，全国测试员队伍迅速扩大，他们的测试实践经验也不断丰富，《大纲》加快节奏进行修订的时机已成熟。

2001年时任教育部副部长、国家语委主任袁贵仁做出加快《大纲》修订的明确指示。2002年初，成立了由19位著名专家组成的学术委员会，同时成立"《普通话水平测试大纲》修订及《普通话水平测试实施纲要》研制"课题组，在教育部语用所立项，后纳入国家语委"十五"

科研规划重点项目（ZDI105—18—34）。2003年课题顺利结题。

2.《大纲》修订的基本原则

从呈现形式看，新《大纲》和原《大纲》相比发生了结构性改变，新《大纲》以教育部部颁文件的形式发布，全文不足3000字的规模与原《大纲》百万字更是反差巨大。但据此认为二者有根本性的变化，是一种误解。原《大纲》关于测试具体内容和训练材料的部分，已由《实施纲要》承担，与《实施纲要》剥离开来的新《大纲》，注重原则性和指导性，突出规范性和纲领性，追求简洁精当。《大纲》修订课题组遵循了以下修订原则：科学性与可操作性兼顾；连续性与前瞻性并重。

科学性是《大纲》立足之本，《大纲》修订把坚持科学性原则摆在首位，努力使新《大纲》具有充足的理论和实践依据。同时，普通话水平测试实操性很强，科学而便于操作是课题组追求的方向。普通话水平测试又是带有一定强制性、政策性的国家级测试，规模大，影响广，所以《大纲》修订必须坚持连续性原则，不能另起炉灶，同时，课题组认为应把握测试未来发展的方向，努力使新《大纲》具有一定的前瞻性。

3.《大纲》修订的主要过程

2001年12月，国测中心向时任国家语委主任袁贵仁报送"关于修订《普通话水平测试大纲》方案的请示"并获准实施。

2002年1月，根据袁部长指示精神，在部（委）领导和语用司、语信司指导下，成立了指导研制新《大纲》的新一届学术委员会。新一届学术委员会在原来（1993年）的基础上进行了较大的调整，成员由11人调整扩充为19人，刘照雄、姚喜双为召集人，其他委员包括（按音序排列）：陈章太、方明、傅永和、侯精一、李如龙、厉兵、林焘、陆俭明、毛世桢、宋欣桥、佟乐泉、王均、邢福义、于根元、詹伯慧、张颂、仲哲明。刘新珍、王晖为学术委员会秘书。

2002年1月以国测中心业务人员为主体，成立"《普通话水平测试大纲》修订及《普通话水平测试实施纲要》研制课题组",姚喜双、刘照雄为课题负责人,姚喜双、刘照雄、刘新珍、王晖为核心组成员。核心组确定了课题框架和主要内容,决定整个课题研究分两大部分:第一部分是测试的纲领性、指导性文件,即新《大纲》;第二部分是具体的测试内容,语音、词汇、语法的规范等,即《普通话水平测试实施纲要》。《大纲》和《实施纲要》功能分离,各得其所,各展其用,这是一个突出的贡献。

2002年4月新《大纲》初稿完成。课题组分别利用2002年5月全国首届普通话水平测试学术研讨会、2002年8月新一届学术委员会会议、2002年11月全国各省测试业务骨干研讨会,对新《大纲》初稿进行了三次集中的意见征求和修改。

2002年12月,在广泛征求各方意见的基础上。经过反复的比较、权衡和深入细致的讨论,九易其稿,完成新《大纲》送审稿。

2003年1月,新《大纲》规范(标准)文本上报国家语委规范(标准)委员会,获得审议通过;会后以文件形式上报主管业务司——语言文字应用管理司。

2003年10月,新《大纲》由教育部、国家语委正式发布。

三 新《大纲》的内容和具体问题解读

(一)新《大纲》的主要内容

新《大纲》主要包括四部分内容:一是测试的名称、性质、方式;二是测试内容和范围;三是试卷构成和评分;四是应试人普通话水平等级的确定。

新《大纲》另有两部分说明,第一部分说明是在正文的开端:"根据教育部、国家语言文字工作委员会发布的《普通话水平测试管理规定》《普通话水平测试等级标准》,制定本大纲。"这段话作为新《大纲》的开篇,目的是凸显其制定依据。我们知道,测试依据具有层级性,《管理规定》是国务院部门规章,属于测试的法律法规依据;《等级标准》虽和《大纲》一样,同属于学术依据范畴,但因在《国家通用语言文字法》中有专门表述,所以二者层级均高于《大纲》,是《大纲》的上位依据。新《大纲》在主题内容之后,还有一段说明,主要涉及"选择判断"测试项的免测规定及具体的分值调整,详细内容请参第六章第四节有关论述。

(二)新《大纲》具体问题解读

新《大纲》对于测试员而言,是"依据",是"核心",对应试者而言,是"指针",是"方向",因此像几乎所有测试大纲一样,它也得到大家特别的关注,尤其是在原《大纲》和新《大纲》更迭前后的2003年至2004年。下面就大家比较关心的几个具体问题进行讨论。

1. 关于测试的名称

新《大纲》规定"本测试定名为'普通话水平测试'(PUTONGHUA SHUIPING CESHI,缩写为PSC)"。这主要是针对当时出现的诸如:"普通话测试""普通话考试""普通话标准音测试""三级六等试"等一些称谓混乱的情况,做出的规范性约定,目的是使之与《国家通用语言文字法》称法一致。普通话水平测试的汉语拼音缩写形式PSC,在讨论稿中,曾有个注释性的括注"按《汉语拼音方案》字母名称音称读"。PSC已经为大家所习用,但怎样称读是个问题,大多数按照英文字母称读,少数按照汉语拼音读音称读(读音为po、si、ci),极少有人能按照汉语拼音名称音称读(读音为pê、ês、cê)。加括注的目的是想对这种混乱情况"拨乱反正"。但在学术委员会进行讨论时,以林焘先生、王均先生为代表的大多数委员认为这个规定没有必要,业内人士固然可以照字母名称音称读,一般群众照英文字母称读也未尝不可,从俗从众无可非议。汉语拼音字母名称的读音问题,在我国拼音教学中的地位一直都很尴尬,说它"形同虚设"也不为过,不知道字母音名称的大有人在,语言学者呼吁也未见效果。鉴于这些字母名称,按照英文字母发音,习已成俗,而且并不影响拼音的实质,王均先生为此专门撰文建议"就按英文字母称说",这个建议得到了周有光先生的认可,课题组最终也采纳了这条建议。

2. 关于测试内容和范围

新《大纲》规定:"普通话水平测试内容包括普通话语音、词汇和语法。"这个表述,主要是就测试语言的结构系统而言,它清楚地表明,普通话水平测试不仅仅是语音的测试。语用在这里没有提及,但说话测试项的设立,说明设计者对语用是有所考虑和涉及的。

新《大纲》指出,测试范围是"国家测试机构编制的《普通话水平测试用普通话词语表》《普通话水平测试用普通话与方言词语对照表》《普通话水平测试用普通话与方言常见语法差异对照表》《普通话水平测试用朗读作品》《普通话水平测试用话题》"。表述略显繁琐,一律冠以"普通话水平测试用",主要是考虑测试范围的确定性和表述的严密性,有回避不必要学术纷争的考虑,同时也为《实施纲要》的编制奠定基础。

3. 关于"读双音节词语"改为"读多音节词语"

新《大纲》把原《大纲》第二项"读双音节词语50个"改为"读多音节词语(100个音节)"。这个看起来不大的改动,在修订时曾产生过较大争论。反对者认为,读双音节已经可以充分实现本项"测查应试人声母、韵母、声调和变调、轻声、儿化读音的标准程度"的测查目的,三个以上音节的词语音变复杂,目前语言学界的研究并不十分充分。大多数意见认为,测试项的设立,满足测试的直接目的是一方面,但还要充分考虑其导向性和"超考试效度"。作为"推普"重要措施之一的普通话水平测试,其测试词表的作用,远不止测查等级这么简单。在实际语言生活中,三音节、四音节词语并不少见,据统计,《现代汉语词典》双音节词语占复音词语的比例约为76.9%,三音节、四音节词语占复音词语的比例约为22.1%,它们共占复音词语的比例达99%。因此，将三音节、四音节词语纳入测试词表和测试范围是有现实需求和依据的。三音节、四音节词语的音变固然复杂，但对评分操作影响并不大，要说复杂，朗读和说话更复杂，关键还要看评分要素怎样设计和取舍。况且，测试本身还可以推动普通话本体研究。因此，课题组最终决定采用"读多音节词语"的选项。

第二节　普通话水平测试实施纲要

一　《实施纲要》概说

《普通话水平测试大纲》和《普通话水平测试实施纲要》一体两翼的思路是新《大纲》研制的一个重要创举，"《普通话水平测试大纲》修订及《普通话水平测试实施纲要》研制"是一个总的课题，《大纲》管纲领，《实施纲要》管实施，二者各彰其用，又紧密配合。《纲要研制》课题以姚喜双、刘照雄为负责人，韩其洲、王晖（执行）、刘新珍、侯玉茹为统筹，2003年底结题。《实施纲要》是遵循新《大纲》的规定编制的普通话水平测试国家指导用书，由国家语言文字工作委员会普通话培训测试中心编制，教育部语言文字应用管理司组织审定。《实施纲要》规定测试的具体内容和实施依据，对于试卷编制和题库建设及指导应试人备考，有着直接的作用，它和新《大纲》一起构成普通话水平测试最基本的学术依据。

从结构上看《实施纲要》可以分为三大块：第一块是新《大纲》、总论和普通话语音分析。《大纲》提供编制《实施纲要》的依据；总论分三部分内容——导语，试卷构成、测试时间和评分，样卷；普通话语音分析，从声母、韵母、声调、音节以及变调、轻声、儿化、语调等方面简述普通话语音系统。第二块是测试的具体词语表、普通话与方言词语对照表、语法对照表、朗读作品、谈话题目等内容，这部分是《实施纲要》的主体，篇幅约占整书的85%，为试卷编制和题库建设以及普通话学习提供大量素材。第三块是附录部分，包括《普通话水平测试等级标准（试行）》《汉语拼音方案》《普通话异读词审音表》《音标表》等四个附录。

二 《实施纲要》解读

《实施纲要》的主体部分是作为测试具体依据的各种词语表、朗读作品、谈话题目等内容，这是落实新《大纲》"测试内容和范围"要求的实体呈现。《实施纲要》要通过尽可能科学的字、词（语）、句、段、篇的选择，实现理想的训练和测试的目的，应当说编制工作是相当复杂的，期间解决了很多难题，但都隐含在具体内容之中，下面我们以解读的方式将其呈现出来。

（一）《普通话水平测试用普通话词语表》

《普通话水平测试用普通话词语表》是新《大纲》规定的第一题"读单音节字词"、第二题"读多音节词语"命题和训练的具体依据，是《实施纲要》的重要组成部分。无论从语言测试还是从语言教学角度看，其重要性都不言而喻。语音、语法的测试，必须依托词语来体现；语音、语法的学习，也必须通过词语来实现。普通话水平测试的《词语表》，不单为一、二题的词语测试提供测评素材，也为广大读者学习普通话提供训练和参考材料。因此，课题组把《词语表》作为重中之重的内容加以对待。

1.《词语表》编制的构想

课题组对于《词语表》的编制最初有两种意见：第一种意见是对1994年以来的原《词语表》进行微调，主要是删汰；第二种意见是重新编制一个全新的《词语表》。经充分研究和讨论，课题组决定采取第二

种方案。因为原《词语表》虽然可以基本适用于普通话水平测试,但也存在一些缺陷。主要表现在以下两个方面:

首先,［表一］［表二］存在不协调性。原《词语表》分［表一］［表二］两部分,但两部分的来源却不同。"为了吸取对外汉语教学在字词考试方面的成果,并使普通话水平测试与对外汉语水平考试衔接,原《大纲》在《汉语水平词汇与汉字等级大纲》的基础上,稍做删选,制定了常用词语［表一］,共收词语8454条。……编写组以《现代汉语词典》(不含增补本)为基础,删除方言词语和文言字词以及罕见罕用的词语,编制了有15496条的［表二］。"(刘照雄1997:17)《现汉》是"为推广普通话、促进汉语规范化服务的",以它为词表编制的基础有可取之处。但《汉语水平词汇与汉字等级大纲》有特定的使用对象,目的明确,是当时国家汉办汉语水平考试部针对对外汉语教学和汉语水平考试(HSK)而编制的。这个词表在对外汉语教学领域比较权威,但以它作为普通话水平测试的基础词表却不大适宜,毕竟两种考试的目的、作用、对象和方式存在很大差异(现在看来,普通话水平测试"与对外汉语水平考试衔接"的设想也不大实际)。原《词语表》有些词语如"阿拉伯语、英语、法语、德语""不是吗、感兴趣、就是说、真是的、不好意思"对第二语言学习者具有学习和测试的价值,对于以汉语为母语的人则未必如此,以上词条(严格说来有些是习用语)《现汉》均未予收录。

另外,［表二］人工干预主观性较强,未能充分利用语料库语言学的成果。［表一］在基础词表的选择上具有先天的缺陷,但它也有可取之处,作为其基础词表的《汉语水平词汇与汉字等级大纲》是综合了几个词表的产物,特别是利用了《现代汉语频率词典》等语料成果,又由几十位语言研究和教学专家加以人工干预。客观地讲,［表二］的处理留有一些缺憾。某些词语料偏旧,特别是某些词语过专、过僻,给测试带来一定负面影响。例如语言学的术语明显偏多,"鼻音、边音、擦音、尖团音、复辅音、喉塞音、喉擦音、半元音、卷舌元音、开口呼、闭口韵、单纯词、复音词……"，对于非语言专业的应试者而言，测试和训练的价值都不大，"齿唇音、唇齿音"兼收，更显得考虑欠周。又如"鼻衄、皮板儿、芽接、蘖枝、斑蝥、膘情、觇标、钡餐、阿托品、阿米巴、派力司、凡尔丁"多属于行业词汇，词频不高，通用度较差，选入词表明显不妥。一些方言词语（或带有明显地域色彩的词语），如"炮仗、半晌、拨拉、扒拉、包心菜、蒲墩儿、片儿汤"等，和已不常使用的旧词语"暖阁、反革命、盘尼西林"等，选入词表就更不妥当了。应该说，当时参加原《大纲·词语表》编制的五六位同志，已付出很大的努力，受人力以及技术条件和认识水平的制约，有些不尽如人意之处也是正常的。现在看来当时如果能更多地利用语料库语言学的成果，有些缺憾或许是可以避免的。

以上缺憾，局部微调难以弥补。经过十几年的发展，测试实践日益丰富，词汇研究特别是语料库语言学在我国得到充分发展，技术条件更是取得了长足进步，编制适应测试发展需要的新《词语表》不仅必要，而且可行。

2.《词语表》编制的原则

（1）《词语表》收词量在20000条以内

原《词语表》共收词语23950条（按1994年10月第一版统计），测试的反溯作用表明，词语量过多，反而不利于培训。《词语表》收词到底多少适宜，目前还研究得不很充分，课题组根据一些研究和经验，初步确定词语条目应当在20000条以内。据林杏光研究："一个以汉语为母语的人，知识全面发展的人，掌握汉语的词约6000到9000。以汉语为母语的大作家所掌握的词汇，可以达到两万多。"（林杏光1999：50）这个结论对编制《词语表》有重要参考作用，但它更侧重于学习普通话的角度。作为测试用《词语表》，还应当从测试角度（题库设计、声韵调分布及匹配要求等方面）予以考虑。陈章太认为："如果制订现代汉语通用词表，大体可收词语五六万条，其中使用频率最高的12000条词语至15000条词语是测试内容应当包括的基本词汇。"（陈章太2002：5）课题组认为这个数目比较能够满足测试实际需要，最后确定《词语表》容量在15000—18000条为宜。

（2）维持原《词语表》的词语分级原则

原《词语表》的一个突出优点是对词语进行了分级处理，首先分为［表一］和［表二］，［表一］又分为"＊＊"和"＊"两级，分级的主要指标是常用度。词语分级为不同的应试者提供了可选择的训练材料，同时有利于提高试题的区分度，从而保证测试的效度。新《词语表》沿用了这条原则。

（3）词语音节长度方面，单音节词语、多音节词语（包括双音节、三音节、四音节词语）兼收

原《词语表》所收词语，有单音节词语和多音节词语，但与原《大纲》命题规则存在不协调之处。根据原《大纲》测试项的规定，只有单音节和双音节词语才有进入题库的可能。那些肯定不出现于题库的三音节以上的词语，实质上成为编制题库冗余的"垃圾"，失去了在《词语表》中存在的价值。不少地方测试机构在自编的测试指导用书中也将这些词语删除，仅收单音节和双音节词语。为了克服这个缺陷，新《大纲》对命题规则进行了调整，三音节、四音节词语也成为题库素材，"半导体、胡萝卜、诸如此类、别有用心"等既常用又有训练和测试价值的词语，得以在《词语表》中确立其应有的地位。四个以上音节的词语占语汇总量的比例很少，大多为专名或结构可以分解，《词语表》一律不予收录。

（4）语料选择，遵循词频原则、通用性原则、"适测性"原则、"避重"原则

为了避免原《词语表》（尤其是［表二］）在选词方面的缺陷，课题组提出在语料选择时，必须遵循词频原则和通用性原则，充分借

鉴语料库语言学对词频统计的新成果，同时考察和分析所收词语在全民语言生活中的使用度和分布的范围。方言词语、行业用语、专业用语以及词频不高的非基本语汇，不应收入《词语表》。课题组根据"普通话水平测试用"的要求，还特别提出"适测性"原则，也就是根据命题规则，入选词语应当适用于测试。原《词语表》中的某些助词如"的、了、们、啊、呢、吗、吧、哩（还是方言词）"单念很困难，不宜选入《词语表》。"实事求是、一心一意"同一语音要素过多的词语尽管很常用，同样不宜选入《词语表》。为了使《词语表》容量更经济，课题组提出"避重"原则，收录了"猴子、猩猩、蔬菜"，就不再收录"猴、黑猩猩、菜蔬"，收录了"环境"和"保护"、"天气"和"预报"，就不再收录"环境保护""天气预报"。

（5）编制处理的规范性原则

测试用《词语表》不同于一般用于训练和测验的词表，在全国具有广泛的指导意义，对全国推普和语言文字规范化工作发挥着积极作用，因此必须充分注意规范性。

《词语表》规范性体现在以下几方面：一是注音按照《汉语拼音正词法基本规则》处理；有异读的，按《普通话异读词审音表》处理。二是字形严格执行《第一批异体字整理表》、重新发布的《简化字总表》和《现代汉语通用字表》。三是异形词按《第一批异形词整理表》规定处理，尚没有规定的按《现代汉语词典》处理。四是轻声、儿化词语从严处理。

3. 《词语表》编制的过程和具体做法

（1）确定"基础词语表"

上世纪90年代以来，我国大规模语料库的建设取得了很大进步，北京大学、北京语言大学、清华大学、山西大学、上海师范大学、北京邮电大学和国家语委等分别建立了各种现代汉语语料库。课题组决定选用国家语委现代汉语语料库作为《词语表》的基础语料。该语料库以推进汉语的语法、语义、语用研究，服务于国家语言文字规范（标准）的制定和社会应用，服务于语文教育为主要目的，同时为中文信息处理的研究提供语言资源。它是一个大型通用平衡语料库，其语料需经过精心的选材，共选取1919年至当代的现代汉语语料7000万字，是我国乃至世界最大的汉语语料库之一，当时已完成了2000万字语料的输入和校对工作。课题组把这2000万字熟语料中的词语按降频顺序排列，截取词频在前30000的词语，构成"基础词语表"。

（2）形成"备选词语表"

为了既照顾词频，又突出规范性，课题组创造性地提出把"基础词表"与权威的规范性辞书《现代汉语词典》①做"交集"的思路。课题组把删除"北京、天安门、毛主席、马克思主义"等专名（地名、人名、机构等名称词）后尚余约27000条的"词语表"，交厦门大学苏新春先生，请他利用厦大《现代汉语词典》专题语料库进行处理。两者"交集"后，形成一个约21000词的"备选词语表"。

（3）进行分级处理

按词频对词语进行分级，将"备选词表"词频前8000（含）的词语列入[表一]，前4000（含）为一级，加"*"标注，后4000为二级；将词频在8000以后的词语列入[表二]。

（4）对"备选词表"进行人工干预，形成"草表"

课题组采取的是只删不增的做法，根据通用性原则、"适测性"原则、"避重"原则进行删汰。主要删去了以下几类词语：

①过时的词语（包括一些历史词和旧名称）：城隍、黄包车、公私合营、修正主义、拨乱反正、投机倒把、阶级斗争等；

②方言词语：俺、瞅、啥、咋、阿公、阿婆、苞米（《现汉》均标〈方〉）等；

③专业性强的词语：羟基、白矮星、磁感应、交感神经、数理逻

---

① 指当时的最新的1996年版《现汉》，本章不特别说明时均指此版本。

辑、形而上学、上层建筑等；

对于已进入通用层面的专业词语酌收，如"乘积、细胞、音节、原子、蛋白质、氨基酸、叶绿素"等。

④某些有重叠音节的词语：单单、累累、堂堂、整整、久而久之、亭亭玉立、花花绿绿、跌跌撞撞等；

这类词语，课题组没有采取一刀切的做法，对于"妈妈、哥哥、奶奶"（词频高）以及"袅袅、冉冉"（字种需要）等词语酌收。

⑤某些助词：的、了、们、啊、呢、吗、吧、哩、罢了等；

⑥拟音词（叹词、象声词）：哎、唉、嗨、哼、咦、哎呀、叮当、咕噜、哗啦、扑通、嘎嘎、喳喳等；

⑦某些音译词：托拉斯、维他命、卡拉OK、歇斯底里、布尔什维克等；

⑧某些所谓"见词明义"同时结构分解后又分别收入《词语表》的词语：路上、小时候、副教授、语言学、古典文学、政治经济学、高等教育、固定资产、国家机关等；

⑨超过四个音节的词语（大部分也可分解纳入《词语表》）：电子计算机、碳水化合物、辩证唯物主义、集体所有制、人民代表大会、人造地球卫星、第二次世界大战等；

⑩某些与心理词汇"语感"不符的词条：大好、倒是、的话、干吗等。

（5）对"草表"进行深加工

根据规范性原则要求，对《词语表》进行语音、词（字）形和结构处理。

①语音处理

A. 多音的词形，只注常见音，不注罕用音，如：长cháng、zhǎng均注，厂仅注chǎng，不注ān；不注方言音，如："拆"不注cā，"顿"不注dú，"蹲"不注cún，"风光"不注fēng·guang，"姑娘"不注gūniangr；不注文言词语的语音，如："挡"不注dàng（摒挡），"蹬"不注dèng（蹭蹬）。

B. 轻声音节的注音，借鉴《现汉》的做法，区分必读轻声音节和"一般轻读，间或重读的音节"。必读轻声音节，注音不标调号，如：明白míngbai、麻烦máfan。一般轻读、间或重读的音节，注音上标调号，注音前再加圆点提示，如玻璃bō·li、因为yīn·wei。具体注音处理，个别词语与《现汉》不同，如"黄瓜、棉花、身份、抽屉、玫瑰"等，《现汉》处理为必轻（指第二个音节，下同），《词语表》处理为一般轻读，间或重读。（值得注意的是，《现汉》2005年第5版、2012年第6版对注音进行修订时，均参考《实施纲要》的处理意见，把以上几条处理为"一般轻读，间或重读的音节"。）"刺激、聪明、气氛、太阳、烟囱"等，《现汉》处理为重读，《词语表》处理为一般轻读，间或重读。"轻易、调和、支撑"等，《现汉》处理为一般轻读，间或重读，《词语表》处理为重读。此外，《词语表》把表方位的"里、边、面"和表趋向的"来、去"统一处理为一般轻读，间或重读的音节，避免了《现汉》"这里"重读、"那里"必轻以及"东边、西边、南边"必轻、"北边"重读的尴尬。这样的处理，既有学理根据，也符合语感，还达到了减少和调整轻声词的目的。

C. 根据韵律语感，将某些词语处理为带儿化韵的词语，如"包干儿、灯泡儿、年头儿、人影儿"等，原词形均不带"儿"，课题组处理时予以调整，同时进行注音处理。

②词（字）形处理

主要是对异形词进行处理，例如，保留了"棱、成分、美元、模仿、其他"等词语，删除了"楞、成份、美圆、摹仿、其它"等词条。

③结构处理

［表一］和［表二］是《词语表》的主体，根据需要，课题组决定另外编制"［表一］和［表二］用字统计""普通话水平测试用必

读轻声词语表""普通话水平测试用儿化词语表"等三个附表。三个附表可为应试人备考提供更直接的便利，同时也可方便题库设计。"用字统计"和"必读轻声词语表"都是从总《词语表》抽辑而成，"儿化词语表"是在总《词语表》基础上扩充而成。受"基础词语表"取样的局限（多为书面语料），儿化词语在总《词语表》仅收36个（包括前文所言经过"处理"补充的"包干儿、灯泡儿"等词语），远不能满足训练和测试的需要，必须扩充。与轻声词语不同，相当多的儿化词语，很难讲在任何语境下都必须儿化，有区别作用的（如"一块儿"等）和韵律要求必须儿化的（如"一会儿、好玩儿、面条儿、玩意儿"等）仅占少数，很多词语根据语境和需要可以有不同的处理。所以课题组根据训练和题库设计的需要，编制了"普通话水平测试用儿化词语表"，此表仅供测试第二项使用，在其他测试项，允许根据情况有不同的处理。

经过上述程序整理出的《词语表（征求意见稿）》，经仲哲明、姚喜双、晁继周、史定国组成的专家组审读后，又做了少量调整，形成《词语表（送审稿）》。后据教育部语用司审定意见进行完善，最后完成定稿。

4.《词语表》的部分数据报告

①收词量

［表一］收词6595条，其中一级词语（加＊）3250条，二级词语3345条；［表二］收词10460条；总《词语表》收词共计17055条。

②词语音节长度分布

《语词表》收单音节词语3197条；双音节词语13402条；三音节词语338条；四音节词语118条。《词语表》收词的音节总数为31487个。

③用字统计

［表一］字种为2372个，其中多音字234个；［表二］字种为3528个，其中多音字270个；总《词语表》字种数为3795个，多音字283个，

其中常用字3321个，常用字之外的通用字471个，通用字之外的3个（礴、槃、晢）。

④轻声词语统计

《词语表》共收轻声词语545条，其中"子"尾词206条。收录"一般轻读，间或重读"的词语279条。

⑤儿化词语统计

《儿化词语表》共收儿化词语189条，分为23个韵类。

（二）《普通话水平测试用普通话与方言词语对照表》《普通话水平测试用常见量词、名词搭配表》和《普通话水平测试用普通话与方言语法差异对照表》

新《大纲》规定的第三个测试项是"选择判断"，该题在《实施纲要》中是以《普通话水平测试用普通话与方言词语对照表》《普通话水平测试用普通话常见量词、名词搭配表》和《普通话水平测试用普通话与方言语法差异对照表》为内容依托的。

1.《普通话水平测试用普通话与方言词语对照表》

《词语对照表》主要是为"选择判断"的第一个题型"词语判断"而编制。课题组首先对采用七大方言划分还是十大方言划分进行了讨论，最终决定采用七大方言的划分，主要考虑是此表是为词汇考查服务的，七大方言区相对简洁明了。因此，《实施纲要》在1994年原《大纲》闽方言（福州）、粤方言（广州）、吴方言（上海）、湘方言（长沙）、客家方言（梅州）五个方言区的比较资料基础上，增加了赣（南昌）方言的资料。

该表编制的具体做法是，首先依照［表一］的条目（6595条）排比上述方言与普通话说法不同的词语。由于对比的词条比原《大纲》（8454条）少，再加上《实施纲要》词语表主要是基于书面语料，致使［表一］反映普通话与方言在生活上常用而说法有差异的词语相对也较少，对照结果仅有约500条，不能完全满足测试的需要。课题组采取的第二步充实语料，把原《大纲》里有而《实施纲要》中缺少而的400多个条目增补入《词语对照表》，这样总计对比的词语达955条，可满足测试的需要。

2.《普通话水平测试用普通话常见量词、名词搭配表》

《量词、名词搭配表》为"选择判断"第二个题型"量词、名词搭配"而编制。该表以量词为条目，量词后附列可与之搭配的常用名词。该表共收必测的量词45条，名词389条（次），其中有可搭配多个量词的名词219个，如名词"布"可以搭配"匹、块、幅"等多个量词，这些名词以互见的形式体现。去除互见条，该表实收名词170条。

3.《普通话水平测试用普通话与方言语法差异对照表》

《语法对照表》主要是为"选择判断"的第三个题型"语序或表达形式判断"而编制。方言区语法差异有时会在不同方言区之间相互渗透，几个不同的方言区可能会存在同样的语法问题，所以课题组在进行语法差异对比时，不以方言区分类，而是按照不同问题的类型进行分类。在内容上大致按词法和句法分类排列，词法在前，句法在后。

《语法差异对照表》共附列语法差异对比34项，在各类别下附列若干组句子，共计217组，仅为举例性质，命题时可替换、类推。

（三）普通话水平测试用朗读作品

朗读短文是普通话水平测试重要的一项综合考试题，《实施纲要》"普通话水平测试用朗读作品"是朗读短文测试项的测试范围，课题组对"朗读作品"的编选投入了较多的精力。

1. 选文原则

（1）总量控制原则

"朗读作品"选篇总量有两方面考虑，一是满足测试需要，二是尽可能为普通话学习提供足量的素材，这并不意味着选篇越多越好，而是通过精当的选篇，满足以上两方面的需要。在选篇数量上并没有很多可资参考的资料，1994年原《大纲》篇目是50篇，各篇字数平均约在500

字,朗读总训练量约为25000字;测试量(以各篇前400字计算)共20000字。另外,倪海曙先生曾说过:"普通话的学习指标,可以定为'万词、千句、标准音'"。(倪海曙1985:232)朗读作品总句数1000句左右,这些指标是课题组在总量控制方面的一些依据。根据新《大纲》规定,课题组最终将"朗读作品"总量确定为60篇,每篇字数平均控制在450字以内。朗读总训练量为28779字,测试量为24000字,句子(以句号处、叹号处、问号处、句末省略号处为标志进行统计)总量为1013句。

(2)真实文本原则

为了达到测试要素的均衡和难度的统一,在选文之初有专家建议,课题组利用计算机辅助编制一批专门满足测试需求的篇章。经过讨论,课题组认为无论从哪个角度讲,人为编制一些满足测试需求的作品,质量控制难度更大,工具性、人文性和审美性都远不及从真实文本中选篇来的容易,现代语言测试又非常强调真实文本和真实情景,所以真实文本原则是必须遵循的一条原则。

(3)工具性与人文性平衡的原则

作为语言测试的一项内容,普通话水平测试"朗读作品"的选篇不同于一般语文教材,它应把语言文字的工具性摆在突出的位置,旨在通过朗读作品的测试,促进应试人普通话的学习和水平的提高。但是,朗读作品的人文性和审美性也是不容忽视的重要一方面,选文应兼顾两方面的平衡。

(4)经典型与规范性相结合的原则

课题组以选用我国现当代较为典范的作品为主,适当选用港澳台及外籍华人、华侨的作品和外文译作。无论哪种作品,都把规范性放在特别突出的地位。作品用字、用词、语法、标点符号、注音都应符合现行规范。不符合规范的与作者(或继承人)达成协议做适当修改。

(5)适测性原则

在体裁方面选用作品以散文为主,适当选用故事等其他体裁适合测试的作品。课题组对入选文章进行了大量详细的统计，保证所有入选文章达到用字量、常用字字种数和语音覆盖状况适合测试要求的条件。

2. 选文过程和具体做法

整个选文过程分为初选、复选、终选三个阶段。

（1）初选

为了提高工作效率，保证工作质量，课题组在"选文原则"确定之后，委托上海、天津、重庆、湖北、湖南、江西和广西等7个省份的语委办和测试中心，协助参与初选工作。初选作品来源有二：一是对原《大纲》50篇朗读作品进行筛选；二是按照"选文原则"，重新选送朗读作品不少于30篇。各地初选的新朗读作品共285篇，加上课题组成员初选的新作品247篇及原《大纲》的50篇，初选作品总计达580余篇（包括不同地区选送的相同作品）。

（2）复选

课题组首先将所有初选篇目编目，交课题组成员根据"选文原则"分头阅读分析，并推荐各自选出的作品。首轮复选主要考虑以下问题：一，作品的"适读性"，即作品适合朗读（而非阅读），节律均衡丰富，语句明快晓畅；二，作品内容的"普适性"，即作品内容适合广大人群（尤其是不同年龄段的人群）朗读；三，作品主题的丰富性，同类主题的作品以1篇为宜，最多不超过3篇；四，作品体裁的多样性，作品以散文为主，但不局限于散文（诗歌除外）。

第二步是对个人推荐作品进行集体讨论，逐篇进行分析，反复比较，坚持"好中选优，优中选适"的遴选原则。除了对作品思想性与艺术性的考虑，课题组还特别重视作品的时代性和人本对话性，一些与现代生活密切相关的科学性、知识性作品，如介绍自然科学知识的《"能吞能吐"的森林》、介绍西部文化的《西部文化和西部开发》、提倡环境保护的《香港：最贵的一棵树》《最糟糕的发明》等。

经过复选，原《大纲》50篇作品中有22篇通过复选，初选新作品中有60篇通过复选，通过复选的篇目共计82篇。

（3）终选

终选是对通过复选的作品进行测试要素统计分析，最终确定作品篇目。课题组和计算机统计人员根据测试的要求，对上述82篇作品每篇的用字数量、字种数量以及语音覆盖情况等要素进行分析统计，使入选作品大体符合测试的目的与测试信度、效度、难度和区分度的要求。

①字数要求

根据测试要求，课题组对每篇复选作品的前400音节（不包括标点符号）进行累积统计。选文尽量选取字数在450音节（不包含标点符号）以内的作品，对篇幅较长的作品，则选择便于删节加工的作品（删节后既可反映原文主题、内容又相对完整）。

②字种数量要求

课题组对复选作品的前400音节，逐篇进行了字种数量和字级的统计。详细统计各篇的字种数量以及所属字级，有多少属于2500个常用字；有多少属于1000个次常用字，有多少属于3500个常用字之外、7000个通用字之内的通用字（列出这些字）；有多少超出通用字范围的罕用字（列出这些字）。

终选作品要求每篇所使用的汉字控制参考数值为：常用字范围内的用字数应为170个以上，170个字以下的视为偏易。通用字范围内（不含常用字）的用字数应在10个以下，10个以上视为偏难（不采用）。在通用字表以外的字，原则上应该不出现，有这样字的应该调整用字（但有个别篇目因为作者坚持而未做调整）。

③音韵覆盖要求

普通话水平测试要求朗读作品音韵（主要指声、韵、调、儿化）的分布大致合理。因为是真实文本，这方面要求不能过于严苛，但要有大致的要求。对某一语音要素过于集中或缺失的，一般不采用，例如作品中声母的翘舌音一般控制在90次以内；儿化韵的出现一般不超过10次。

课题组根据统计结果，把作品字数、字种数和音韵覆盖要求综合考虑：音韵分布比较均衡，用字难度适中的最终入选；另有少数音韵分布比较均衡、用字偏难或偏易的作品得以补充入选。最后选定的篇目共计60篇。

3. 规范性加工

朗读作品确定后，为了适应测试规范性的需要，课题组对作品进行了必要的规范性加工处理。

（1）定序：60篇作品，按篇名的汉语拼音字母顺序排列。

（2）定篇长：即确定篇幅长度，在征得作者同意后，对个别篇幅较长的文章进行删节加工，并在作品的第400个音节处（即测试截止音节处）画双斜线"//"标注。

（3）定形：在征得作者同意后，调换个别不规范、不常用的字形以及有方言色彩的词句。数字用法以中文形式表示数字，以叙述方式表示百分比。如"1938年"写作"一九三八年"，"57%"写作"百分之五十七"。这样做是为了便于字数和音节的统计，但也产生了其他不足，例如"223"，有的地方的应试人习惯读为"两百两十三"，改为汉字形式的"二百二十三"，在某种程度上减损了考试的效度。另外，有的地方一味用汉字，也不符合国标《出版物上数字用法》的规定，在规范性上有不足。所以今后可以考虑修正这种做法，统计上是完全有办法解决的。

（4）注音

为便于使用者学习和训练，全文采用汉字和汉语拼音对照的方式编排。加注的汉语拼音原则上依据《汉语拼音正词法基本规则》拼写。另有几项具体规定如下：

注音一般只标本调，不标变调。区分必读轻声音节和"一般轻读，间或重读的音节"，必读轻声音节，注音不标调号，"一般轻读，间或重读"的音节，加注调号并在拼音前加圆点予以提示，如：石榴shíliu、便宜piányi、体面tǐ·miàn、好处hǎo·chù。表方位的"里、边、面"和表趋向的"来、去"统一处理为"一般轻读，间或重读"的音节，加注调号并在拼音前加圆点，如：地里dì·lǐ、前面qián·miàn、水面上shuǐmiàn·shàng、挖出来wāchū·lái、踩上去cǎishàng·qù。形容词生动形式AA式、ABB式、AABB式，原则上也只标本调，不标变调，如厚厚（的雪）hòuhòu、沉甸甸chéndiàndiàn、密密麻麻mìmì-mámá。但个别ABB式、AABB式口语中习惯音变，采用"又音"的方式说明，例如：黑黝黝hēiyǒuyǒu，注明："口语中一般读hēiyouyou"；舒舒服服shūshū-fúfú，注明："口语中一般读shūshu-fūfū"。

作品中儿化音节的处理分两种情况：一是书面上加"儿"，拼音时在基本音节形式后加r作为提示，如"小家伙儿"拼音写作"xiǎojiāhuor"。二是口语习惯儿化但书面形式没有加"儿"的音节，拼音时也在基本形式后加r作为提示，如"小伙伴"，拼音写作"xiǎohuǒbànr"。

由于《汉语拼音正词法基本规则》尚有不完善之处，一些问题如多音节的连写或中间加短横"-"分写的问题相当复杂，有时参考《现汉》加以处理，故在注音中可能会存在一些不够周全和统一之处，有待进一步完善。

（四）普通话水平测试用话题

《实施纲要》把1994年原《大纲》的50则说话话题整合归并为30则。命题主要考虑两方面因素：

1. 内容因素

（1）话题开放性：话题范围尽可能开放、宽泛，力戒话题范围过于狭窄，避免话题过于专业化，对应试人专业知识储备要求不能过高。

（2）话题熟悉度：话题内容尽可能贴近生活，大多数人学习、工作和生活经常接触，使人感觉熟悉，内容具体可感，有话可说。

（3）话题独立性：各个话题之间应有各自侧重的角度，尽可能避免交叉重复。

（4）话题回避个人隐私，尽可能避免引起应试人的情绪波动。

2.体裁因素

以思维和结构复杂度要求较低的叙述性、描述性话题为主，思维和结构复杂度要求较高的议论性、评论性话题为辅。

30则话题是课题组在总结多年测试实践基础上的归纳，实践可行性较佳。当然，30则话题多年固定，容易导致话题封闭，测试真实性减损。同时话题测试方法研究（例如增加任务型话题的研究）、话题难度的分析研究等也应继续加强。

第八章
普通话水平测试评定

测试评定是测试工作的重要环节，评分是关系到语言测试信度最关键的一个环节，评分不科学，再好的考试设计也无从实现，正如李筱菊所言："评分工作做不好，考试会信度全失，前功尽弃。"（李筱菊 1997：109）因此普通话水平测试把测试评定放在突出的位置予以特别的重视，评分和测试目标语言的本体规范也一直是学术界研究的重点和热点。

第一节 普通话水平测试评定方法论

一 定量与定性相结合的原则

我们在第四章曾论述过，语言测试实质上是对语言行为样本所做的客观的标准化测量。测量自然离不开定量，但语言测试测量的是语言这一复杂的人文现象，人文科学应该有不同于自然科学的研究逻辑。如果仅以定量方法来把握这种复杂的人文现象，以为对语言活动的描述达到数学化和精确化，便可揭示语言现象的独特性和本质性，实现语言测试的目标，这无疑是把人的语言实践方式等同于纯自然的运动方式，这是对语言测试的曲解。

普通话水平测试坚持定量与定性相结合的原则，这是因为"科学既是知识合理性的评判标准，又是知识合法性的衡量尺度。"（杨国荣

1999）我们知道，客观存在的一切事物都是质与量的统一体，既有区别其他事物的内在的"质"的规定性，又有其存在和发展的规模、程度、速度及其他方面的"量"的规定性。另外，从系统科学角度看，其原理在方法论上强调从系统观点出发，着眼于整体，统筹全局，把研究对象放于系统之中，综合考察，所以对语言系统的科学测量，本身就应当用量化和质化兼备的方法。

定量和定性是普通话水平测试领域的两个基本评定范式，对这两种方法厚此薄彼的认识是片面的。定性分析与定量分析应该是统一的，相互补充、相互支持的，二者从不同的侧面，用不同的方法对同一现象进行分析。定性为定量提供框架，而定量又为进一步的定性创造条件；定性分析是定量分析的基本前提，定量分析使定性分析更加科学、准确。因此将定量与定性结合起来，对于建立和完善普通话水平测试评定的方法论体系，提高普通话水平测试的质量有着重要的意义。

在具体设计层面实现两者的结合，普通话水平测试中要遵循"定性—定量—定性"这样一个回归模式和规律，把定量和定性结合起来。首先是对测试中出现的语言现象进行定性评价（正确、缺陷、错误），然后进行量化统计，最后在这些量化数据基础上再上升为更高层次的定性分析——确定等级，实现对语言测试样本更加深刻的认识和更加全面的把握。综上所述，前后两次定性，一个是初步的和局部的定性，一个是建立在量化基础上的更高层次上的系统的和全面的定性，这样就可以达到对测试对象语言表征真正的、深刻的、全面的认识。

二 精确与模糊相结合的原则

自然界中的物质有许多属性，这些属性都有量的特征，因此测量成为可能和必需。人们对事物性质的表述存在两种不同的描述方法：精确描述和模糊描述，精确描述是用确定的量表示事物的属性，模糊描述是用非确定的量来表示事物属性。

普通话水平测试有一套数字化分值系统，被认为属于精确描述。这么说固然有一定道理，但是我们不能孤立地、绝对地看待这个问题。普通话水平测试还有一个属于模糊描述的"等级标准"，"评分系统"必须与其配合使用才能发挥效用，二者共同构成了普通话水平测试成绩的解释系统。因此普通话水平测试评定采取的是精确与模糊相结合的原则。

出于量化评定的需要，我们特别期待一个"精确"的量表，但很多人还是不无遗憾地发现，即使这个量表再"精确"也还有很多不够完善之处，于是要求在这方面再下大气力，甚至期待计算机能够帮助提高精度。这种要求和追求有其合理之处，但是必须在认识上纠正"唯精为佳""愈精愈善"的认识。语言并不是一个精确的、封闭的系统，在本质上是模糊的和开放的。正如苏联语言学家谢尔巴所说："在语言（语音、词汇和语法）中……明确的只是极端的情况。过度的现象在其本源中，即说话人的意识中原本是游移不定的。"① 以我们都熟悉的普通话的权威定义为例："以北京语音为标准音，以北方话为基础方言，以典范的现代白话文著作为语法规范。"在这三方面的界定里，只有语音标准相较而言是明确的——"以北京语音为标准音"，词汇、语法的标准却缺乏明确的标准。"'以北方话为基础方言'主要是就词汇说的，但是对普通话词汇的范围却没有哪怕是较为粗略的划定；同时，作为普通话语法规范的'典范的现代白话文著作'，界限也很模糊。"（许嘉璐1997：3）。其实，仅就语音标准而言，虽然整体上有一个可以依循的系统，但也算不上完全"精密"，我们不但对超音节层面的节律特征尚缺乏统一认识，就是对某些音位和音值的认识也还都有进一步研究和明确的余地（例如，对"r"声母音值认识和对儿化韵类的归并与分合的讨论等）。况且普通话水平测试语言评定过程不是相对孤立的语言听辨，而是连续性的语言听辨。在连续性的语言听辨中，人们的注

---

① 谢尔巴《语言学和语音学论文选》，第1卷，1958年。转引自伍铁平（1999：35-36）。

意力主要在信息,而不仅仅是语音,很少去逐个辨认孤立的音素而不去注意语言的内容。连续性语言的听辨并非一个吸收声学信号的被动的心理过程,而是一个牵扯到合成和分析的主动的心理过程,仅靠精确的数字化统计是达不到正确解码目的的,所以在普通话水平测试中必须做到精确与模糊相结合。

在具体实施层面实现精确与模糊的结合,必须准确把握"精确"中的模糊性,做到"精确"和"模糊"相辅相济,优势互补。一是应把能够精确描述的语言表征信息尽量精确标注和评价。二是不要强制性地把模糊问题精确化。强制性地把模糊性的语言表征简化为"精确性"来进行处理,反而会降低处理问题的精确度。科学的方法应该是承认语言现象模糊性和偶然性,用"亦此亦彼""可此可彼"的多元价值模糊判断,代替"非此即彼""泾渭分明"的二元价值判断。三是应充分发挥测试员的创造性。创造性是人所特有的能力,"人类的大脑具有一种执行不精确指令的能力"。[①]这是一种计算机辅助测试系统不具备的能力。充分发挥测试员创造性,才能更好地借助计算机的逻辑思维,把人的功能与计算机的功能相互融合,实现优势互补的人机协作测试。四是应努力达成整体上的精确性。测试要充分吸收和利用语言知识和专家系统等人工智能技术及信息技术,并通过计算机辅助等获得定量结果,以专家系统为主实现人机结合,进行测试样本的综合集成,从而最大可能地达到整体的定量认识和全局测试的精确性。

三 "无罪推定"原则

"无罪推定"又称为"无罪类推",是现代法治通行的一项重要的原则。普通话水平测试评定借用这个法律术语,主要是指对于测试中出现的无确切依据扣分的语言要素应不做错误或缺陷对待。

如上文所言,自然语言具有模糊性,这也决定了普通话水平测试评

[①] 语出印度工学院拉米拉·贾安,转引自伍铁平(1999:26)。

定标准也具有模糊性。对于测试中一些尚无明确标准的语言现象，应当按照"无罪推定"原则处理。例如，对于合口呼零声母音节（指以开头的wu、wa、wo、wai、wei、wan、wen、wang、weng等9音节）读音的判定，一般认为读作双唇半元音［w］是正确的，但在一些音节中也存在读作唇齿浊擦音［ʋ］的情况，不少学者和测试员认为这是一种语音缺陷。林焘先生对这类语音现象进行了专门的考察和研究，发现变读为［ʋ］已经是普通话中常见的一种现象，但是9个合口呼零声母音节变化情形并不完全不一致：最常见的是把wei、wen、weng读成vei、ven、veng；其次常见的是把wa、wai、wan、wang读成va、vai、van、vang；而把wu、wo读成v、vo的极为罕见。因此林焘先生认为合口呼零声母w的变读"很可能正处于变动时期，需要做比较广泛的调查，才能对它的发展趋势有比较清楚的了解"。（参见林焘1982：76-80）普通话水平测试语音评定时，我们建议对wu、wo读成v、vo的，可以判定为缺陷；对于其他变读为唇齿浊擦音［ʋ］的，应当依据"无罪推定"原则将其视为一种自由音变，不做错误或缺陷处理。

还有另一种情形适用"无罪推定"原则，就是测试员对因主观因素缺漏的语言要素，应当按照"无罪推定"原则进行处理。普通话水平测试是连续语流的测试，测试员进行的评定是连续搜索式评价，需要对应试人的语言进行快速的感知、分析、判断、评价，涉及一系列的生理和心理反应。应试者的语流有时很快，测试员进行追踪式记录，即使是听音、辨音、记音能力很强的测试员也会滞后于应试人的语流。这时测试员除了调动即时记忆（感觉记忆）对当前语音信息进行处理，还可能要运用短时记忆（工作记忆），对此之前的语音信号进行存储和加工，并和长时记忆里提取的信息相匹配，产生模式识别。一般认为在稍纵即逝的语流中，语言信息可在短时记忆里保存约几秒钟（2—4秒），而且容量有限，大概是7±2个单位（详参桂诗春2000：109），这样很可能会对快速语流产生个别信息缺漏现象，这时应当采取"无罪推定"原则，对信息缺漏语言要素不予扣分。

另外,从心理语言学角度而言,应试人前面发生的语言错误或缺陷可能导致测试员产生一些类推期望,指引其辨识。但并非所有的类推期望都有促进作用,语言信息与类推期望相违背,期望就会干扰测试员对新信息的提取。例如,某应试人如果翘舌音失误较多,类推期望会引导测试员在后面出现翘舌音时产生扣分的类推期望,测试员应当注意排除心理定式的干扰,运用"无罪推定"原则进行判断。正如我们平时可能不大犯某类语言错误,但在语言测试中不能保证每次都不出现口误,应试人常犯的语言错误,也有可能在语言测试中有时并未出现,所以一切判断都要以测试时的表征为依据。

有人认为可以通过审听环节或通过计算机辅助测试解决以上漏缺问题。审听是应试人对成绩提出申诉以后采取的工作环节,在实测过程中不宜使用,一是会牺牲效率,更为重要的是审听和不审听的差异,会对应试人产生不公。普通话水平测试采用2个或3个测试员独立评分的方式,在一定程度上弥补了这方面的缺陷。计算机辅助测试可以帮助解决读单音节字词、读多音节词语和朗读短文的问题,但说话部分的问题依然存在,"无罪推定"原则仍需合理运用。

第二节 普通话水平测试语音评定

据聂丹(2012)统计,1982年至2011年,专门研究语音评定和相关规范的文章达84篇,占全部论文的7.4%,而研究词汇、语法评定和相关规范的文章仅12篇。由此可见语音评定在普通话水平测试中占有重要地位。宋欣桥在其编著的《普通话水平测试员实用手册(增编本)》(2004)中提出了"语音评定参考细则框架",对声母、韵母、声调以及变调、音变、轻重音等四个部分列举了130条细则，按照语音错误、语音缺陷和不作为"语音错误"或"语音缺陷"处理三种类型进行了概括，虽不能称完备，但却是目前所见对语音评定概括得最为细致的一个语音评定框架，对测试员的语音评定具有重要参考价值。对于一般语音评定问题，读者可参考该框架的处理，下面我们对几个专题的语音评定及教学问题进行探讨。

一　轻声及相关问题的评定

（一）《普通话水平测试实施纲要》对"轻声"的处理方式

轻声是普通话中一种特殊的变调现象，也是普通话学习、测试的重点难点之一。《实施纲要》对轻声词的处理，采取了较特殊的方式，需要进行解析。

细心的读者会注意到，《实施纲要》和原《大纲》相比，在轻声注音的处理上有显著不同。以"黄瓜、值得"两词的注音为例，原《大纲》注音为"huángguā、zhíde"，《实施纲要》注音为"huáng·guā、zhí·dé"。这种注音的变化不仅体现在某些具体轻声音节的"轻"与"非轻"的变化上，更体现出编者对轻声音节的理解，在观念上与以往不同了。

这种不同，首先是《实施纲要》更重视语言的变化，把轻声作为动态变化的现象去对待，其次是更重视轻声作为语言现象的中介性和模糊性，不认为某个音节非"轻"即"重"。就操作层面而言，《实施纲要》对词语声调的注音采取了三种形式：一种是非轻声音节，标声调符号，例如共计（gòngjì）；一种是轻声音节，不标声调符号，例如算计（suànji）；还有一种是"一般轻读，间或重读"的音节，标声调符号，并且在它音节前加"中圆点"，例如会计（kuài·jì）。

"一般轻读，间或重读"，不是《实施纲要》的发明，影响深远的《现代汉语词典》就采取了这样的处理方式。虽然在各种教材和注音读物中，这种处理方式并不常见，但我们认为，这样处理不仅有学理基础，而且有现实依据，不失为处理此类注音问题一种有益的尝试。

为了便于称说，我们建议把这种"一般轻读，间或重读"的音节称为"可轻读音节"，把含有"可轻读音节"的词语称为"可轻读词语"。以前也有人把这样的词语称为"可轻可不轻词语"或"轻重两可词语"，表述都不太严密。"可轻读词语"的名称，既体现了此类词语"一般轻读"的常态属性，也体现了其"间或重读"的动态属性，同时还可以体现我们推荐性的指引。这样，轻声词语、可轻读词语、非轻声词语，形成了一个"度"的系列。它一方面适当减少了必读轻声词语的数量，有利于学习者学习，另一方面也有利于评分操作，还反映了普通话语音发展变化的实际。可轻读词语与必读轻声词语是有所区别的，可轻读音节如果读为重读音节，我们在定量统计中，不计为错误，但在"朗读短文"和"话题说话"测试中，会影响"语调"的评价。所以这类词语虽不像必读轻声词语那样要求，但我们主张在学习和测试过程中最好轻读，这样语感更自然。以《实施纲要》26号朗读作品《落花生》为例，必读轻声词语有：我们、桃子、答应、东西、喜欢、晚上等用例；可轻读词语有：父亲、母亲、吩咐、好处、价钱、体面、知道、说出来、挖出来等用例。

（二）轻声、轻音与轻读

在概念上，除了"轻声"，读者还经常可以看到"轻读""轻音"的说法，这是一组值得认真探讨的概念。关于具体词语是否轻声的争论，很多时候，是因为对"轻声"和"轻音"的认识不清晰。在一般教科书中，经常可以看到"轻声"的解说，有的教科书把"轻音""轻声"认为是同一概念，这种看法是值得商榷的。我们认为，轻声与轻音不同，轻声一般指发生在词汇层面的现象；轻音着眼于发生在句法结构层面的现象，广义的轻音包括轻声在内；轻读则更多地

指一种语音操作层面的处理方式,轻声和轻音都可以说是轻读的结果。举例来说明:

(1)说个故事。(2)写个千把字就行了。

有人认为"个"是轻声词,属于结构轻声,我们认为这样认识不妥。例(1)"个"是量词,不重读,但声调依稀可察;例(2)"个"可以认为是量词,但虚化程度高,有人干脆看成是助词,声调更倾向于弱化。我们认为两个"个",处理为句法结构层面的轻音现象较为妥当。《现汉》把"个"处理为去声,没有与"的、地、得、们、了、着、过"这些结构轻声做同样的处理。

轻音与重音是一对相对的概念,例如:

(1)你来。(2)你出来。(3)你挖出来。(4)你挖不出来。

例(1)"来"是主要动词,要重读。例(2)"出"是主要动词,重读;"来"是趋向补语,轻读。例(3)"挖"是主要动词,重读;"出来"是趋向补语,都要轻读。例(4)中,表否定的结果,"来"要重读。《实施纲要》把以上表趋向的"来"均处理为可轻读词语。

与重音相对而言的轻音音节,并不等同于词汇层面的轻声音节。在注音上,轻音音节有时标注为轻声音节,如"先生"中的"sheng";有时标注为可轻读音节,如"出来"的"·lái";有时则标注为带调音节,如"胡先生"中,"胡"是信息焦点,是重音,"先"是相对的轻音,但带调。

轻音与重音属于感知范畴,把感知范畴的轻音与重音,仅仅与声学上的"振幅"对应起来是片面的。对于轻音与重音的感知,是音高、音强、音长、音色综合作用的结果,其中音长、音高有重要作用。

(三)轻声是一种特殊的变调

人们经常把轻声和上声变调和"一、不"变调并列起来讨论,其实它们是不同种类的变调,有区分的必要。为了说明这个问题,可以把话题稍微引申一下,先分析一下变调的分类。王志洁先生变调的分类和相关讨论对我们有启发意义[①]：

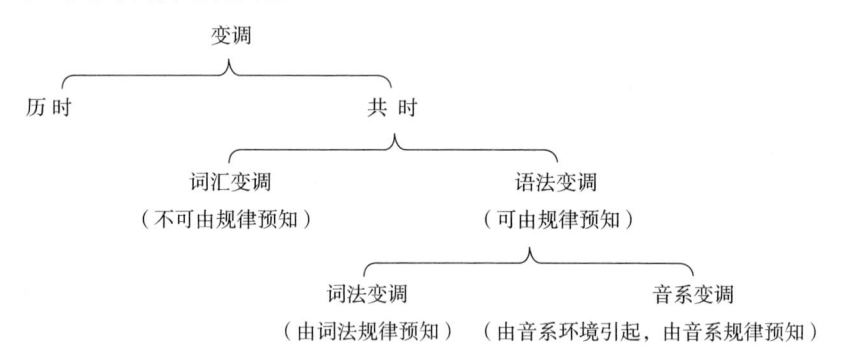

```
                    变调
         ┌───────────┴───────────┐
        历时                    共时
                    ┌───────────┴───────────┐
                 词汇变调                 语法变调
              （不可由规律预知）        （可由规律预知）
                            ┌───────────┴───────────┐
                         词法变调                 音系变调
                    （由词法规律预知）    （由音系环境引起，由音系规律预知）
```

上声变调属于音系变调，只要出现上声相连的语音环境，无论它是什么样的语素，属于什么词性和语义，第一个上声的变调就一定会发生，也就是说这种变调是可以预先断言的，具有普遍的规律性。"一、不"变调的规律性也很强，但不能说是"音系变调"，因为不是所有的"yi"和"bu"的音节，在去声音节前都变调。只有"yi"作为基数词的"一"和"bu"作为否定副词"不"时，变调才会发生。因此，"一、不"变调属于由词法支配的词法变调。而轻声，除了少量有规律的语法轻声（更确切地说是词法轻声）外，大量的是无规律可循的词汇变调。也就是说轻声词语，大多属于单纯的词汇现象，不可由规律预知，需要学习者逐个学习，这正是轻声变调的"特殊"之处。

（四）几种并非轻声的轻音现象

教科书常把几种并非轻声的轻音现象处理为有规律的轻声，这些在《实施纲要》中都处理为可轻读词语。

1. 名词后面的方位词、动词后面表方位、趋向或结果的词

名词后面的方位词、动词后面表方位、趋向或结果的词，指的是：～上（椅子上）、～下（底下）、～里（地里）、～边（前边）、～面（下面）、～来（进来）、～去（上去）、～起来

[①] 参考王志洁《词汇变调、词法变调和音系变调》，收录于徐烈炯主编《共性与个性——汉语语言学中的争论》，第292页，北京语言文化大学出版社1999年版。

（看起来）、～出来（说出来）、～进来（跑出来）、～下来（落下来）、～上来（提上来）、～过来（推过来）、～出去（冲出去）、～进去（走进去）、～下去（活下去）、～过去（驶过去）等，《实施纲要》均处理为可轻读词语。

动词后面表方位、趋向或结果的词，《现汉》都注为可轻读的词语，如"来"注音为"·lái"，"下来"注音为"·xià·lái"。名词后面的方位词，《现汉》却都注为轻声词语。其实无论从语感上，还是从理据上，也处理为可轻读词语更为合理。语感上，～上、～下、～里、～边、～面等词调子依稀可察，尤其是语速较慢时。我们可以考察一下"上声+里"语音环境中上声的音变情况。在"手里、嘴里、水里、火里"中，"手、嘴、水、火"均读为35调值，也就是说，它们遵循了"上声+上声"前字读35调值的变调规律，而没有遵循"上声+轻声"前字读半上的变调规律，由此我们认为"～里"是轻读的"上声"，这才是合乎逻辑的解释。

2. 单音节动词重叠

教科书还常把单音节动词重叠，如："听听、谈谈、洗洗、坐坐"等的第二个音节算作有规律的轻声。我们认为它们不是单纯的词汇现象，词典不予收录可以说明这一点。它们也不同于构词法层面的叠音词或重叠式合成词（如前文列举的爸爸、奶奶等），学术界一般认为它们属于构形法研究的范畴，也涉及句法层面。动词重叠的第二个音节的读音，我们同样举上声动词重叠为例说明。在"走走、跑跑、讲讲、管管"中，如果认为第二个音节为轻声音节，则第一个音节调值应读为半上21，第二个音节则读为较高的4度轻声音节，这显然不符合普通话语感。实际上第一个音节调值为35，第二个音节调值为21，这和大多数不重读的上声的语音实现形式是一致的。人们误以为它们是轻声音节，是由于它们长期处于轻读的地位使其声调受到了掩盖。因此把它们处理为轻音更为妥当。很可惜限于当时的认识，《实施纲要》并没有这样处理。

3. 双音节动词重叠ABAB式

关于双音节动词重叠ABAB式的读音问题，一些学者认为后两个音节（B）读轻声。一些学者用语图仪进行了研究，证明四个音节音高频率呈递降趋势，但我们有理由相信，这类现象和单音节动词重叠一样，属于轻音现象。试以较慢语速读"研究研究、侦察侦察、管理管理、庆祝庆祝"，B的调子是可感的。"管理管理、抖擞抖擞、反省反省"前字变调的规律也可以佐证我们的判断。

4. 单音节动词重叠式中的"一"

单音节动词重叠中的"一"，在我们看来，也是带调的轻音。我们仍以符合上述语音环境的变调来说明。"听一听、谈一谈、洗一洗、坐一坐"中，"坐一坐"的"一"，调值读快一些，听感上像失去本调的轻声调值，但稍微读慢一些，35的调值是不难感知的。

5. 动补之间的"不"

我们认为，用在动补结构中间表示否定的"不"，也是带调的轻声。例如"看不清、看不明、看不起、看不惯"中，慢一些读时"不"的调值是不同的，"看不清、看不明、看不起"读半上21调，"看不惯"中的"不"，读35调，均符合"不"的变调规律。可见动词之间的"不"，处理为轻声是不妥当的。

（五）轻声评定和教学建议

轻声虽属"特殊"的变调，大多是无规律可循的词汇变调，需要学习者逐个学习和记忆，这是从轻声分类的性质上说的，但在测试评定和教学中也并非毫无规律，以下从便于测试员和学习者掌握的角度，提出一些易于掌握的归类建议，供读者参考。

1. 有规律的语法轻声

（1）几类语法虚词

①结构助词：的、地、得

②动态助词：着、了、过
③语气助词：啊、吗、吧、呢、啦

这几类虚词《实施纲要》词语表未予收录，不是因为它们词频不高，而是因为它们附着性强，单独出现时，很难有语音实现层面的"调"，我们把这些轻声放到"朗读短文"和"话题说话"中考查。

（2）某些名词性或代词性词缀（子、头、们、么）

由这几个词缀构成的词，收录在《实施纲要》词语表和《必读轻声词语表》中，其中"子"缀词206条（具体词条略）。

①"头"缀词21条：锄头 对头 跟头 骨头 罐头 后头 浪头 里头 码头 馒头 苗头 木头 念头 前头 拳头 上头 舌头 石头 丫头 枕头 指头

②"们"缀词7条：你们 人们 他们 它们 她们 我们 咱们

③"么"缀词5条：多么 那么 什么 怎么 这么

（3）某些叠音词或重叠式合成词（尤以亲属称谓为常）

收录在《实施纲要》词语表和《必读轻声词语表》中叠音词或重叠式合成词共20条：

爸爸 弟弟 哥哥 公公 姑姑 姐姐 舅舅 姥姥 妈妈 妹妹 奶奶
婆婆 叔叔 太太 爷爷 娃娃 谢谢 星星 猩猩 谢谢

2.有一定规律的词汇轻声

（1）略有规律的轻声语素

巴：尾巴 下巴 哑巴 眨巴 嘴巴

当：行当 妥当 稳当

夫：大夫 工夫 功夫 姐夫 丈夫

家：东家 娘家 婆家 亲家 人家

匠：木匠 石匠 铁匠

快：凉快 勤快 爽快

量：打量 商量 思量

气：福气 客气 阔气 力气 脾气 小气 秀气 运气

人：爱人 媒人 丈人

实：结实 老实 扎实 壮实

爷：大爷 老爷 少爷

另外，以"打"开头的词语有：打扮、打点、打发、打量、打算、打听。

（2）亲属称谓

大爷 弟兄 闺女 姐夫 老婆 女婿 媳妇 兄弟 丈夫 丈人 亲家

（3）动物

苍蝇 刺猬 骆驼 狐狸 蛤蟆 跳蚤

（4）植物

甘蔗 核桃 萝卜 胡萝卜 石榴 芝麻 高粱 粮食 庄稼

（5）器官

脑袋 头发 眉毛 眼睛 嘴巴 舌头 下巴 耳朵 胳膊 巴掌 指头 指甲 屁股 尾巴 骨头 脊梁 唾沫

（6）疾病

咳嗽 痢疾 疟疾 疙瘩 膏药 迷糊 模糊 糊涂

《实施纲要》的《必读轻声词语表》共收录必读轻声词语545条，除去词法轻声，其他需要记忆的有280余条，可以通过以上几种方式帮助记忆。以上列举的规律不追求严密，也有一些类别的重合，主要是为了帮助测试和学习，还有其他一些规律，读者可以自己总结。

（六）如何看待轻声处理的分歧

目前学术界对于轻声的认识分歧很大，以《实施纲要》与《现汉》（指编制《实施纲要》时最新的1996年版《现汉》）为例，二者虽然都采用非重读词语、必读轻声词语和可轻读词语区别注音的方式，但一些具体词条的处理并不一致，第七章第二节我们曾列举了这方面的例子，这里我们再补充一些词例：

《现汉》处理为轻声音节，《实施纲要》处理为可轻读的词语：费用、逻辑、任务、早晨、把手、牡丹、讲究、考究、摆布。

《实施纲要》处理为可轻读的词语，《现汉》处理为非轻声音节：月季、喷嚏、鼻涕、南瓜、烟囱、邻居、太监、菩萨。

应该说《实施纲要》和权威辞书一致起来是比较理想的结果，但目前学术界对于轻声性质的认识尚存在分歧，轻声词语自身也正处于动态变化之中，一些词语注音出现分歧也是可以理解的。我们认为轻声词语受书面语影响，数量正在减少，相当一部分以前认为必读的轻声词语，变为了可轻读词语，如棉花、黄瓜，2005年出版的《现汉》中就由以前的必读轻声改为可轻读轻声。有人认为可轻读现象不利于语言规范。这里借王士元先生"词汇扩散"理论进行解释："在任一时期任一个活的语言当中，我们都可以预期会发现若干组单词具有双重发音……事实上这种双重发音很多时是出现在一个人的口中。""在这些演变开始和结束之间的过程中，会发现或多或少的自由变体，以便说话人在不同形式之间作出选择。"（王士元2000：8）我们认为用这样的观点看待可轻读现象，是更为积极、更为合理的。

二　儿化问题的评定

（一）纷乱的"儿"及儿化、儿缀和儿尾

普通话带"儿"字的词，大家很容易想到的就是"儿化词"，因为"儿化"公认是学习普通话的难点，但凡讲普通话的教材都会安排专门的篇幅介绍"儿化"，有的学习者有时看到"儿"不免简单地一"化"了之，用中介语理论解释，就是"语言规则泛化"在普通话学习中的反映。同一个汉字的书写形式"儿"承载了几个不同的功能，代表不同的语法性质、词汇意义以及语音形式，如果只从汉字的书写形式着眼，简单把带"儿"字的词都看作同一类语言成分是不准确的。

《现代汉语词典》"儿"分两个条目——儿¹："ér①小孩子：婴~

幼~|~童。②年轻的人（多指青年男子）：男~|健~|~女英雄。③儿子：~孙|~媳|生~育女|妻~老小。④雄性的：~马|~狗。"儿^2："ér：后缀（注音作 r）①名词后缀……②少数动词后缀……。参看〖儿化〗"。很显然，儿^{1}是有义的，儿^{2}是没有实义的，有人根据《现汉》释义，把它称作"儿缀"或者"儿化"。但《现汉》对于"儿"的归纳是有缺陷的，在我们看来，还有一个儿^{3}应当增补进来。例如：

（1）从中传出**笛儿**般又细又亮的叫声，就格外轻松自在了。（原《大纲》，作品3号）

（2）但是新来的日子的**影儿**又开始在叹息里闪过了。（原《大纲》，作品23号）

（3）牧童们都喜欢骑到牛背上让**牛儿**驮着走。（原《大纲》，作品35号）

原《大纲》语音提示"笛儿""影儿""牛儿"注音分别为："dí'ér""yǐng'er""niú'ér"。这三例中的"儿"没有实义，因此不是儿^1，但也不是儿^2，它们意义虽已虚化，但er仍保持着自身独立的音节，并没有"化"到前一个音节上去，也就是说它不是"儿化"。有人把它称作轻声儿音节，或轻声儿尾，这也还有讨论的余地，但普通话中存在一个独立于儿^1、儿^{2}之外的儿^3，却是不争的事实。

看到以上表述，读者难免犯糊涂，儿化、儿缀、儿尾，到底是什么状况？是一回事吗？不要说一般大众，其实学术界也经常出现"儿"字术语使用的混乱现象，儿化、儿缀、儿尾经常语焉不详、似是而非，实在有讨论的必要。儿化、儿缀、儿尾是不同角度、不同层面使用的术语，我们认为"儿化"是语音层面上使用的术语，"化"指"儿"转变自身性质和状态，"化"（拼合或化合）到前一个音节末尾，并引起前一个音节韵母卷舌的过程。"儿化"指称范围可以理解为《现汉》的儿^2。"儿缀"是词汇层面和语法层面使用的术语，"缀"表明它是和"词根"相对的一个特殊的构词成分。说它特殊，是因为它发生在一个音节中，没有独立的音节作为自己的语音形式，与"子"、"头"等后缀语素不同，也有学者认为"儿"应区分为构词成分（即后缀）和构形成分（即形素）。关于"儿缀"的性质，学术界还有争论，有待进一步研究。"儿缀"指称范围也可以理解为《现汉》的儿^2，只不过与"儿化"着眼点不同。"儿尾"指称有较大的任意性，范围很不确定：有人从词汇层面和语法层面进行解读，理由是后缀又叫词尾，所以把"儿尾"与"儿缀"等同起来；也有人认为"尾"指韵尾，"儿尾"就是"儿化韵尾"；以上两种看法角度不同，但结果指向是一样的，即"儿尾"等于儿^2。还有人认为"尾"着眼于书写形式的末尾，凡是以"儿"字结尾的词都可划入此类，也就是说儿^2、儿^3，甚至部分儿^1（如：婴儿、健儿、妻儿等）都涵盖在内；也有人把"词尾"范围划定为意义比较空灵的儿^{2}和儿^3。相较而言最后一种观点较为合理，但儿^{2}和儿^{3}区分起来还颇费周章。为了使指称更加明确，我们尝试这样约定："儿尾"专指意义比较空灵、且并未与前字音节在语流中融合的"儿"音节，即：儿^3。为了便于儿^1、儿^2、儿^{3}可以在同一个层面进行讨论和分析，我们建议：儿^{1}叫作"儿根"、儿^{2}叫作"儿缀"（着眼于语音层面，也可以叫"儿化"）、儿^{3}叫作"儿尾"。

（二）《实施纲要》"儿"的使用情况

1. 儿^1（儿根）

《实施纲要》"词语表"（含表一和表二）共收录"儿^1"16条："儿女、儿童、儿子、儿科、儿孙、儿戏"（"儿"根语素在前）；以及"女儿、胎儿、小儿、婴儿、幼儿、宠儿、孤儿、健儿、少儿、幼儿园"（"儿"根语素在后）。

"朗读作品"部分共有"儿^1"21条（次），"儿子（10次）、儿时（3次）、儿童"（儿根语素在前）；以及"小儿麻痹（2次）、幼儿、男儿、女儿、女儿绿、孙儿"（儿根语素在后）。

2. 儿^2（儿缀）

《实施纲要》编制有《普通话水平测试用儿化词语表》，收录儿化词语189条，因查阅方便，本文不一一附列。"朗读作品"部分共有"儿²"106条（次），其中包括字形不带"儿"，注音加注"r"提示儿化的词语，如汽水、胡同、卖劲等16条（次），附列于下：

表8-1　朗读作品中的儿²（儿化韵）词语①

1号	2号	4号	5号	7号	9号	10号
一点儿 一点	那儿	汽水	一阵儿 一会儿 雪末儿 银条儿2 雪球儿3	点儿 玩儿 火儿 一点儿 小孩儿3	美人儿 线头儿 胡同	点儿
12号	14号	16号	17号		20号	21号
香味儿	心眼儿 圈儿2	那儿	圈儿 口儿 这儿 一髻儿 树尖儿 山尖儿 水纹儿 一点儿 银边 一道儿2 点儿7		一丁点儿 这儿2	小孩儿 聊天儿 一会儿 一点儿
22号	23号	25号	27号	28号	33号	35号
圈儿 哪儿	一点儿	味	那儿	伙伴 乡巴佬儿 小家伙儿 男孩儿	一点儿	这儿 坟头
36号	38号	41号	42号	46号	47号	48号
那儿	味儿 云彩丝儿 这儿 点 好天 山根	小孩儿 脸蛋儿 塑料盒 椰子壳 胡同 卖劲 男孩儿5	一块 一点	一点儿2	这儿 那儿	一点儿
49号	51号	52号	54号	55号	58号	未出现儿²的作品
一点儿	一点儿 男孩儿2	女孩儿 男孩儿2 一点儿2	一点儿 一会儿	点儿	好玩儿 点儿 枣儿 一点儿	3、6、8、11、13、15、18、19、24、26、29、30、31、32、34、37、39、40、43、44、45、50、53、56、57、59、60

---

① 词条后的数字表示这个词在同篇作品中出现的次数。

3. 儿³（儿尾）

儿³性质不同于儿¹、儿²，它不表示具体的词汇意义，也不与所依附的语言成分组成新词。由于它与所依附的语言成分的组合是开放的，因此无法一一列举，词典、词表也不予收录。在《实施纲要》朗读作品中，儿³并不多见，仅3词5例：

（1）它静静地卧在那里，院边的槐阴没有庇覆它，**花儿**也不再在它身边生长。（《实施纲要》作品3号）

（2）同人一样，**花儿**也是有灵性的，更有品位之高低。（《实施纲要》作品30号）

（3）看着看着，这件花衣好像被**风儿**吹动，叫你希望看见一点儿更美的山的肌肤。（《实施纲要》作品17号）

（4）**风儿**俯临，在这座无名者之墓的树木之间飒飒响着……（《实施纲要》作品35号）

（5）我崇敬那只小小的、英勇的**鸟儿**，我崇敬它那种爱的冲动和力量。（《实施纲要》作品27号）

可见，"儿"在《实施纲要》中，儿²最为常见，也可以说，绝大部分"儿"是儿化的标志；实语素儿¹也有一些用例；儿³用例最少。

（三）关于儿³有关问题的探讨

在实际语言生活中，儿¹误用较少；儿²虽是学习难点，但大家普遍比较重视；儿³倒是容易出错而又比较容易被忽视，还存在一些模糊认识。

1. 儿³的读音问题

长期以来把儿³叫作"轻声儿音节"，或"轻声儿尾"的意见占主流。原《大纲》有9例儿³用例，"笛儿、风儿、蝉儿、鸟儿（2次）、牛儿（3次）、影儿"，除"影儿"注音是轻声以外，其他都注为阳平。这曾经引起很多人的批评，认为只有"影儿"注音正确，其他都应当改为轻声。我们认为这种看法值得商榷。原《大纲》的处理不是没有可商之处，原《大纲》编者对轻声注音采取从严的标准，他们认为儿³并不属于必读的轻声音节，所以大多标注了声调；但语感又告诉他们，儿³不是重读音节，所以个别用例标注了轻声。这就造成处理标准不够统一的缺憾。但处理不一致只是表象，如果都处理为轻声或都处理为非轻声，问题恐怕不会消失，争议依旧存在。原《大纲》注音上强调标准和规范，但处理问题的"弹性"稍显不足。《实施纲要》对注音方法进行了改进，我们前文曾谈到，《实施纲要》中有一类"一般轻读，间或重读"的音节，采取了标声调符号，并且在它的音节前加"中圆点"的注音方式。儿³，不是重读音节，但声调隐约可察，多数情形下轻读，但强调时读出声调也未为不可。因此《实施纲要》中"花儿"注音为"huā·ér""凤儿"注音为"fēng·ér""鸟儿"注音为"niǎo·ér"，这是符合语言事实的处理方式。所以我们认为，与其说儿³是"轻声儿音节"或"轻声儿尾"，还不如说是"轻音儿音节"或"轻音儿尾"。

2. 儿³与儿²用法的区别

儿³与儿²意义都较空灵，二者在使用上有各自的语境范畴和语用框架，常常出现互补的态势，但又不那么绝对，有时也出现使用的复杂情况。

第一，儿³是完整的er音节，保留了独立的音韵地位，有协调节律、调整音节结构、强化节奏感的特殊功用，因此常用于诗歌歌曲等韵文中。例如：

（1）**花儿**离不开土壤，**雨儿**离不开海洋，花儿朵朵向太阳。颗颗红心向着党。（歌曲《花儿朵朵向太阳》）

（2）叮叮当，叮叮当，**铃儿**响叮当。（歌曲《铃儿响叮当》）

例（1）是七言韵文，花儿、雨儿都不能处理为儿化，否则节律不合。例（2）铃儿响叮当，是"2+1+2"音步，如果铃儿读为儿化，则变为"1+1+2"，音步失谐。儿³调节韵律节奏的作用，在散文中，也不乏用例，例如：

（3）太阳热热地晒着，**蝉儿**高唱，稻花飘香。（原《大纲》，作品35号）

"蝉儿高唱，稻花飘香"，各有两个音步，接在"太阳热热地晒着"之后，韵散结合，别有旨趣。我们不能认为只有儿^{3}才有节律调节作用，儿^{2}也有调节节奏的作用，例如：

（4）姑娘好像**花儿**一样，小伙儿心胸多宽广 。（歌曲《我的祖国》）

如果把花儿读为独立的er音节，与下句音步就不协调了，所以应当处理为儿化韵。可见，儿^{3}和儿^{2}调节节律方面有不同的作用。

第二，儿^{3}具有庄重典雅的书面语色彩，儿^{2}口语色彩鲜明。

（5）在这**鸟儿**勇敢的叫喊声里，乌云听到了欢乐。（高尔基《海燕》）

（6）我饿着，也不能叫**鸟儿**饿着！（老舍《茶馆》）

例（5）是儿^3，读为独立的er音节；例（6）是儿^2，读为儿化韵，二者决不可互换，这是语体色彩所决定的。

第三，儿^{3}与儿^{2}都可以用于人名之后，但儿^{3}常见于文艺作品。

尤其是在古白话文学作品中，儿^{3}多用于称呼青少年，如《红楼梦》中诸多人物，除板儿以外，还有狗儿、旺儿、栓儿、臻儿、兴儿、隆儿等等，最有名的恐怕是平儿。《红楼梦》第21回"贤袭人娇嗔箴宝玉 俏平儿软语救贾琏"，从节律上可以判定，断不能读为儿化韵。有学者指出，儿^{3}用于人名，有一种"温婉、亲昵"的感情色彩。儿^{2}用于人名之后，常用于现代口语，如王恺元，可以叫王恺元儿、恺元儿、元儿（yuánr），多用于非正式场合，有一种轻松、随意和亲密的感觉。如果是长辈，也可以采用儿^{3}的方式，叫元儿（yuán·ér），平添了一种古雅的意味，多用于书信，面称似不多见。

第四，儿^{3}多依附于单音节成分之后，所依附的单音节成分一般不能带定语"小"。

例如"风儿",可以是独立音节"fēng·ér",也可以是儿化音节"fēngr";如果是"小风儿",那么只能是"xiǎo fēngr"。不过情况也不是那么绝对:

(7)让我们荡起双桨,**小船儿**推开波浪。(歌曲《让我们荡起双桨》)

儿³不仅没有依附于单音节成分之后,而且所依附的音节成分还带了定语"小"。《西游记》红孩儿、《水浒传》船火儿(张横)、《金瓶梅》李瓶儿、香港明星容祖儿、韩国体育明星金妍儿,无一例外都突破了所谓儿³"依附于单音节成分之后"的规律。这些例外,算是"抬杠"。这说明"儿"是读儿化,还是读独立er音节,不是那么几条简单的规律就可以约定的,应该综合考虑各种因素,再做定夺。

三 文白异读问题的评定

文白异读是一种常见的语音变异现象,也是普通话审音、正音的重要内容和测试评定的难点之一。1985年发布的《普通话异读词审音表》(以下简称《审音表》),对文(即文读,指书面音)、语(即白读,指口语音)之异进行了规范。经过教育界、出版界、传媒界多年推行运用,《审音表》对规范文白异读的不规范现象起到了积极的引导作用。但由于《审音表》对31条文白异读采取"文语"并存分用的处理方式,加之多数词条仅概述原则或略举数词为例,不能尽包,全凭读者领悟分辨和类推,因此在教学、测试、辞书编纂、媒体播音及其他运用领域仍存在很多问题。下面我们就文白异读的性质、《审音表》的处理方法及语音规范及评定等问题进行探讨。

(一)常见问题举隅与分析

1. 血

"血"字读音的混乱,从2010年著名的"血荒"事件可见一斑:2010年10月全国多座城市发生医疗用血告急的事件,10月26日,中央电视台《新闻1+1》以"血荒 心慌"为题进行了深入报道。在一小时的报道中,"血荒、血液、血源、血站、输血、缺血、用血、采供血、征血令、输血科"等词语反复出现,"血"字读为xuè、xiě,甚至xuě的都有,混乱至极。且不说医务人员、被采访人员、患者及家属的读音,作为播音主持专业人员的主持人、新闻评论员、背景配音员,不仅三人之间相互有读音分歧,每人自己也前后参差,其中背景配音员,读音处理得最合乎《审音表》的规范,主持人次之,新闻评论员语音相对随意。

"血"读音的复杂情况由来已久。《审音表》对它的读音做出如下规定:(一)xuè(文)用于复音词及成语,如"贫~""心~""呕心沥~""~泪史""狗~喷头"等。(二)xiě(语)口语多单用,如"流了点儿~"及几个口语常用词,如"鸡~""~晕""~块子"等。"血"的读音《审音表》没有采取"统读"的方式,而是保留"文""语"两种读音。《审音表》说明部分对"文白二读"的用法进行了简要区分:"前者一般用于书面语言,用于复音词和文言成语中;后者多用于口语中的单音词及少数日常生活事物的复音词中。"如此区分,意在解决读书音和口语音的矛盾,并做出规范指引,但事实远不如此简单。"血管"是复音词,读xuè,"血"是单用,读xiě,所以就有了"血(xuè)管里流的是血(xiě)"的尴尬。京剧《智取威虎山》"管教山河换新装"选段的唱词:"小常宝控诉了土匪罪状,字字血(xiě),声声泪,激起我仇恨满腔。普天下被压迫的人民都有一本血(xiě)泪账,要报仇,要伸冤,要报仇,要伸冤,血(xuè)债要用血(xiě)来偿!"括号里是根据唱腔注的音,按照《审音表》的规定,血(xiě)泪账,应该是唱错了。最尴尬的是"血(xuè)债要用血(xiě)来偿",试问,"血(xuè)债要用血(xuè)来偿"可以不可以?"血(xiě)债要用血(xiě)来偿"又是否可以?如果压缩成四字格是"血(xuè)债血(xiě)偿",还是"血(xuè)债血(xuè)偿",抑或是"血(xiě)债血(xiě)偿",或者"血(xiě)债血

（xuè）偿"呢？《审音表》恐怕不能给出直接的答案。

其实，这并不是《审音表》的过错，实际的语言中，文白异读的音义关系非常复杂，而《审音表》的规定是原则性的、举例性的。《审音表》的处理原则没有问题，但是仅举数例，大多数人未必能完全领悟其体例处理的深意，只能推而断之。例如："鸡血"，《审音表》词例中注为xiě，"鸡血石"《现汉》却处理xuè，显然是按照复音词的注音原则来处理的，两者读音的差异，使人顿生困惑。需要指出的是，文和语的区分并不与音节构成简单对应；"单用"有时并不等于"语读"，"复音词"也并不一定等于"文读"。岳飞词《满江红》，"笑谈渴饮匈奴血"，虽然"血"单用，更合理的读法却应该是xuè，不宜读为xiě。同样在"我以我血荐轩辕"和"残阳如血"中，最好都这样处理。冯骥才《国家荣誉感》（《实施纲要》朗读作品11号）："这国家的概念就变得有血有肉"，处理为xiě更合理。在"血荒 心慌"报道中，"血荒、血液、血源、血站、输血科"处理为xuè较为合适，"缺血、用血、采供血、征血令"处理为xiě较为适宜，因为它们语素之间的结合不像前一组那样紧密，中间可以插入其他词语。输血，需要讨论，《现汉》注音为xuè，输血是一个离合词，可以说"输了点儿血，输着血"等，我们认为，处理为xiě也是有理据的。因此也可以采取两读的处理方式，就像"流血"，在"鼻子流血"中处理为xiě，在"流血牺牲"中处理为xuè。这样输血和输血科（专名）读音的不一致，也就可以得到合理的解释了。有人在分析小学语文课本《她是我的朋友》（人教版三年级下册）"血"的读音时认为："抽血""献血""验血"这三个词语，都应当看作是定型的、带有医学专用术语性质的双音词，而不是动宾式短语。它们分别是由"抽取血液""捐献血液""检验血液"缩略而成，而且这些词语都具有书面语和褒义色彩，所以应当读xuè。这个说法值得讨论，首先"血"的读音与褒贬无关，其次与缩略或扩展无关，流血，也可以扩展为"流出血液"，"血"的读音主要是和语体色彩相关。

2. 露

北京广播网《新广播报》2010年6月29日，曾讨论"小荷才露尖尖角"中"露"的读音。作者分析认为："小荷才露尖尖角"中的"露"当"露出"讲，用现代汉语，"露"在这里读作lòu是没有错的；而在古典诗词的语言环境中，"露"在这里是书面语的单音词，还是应当读作lù。但这种解释并没有解除人们的疑惑。

露有lù、lòu两音，两音的分别，《审音表》是这样处理的：（一）lù（文）赤身～体、～天、～骨、～头角、藏头～尾、抛头～面、～头（矿）（二）lòu（语）～富、～苗、～光、～相、～马脚、～头。

按照一般的理解，"文读"的词语结构较为固定，"语读"的词语，结构多不紧密。徐世荣先生曾试图以此原则划分清楚"露"的两读，认为"露光"，可以说"露了光"，"露相"，可以说"露出（本）相"，读lòu；而"露骨"不好说是"露出骨头"，"藏头露尾"绝非真的"露出尾巴"，读lù。但语言事实依然复杂，lù、lòu之别有时也不能依此判定。例如："露马脚"，也并非"露出马的脚"，"露一手"也并非"露出一只手"，却都读为lòu。《现汉》"藏头露尾"依《审音表》注为lù，而"藏巧露拙"却注为lòu，令人费解。《现汉》"显露""透露"注音为lù、"泄露"注音为lòu。如果读《现汉》"透漏"词条的释语：透漏：透露lù；泄露lòu。一"lù"一"lòu"，读来总觉得不是那么恰当，特别有希望它们读音一致的愿望。至于到底取哪个音，借徐世荣先生的观点，"露"在一些词语中是"文、语两读皆可"的，只要一致起来就顺畅多了。"露出"在《实施纲要》中的处理也不一致：郑莹《家乡的桥》（《实施纲要》朗读作品18号）中注音为lù，杨朔《泰山极顶》（《实施纲要》朗读作品38号）中注音为lòu；这也可以解释为"露出"也是"文、语两读皆可"的词语。我们认为，"文、语两读皆可"比强作区分可能会更灵活主动一些。这样"露面"(《现汉》注lòu),与"抛头露面"(《现汉》注lù)的窘境也就解决了。

3. 剥

新浪博客载兰萱的博文《剥字的读音教学案例》,作者是一位语文教师,讲到《石榴》一课"剥开外皮"读音时,发现了学生的语音分歧,于是告诉学生:去掉外面的皮或者壳,就应该读"bāo",剥(bāo)花生、剥(bāo)莲蓬,剥(bāo)石榴皮,莫不如此。可事实复杂得多。

《审音表》对"剥"音的处理与"血"不同,"血"不但注明两音文语分用,而且明示了复音词、成语和单用的区别。《审音表》对"剥"的处理如下:剥(一)bō(文)~削(二)bāo(语)。《审音表》"文读"仅举一例,"语音"下未举词例,处理不如《现汉》明晰。《现汉》:剥bāo去掉外面的皮或壳:~花生|~皮。剥bō义同(bāo),专用于合成词或成语,如剥夺、生吞活剥。《现汉》两音分用,对比清楚。不过《现汉》的处理,也容易使人产生另一种误解,认为单用时一定读bāo音。仔细研读,我们发现《审音表》"剥"bāo音未注单用,表明单用有时也采用文读音bō。剥花生、剥橘子、剥蟹肉读bāo,同样表示"去掉外面的皮或壳"的语义,有时却应读bō,例如:辛弃疾词《清平乐 村居》"最喜小儿无赖,溪头卧剥莲蓬",苏轼诗《莲》"旋折荷花剥莲子,露为风味月为香",决不能因为"单用",而读为bāo。小学语文课本收《剥豆》(人教版五年级上册)和《清平乐 村居》(人教版五年级下册),有的老师认为,两者读音应当一致,都读为bāo,这种处理未免过于简单。也有人很不能接受"剥花生"与"剥莲子"不同音,其实只要洞悉"文""语"之辨,就会豁然无惑了。"剥花生"与"剥莲子"读音的不同并不是植物差异造成的,而是因为"剥莲子"出现在古诗词的语言环境中,如果出现在现代白话文的口语环境,"剥莲子"就应当读bāo了,例如儿歌《小木盆》"剥

莲子儿，做香饭，先给爹娘敬一碗"，读"bāo"是没有问题的。"剥光衣服"和白居易诗《杜陵叟》"剥我身上帛"，前bāo后bō也可以同理类推。

4. 薄

2008年天津市中考语文试卷有这样一道考题：

当那连绵的雨雪要来临的时候，卷云聚集着，天空渐渐出现一层薄云，仿佛蒙上了白色的绸幕……（《看云识天气》片段）

下面词语中的"薄"，与选文中"一层薄云"中的"薄"读音相同的一项是

A.薄板　B.淡薄　C.薄弱　D.薄暮

淡薄、薄弱、薄暮，"薄"的读音为bó，薄板读音为báo，按照答题技巧，答案应当是A。可问题是，标准答案一定标准吗？"薄云"中"薄"的语音确定只能是báo吗？

《现汉》在这两个读音的处理上是这样的：

薄 báo ①扁平物上下两面之间的距离小（跟"厚"相对，下②③同）：～板｜～被｜～片｜这种纸很～｜家底～。②（感情）冷淡；不深：待他的情分不～。③（味道）不浓；淡：酒味很～。④（土地）不肥沃：这儿地～，产量不高。

薄 bó ①轻微；少：～技｜广种～收。②不强健；不壮实：～弱｜单～。③不厚道；不庄重；看不起：～待｜刻～｜轻～。④不肥沃：～地｜～田。⑤看不起；轻视；慢待：菲～｜鄙～｜厚今～古。⑥姓。

就《现汉》来看，"薄云"的"薄"似乎有"不厚"的意思，也有"不浓，淡"的意思。从这个层面上讲，似乎读"báo"更有道理。但是解释为"少"似乎也不能说毫无根据。其实"薄"的读音不能只根据意义来判断，而更需要从文白语体色彩的角度来考虑。《现汉》没有标明bó与báo的文语之别，给一般读者带来一定误解和困惑。例如báo③释义"（味道）不浓；淡：酒味很～"，báo④"（土地）不肥沃：

这儿地~，产量不高"，可在词条"薄酒""薄地""薄田"中注音却不是báo，而是bó。我们可以参看《审音表》的处理：薄（一）báo（语）常单用，如"纸很~"。（二）bó（文）多用于复音词。~弱、稀~、淡~、尖嘴~舌、单~、厚~。

像其他文白异读词语一样，"薄"读báo还是读bó主要由语体色彩决定，"单用"或"用于复音词"对于辨别"薄"的语体色彩有一定参考作用，但不能作为主要依据，因为"单用"的"薄"未必都是口语词，含"薄"语素的"复音词"未必都是书面语词。例如：李清照词《醉花阴》："薄雾浓云愁永昼，瑞脑销金兽"，"薄"单用，但是应读为bó；老舍《济南的冬天》："那点薄雪好像忽然害羞，微微露出点儿粉色"（《实施纲要》朗读作品17号），"薄雪"是复音词，却注音为báo。具体到某个词语是什么语体色彩，不同的人可能有不同的主观感受，得出不同的结论，对"薄雾""薄云""薄烟"读音的争议就属于这种情况。又如朱自清《荷塘月色》中"薄薄的青雾浮起在荷塘里"，文章比较典雅，我们推荐读bó bó，也不排斥báo báo的读法。我们应该允许有不同的处理，因为可以体现不同的色彩。

5. 蔓

冯骥才《珍珠鸟》一文，曾入选原《大纲》朗读篇目，文中有这样一句话："我便用吊兰长长的、串生着小绿叶的垂蔓蒙盖在鸟笼上"，"垂蔓"一词中"蔓"的注音为wàn。人教版小学语文教材五年级上册也选用此文，2009版教材读音是wàn，而2010版新教材注音却改为了màn。有教师专门就此咨询，2010年11月12日人教网刊发了人民教育出版社小学语文室关于"蔓"注音的解释信：

"关于'蔓'的读音问题，语言学界有不同看法。我们教材之所以改动两次，也是因为不同专家有不同看法所致。根据《现代汉语词典》第5版的解释，'蔓'读（màn）时，多用于合成词。在《珍珠鸟》这篇课文中，'叶蔓''垂蔓''绿蔓'都是合成词，所以我们倾向于用（màn）。但也有一些专家认为，既然'藤蔓'中的'蔓'是读（wàn），'叶蔓''垂蔓''绿蔓'也应读（wàn）。作为教材的编写者，要以《现代汉语词典》作为依据。再考虑到南方地区的口语中基本上没有'蔓'读（wàn）这个音，也避免教师教学中多音字带来的不便，我们选择了（màn）作为最后读音。经过咨询教育部语用司的专家，他们也认可。所以，请你教学时按（màn）读，教材今后如果没有其他修改，在这个读音上将不再做修改。"

不少人和人教社编辑一样，试图从《现汉》中寻找答案，但依然无解。《现汉》：蔓wàn 细长不能直立的茎：藤～|扁豆爬～儿了|顺～摸瓜；蔓màn 义同"蔓"（wàn），多用于合成词。

《现汉》的音义处理不够清晰，例如：枝蔓，注音为màn，释义为"枝条和藤蔓"。藤蔓，注音为wàn，释义为"藤和蔓"。其实，"蔓"的注音还是要依照《审音表》的处理原则。《审音表》对"蔓"字的读音审定如下：蔓（一）màn（文）　～延、不～不支（二）wàn（语）瓜～、压～。

理解了"蔓"的文、语分别的原则，《纲要》和教材中关于"蔓"读音的更改也就容易理解了。《小石潭记》中"青树翠蔓"、《爱莲说》中"不蔓不枝"的读音也就有了答案。

（二）相关讨论

1. 关于文白异读现象

"文白异读"是地域方言受权威方言影响产生的语音变异。普通话的文白异读，与习惯误读、方音影响、北京土音、多义多音等其他异读相比，有其特殊性。文、语二音都是存在于权威地域方言的语音，而且相当一部分文白异读的词语都有权威社会方言的支持，即文化程度较高的人群对文语二音并存共用并不排斥，如以上所举各例。文白之异不在于使用者文化程度的差别，并非文人（文化程度高者）读"文读"，白丁（文化程度低者）读"白读"，而是更多体现为语体色彩的差异，书面语色彩偏向于选择"文",口语色彩偏向于选择"语"。换言之,文白异读的真实意蕴在于风格色彩的区别,所以判断文白异读,很多情况是判断怎样更"切境"的问题,而不是简单的正误之辨。同时,书面语和口语会相互影响和渗透,相互浸润和交融,有时很难在二者之间划出一条明显的界限,如果强分口语和书面语就会遇到很多尴尬,更明智的做法是保留两读,在"切境"的原则下,有所取舍,尽量一致。

人们一般认为异读导致运用混乱,影响汉语的表达,把它视为一种消极的语言现象,但异读有语言学的研究价值和使用价值。我们前文曾引述王士元先生"词汇扩散理论"观点解读可轻读现象的合理性,用该理论说明异读问题同样富有启发:"在任一时期任一个活的语言当中,我们都可以预期会发现若干组单词具有双重发音……事实上这种双重发音很多时是出现在一个人的口中。""在这些演变开始和结束之间的过程中,会发现或多或少的自由变体,以便说话人在不同形式之间做出选择。"(王士元2000:8)这实际上把"双重发音(包括文白异读)"既看作丰富语言表达手段的积极因子,也将其视为语言起变的积极因素,认为它是推动语言发展演变的动因之一。语言的共时状态中充满着变异因素,语言的演进正是从变异成分的变异开始的,变异导致语言共时状态的不平衡和无序,变异过多,过于繁复,会造成交际困难,这就会导致语言向新的平衡和有序转化。因此,不加分析地批评异读现象是不值得提倡的。

"文白异读"两音在一定时间里同时共存,相互竞争。徐通锵先生认为,文白竞争的总趋势"一般都是文读形式节节胜利,而白读形式则节节败退,最后只能凭借个别特殊的词语与文读形式抗争"。(徐通锵1996:353)我们赞同徐先生运用语言变异理论对"文白异读"的起因、形式、地位、作用进行的深入分析,但他对"文白异读"走势的概括和"文弱白强""文白相持、势均力敌""文强白弱"三个竞争阶段的划分略显简单。我们考察《审音表》会发现,有的取"文"

舍"语",如"避"取bì音,舍bèi音;"鹤"取hè音,舍háo音。有的取"语"舍"文",如"白",取bái音,舍bó音;"摘"取zhāi音,舍zhé音。有的则"文语"并存分用,如:"澄"chéng、dèng两音并存。因此,文白竞争最终趋于统一,还是共存分用,是统一为"文"还是"语",抑或分化,这完全取决于交际的需要,应该交给语言实践者去决定。文白异读是语音"历时"性差异的"共时"呈现,不能用简单的人为"规范"在短期内强行实现统一,"定则定矣""一统了之"的简单化操作,违背语言约定俗成原则和语言"异质有序"的发展规律。

2. 关于《审音表》

《审音表》是由国家语言文字工作委员会、国家教育委员会、广播电视部联合发布的,是我国语言文字领域重要的规范标准。《审音表》固然是语言规划"干预"变异和规范之间矛盾的结果,但"干预"不是凭空臆造,而是语言自然调节基础上的一种自觉规范,我们应当深刻理解《审音表》的审音原则和体例。《审音表》不是"统读表",不是仅仅采取"统读"一种方式处理语音问题的,保留文白两种读音,并加以区分也是一种解决和处理语音矛盾的重要方式。《审音表》并不能覆盖所有异读现象,在贯彻时也应该允许有所变通。随着语言的发展和认识的深化,《审音表》也需要在保持相对稳定的同时,与时俱进,适时修订、完善和更新。

2011年10月,新世纪的审音工作已经启动,对《审音表》文白异读,应进行深入总结和探讨。一方面,对《审音表》31个未统读的文白异读词语(语素),应在充分调查的基础上,根据学理进行进一步规范,如:螫,可统读为shì,不取zhē音,因为zhē音可以用"蜇"字以义统音。对于一些老大难的历史问题,少一些"历史"羁绊,在引导上多一点决断,也是一种可以探讨的方法。以"血"字为例,据"普通话审音工作宣传与意见征集研究课题组"研究,该字在"血液、流血、出血"中选择读为xuě的比例分别为30.5%、26.1%和34.6%（王敏、姚喜双、魏晖2011：6），均是第二选择项，目前虽还不好说该音代表了文白趋同的走势，但正如徐通锵先生指出："如果在文白两种力量的相互竞争过程中有一种新的音变力量挤进来，形成三种或四种力量的竞争，那么这种新的音变力量可能会干扰文白两种力量的相互竞争"（徐通锵1996：359），从而"改变文白竞争的演变方向，使音系产生新的结构格局（徐通锵1996：361）"。

文白竞争可能存在三种前途：A战胜B；B战胜A；或者A、B长期竞争，势力相当，发生"语言折中"现象，由新的读音C取代A、B完成统读过程。"血"xuě的读音正可以看作xuè、xiě长期文白竞争、不相上下，而选择的"语言折中"现象，它复合了A的声母、韵母和B的声调，又没有打破普通话的音节结构分布格局，在音理上完全没有障碍，这可能是xuě的读音易被群众接受并传播较广、影响较大的原因。这种现象虽然比较少见，但在语言规划中适时承认，倒也不啻为处理某些历史遗留问题的一种破解方式。

另一方面，对近年产生的"新文白异读"要及时跟踪调查，进行引导，如：法国城市戛纳，因国际电影节和2011年二十国峰会名声鹊起，但"戛"的读音问题突显了出来，jiá是《现汉》的规范读音，gā是一般民众的读音，中央人民广播电台、中央电视台两读都可听到，2011年《新闻联播》从俗从众取gā音，这些都需要在新的《审音表》中体现出来。

3. 关于标准语的标准观

媒体传播、语文教学和语言测试要体现标准、传播标准、执行标准，标准语也有自身的规范标准参照，但标准参照不是任何情况下都是"非此即彼""说一不二"的。规则要求严密精确，而语音规范很难实现全然的必然性和规则性，往往体现出一定的或然性和选择性，这正是语言模糊性最根本的规则之一。进行语音规范应重视系统性和任意性的对立统一，不加区分过分追求所谓的"系统规范"和"规则绵密"，既不符合语言规律，还会扼杀语言的活力。对文白异读进行规范，要考虑音变范畴和词汇范畴的系统性，还要注意到文白异读特殊的复杂性，因为文白异读的"异"在共时层面体现为分中有合、合中有分，文白的区分，有时泾渭分明，有时混同不清；有时非此即彼，有时可此可彼。

进行语音规范还应重视学理和俗实的对立统一，学理和俗实本不是截然对立、不可调和的矛盾，而是对立统一体。文白异读的规范应当避免片面"求文尚雅"和过于"崇新奉俗"两种倾向。李宇明先生在《词语规范的若干思考》中，建议将权威的社会方言也作为语言规范的参照点，提出"权威的社会方言最接近于学理，词汇规范考虑社会方言的问题，在处理学理与俗实的分歧时是有帮助的"。[①] 这对我们进行语言规范，包括文白异读的规范无疑具有重要的理论价值和实践意义。他还提出："在以往的语言规范中，'约定俗成'是操作的最高准则，当学理与俗实发生矛盾时，学理往往要服从俗实。若以权威社会方言作为参照点，把'约定俗成'作为最高准则的规范观就值得重新研究。"[②]我们认为把"约定俗成"作为语言规范的最高准则并无不妥，倒是应当区分"俗实"和"时俗"的不同。"俗实"指普遍流行已成事实的语言现象，"时俗"则指时下流行并未取得充分共识的语言现象。换言之"俗实"是已"约定俗成"的语言现象，"时俗"是"约而未定、俗而未成"的语言现象。学理和俗实的矛盾，往往是旧有的"学理"不能很好解释新的语言规律的矛盾，我们正确的做法应当是，从已经"约定俗成"的语言现象的背后，发现其中隐含的新的学理。

语言不是一种同质的孤立系统，而是一种有序异质的网络系统，受各种语言内部要素和社会、文化、历史要素综合作用的制约。因此进行语音规范，应当重视各种要素的综合作用。文白异读仅从语言交际功能

[①②] 李宇明（2010：129），原文《词语规范的若干思考》，载《厦门大学学报（哲学社会科学报）》2002年第2期。

来考量它的规范,未免失之于简单,综合考量其思维和文化传承等社会功能,全面权衡文白异读在言语社团心理意识方面的诸多差异,才能做出稳妥有效的规范。语音规范还要讲求动态。文白读音形式本身的地位并不是一成不变的,随着社会条件的改变,语言中可能会出现新的读音形式,使文白异读产生层次"叠置"和"附加"的复杂状态,如前文所举"血"的情况,这就更需要我们妥善处理,在动态中寻求合理的措施。

进行语音规范,不能脱离具体的语体、语域和风格。文白异读多属于通用词汇,不同于专有名词和科技术语,后者要求所指具有唯一性,而前者同一词形存在的异读现象较后者为常。在大多数情况下,文白异读的音类差别往往受到比较严格的词汇条件的管辖,文白差异受雅/土两种风格色彩的制约,同一语素构成的各个词语,一般各有适用的交际领域,不宜互换。同时,雅/土又是一个无法截然划分的连续体,这时文白的选择就会体现出双重性,表现出的形式似乎是"混乱",实质上却是语言系统处理"非典型性"语言现象的必然选择。了解了这一点,我们就不会无端质疑和惊诧文白异读正常而自然的歧异现象了。

四 "啊"音变的评定

(一)"啊"音变规律的一般解读

"啊"可以做叹词和语气助词,叹词"啊"用于句前,发音为ā、á、ǎ、à,均不产生音变,因此不在讨论之列。这里讨论的是作为语气助词的"啊",语气助词"啊"用在句尾或句中,常受到它前面音节韵母或韵尾的影响而发生不同的音变,我们习惯把这种现象称为"啊"音变。通行的普通话培训测试教材和现代汉语教材,对"啊"音变规律的描述比较一致,一般根据前面音节,区分六种情况。以邢福义先生主编《普通话培训测试教程》为例:1."啊"变读为"呀"("啊"的前一音节末尾音素为a、o、e、ê、i、ü时);2."啊"变读为"哇"

（"啊"的前一音节末尾音素是u、ao、iao时）；3."啊"变读为"哪"（"啊"的前一音节末尾音素是n时）；4."啊"变读为"nga"（"啊"的前一音节末尾音素是ng时）；5."啊"变读为"za"（"啊"的前一音节末尾音素是-i（前）时）；6."啊"变读为"ra"（"啊"的前一音节末尾音素是-i（后）和er时）。这是从"啊"音变的结果观察而得出的结论，如果从音理来分析，"啊"音变主要包括连读同化和增音两种情况。连读同化，是为了使音节的组合更为协调，是句子节奏组的需要，例如，"啊"（[A]）是元音，它与前面音节的末尾音素连读，变读为"哇"[uA]、"哪"[nA]、以及[ŋA]、[zA]、[ẓA]等均属此类；"啊"的前一音节末尾音素是i、ü时，变读为"呀"[iA]也属于此类。所谓增音是为了发音方便，在语流中增加某种原本没有的语音成分，例如"啊"与末尾音素是a、o、e、ê的开元音相连时，为了使两个音节界限更加分明，就在"啊"之前增加一个"i"，"啊"就变读为"呀"[iA]了。同样变读为"呀"，末尾音素是i、ü的，属于连读同化，末尾音素是a、o、e、ê的，属于增音，这种分别应当明确，这有利于理解和掌握"啊"音变的规律。

（二）普通话水平测试对"啊"音变的处理

普通话水平测试对"啊"音变的评定，对普通话教学和学习有明显的反拨效应。举两个事例：一个是《普通话水平测试实施纲要》出版后，一些读者（包括普通话教师和测试员）对"啊"拼音没有标注音变有一些意见，甚至认为是拼错了音。第二个事例是有位测试员曾向笔者反映，央视著名主持人王雪纯在一档节目中，把"小河啊、小桥啊、水井啊、篱笆啊"都读为"呀"，并认为这是错误的，测试中出现这类问题不应当进入一级甲等。这两件事反映出普通话教师和测试员对"啊"音变相当敏感，他们在教学和测试中对"啊"音变要求也是十分严格的。细心的读者从2004年《实施纲要》和1994年原《大纲》"啊"音变处理方式的对比中，发现编者对"啊"音变进行了根本性的调整，这种处理方式的调整，反映出编者理念上的一些变化。那么这种调整合理不合理，这些变化有没有依据呢？我们先来看看两本著作的处理方式：

《原大纲》对"啊"音变，用"语音提示"的方式加以注明和提醒，如：

满桥豪笑满桥歌啊！　　　　　　（语音提示：啊 ya）
真是百折不回啊！　　　　　　　（语音提示：啊 ya）
为什么偏白白走这一遭啊？　　　（语音提示：啊 wa）
爸爸妈妈，雪大路滑，当心啊！　（语音提示：啊 na）
猫说："行啊。"　　　　　　　　（语音提示：啊 nga）
是啊，我们有自己的祖国……　　（语音提示：啊 ra）

《实施纲要》取消了语音提示，而采用全文加注拼音的形式，但是"啊"音变并没有注音变形式，一律采用原形。

《实施纲要》的处理，一方面有全书体例协调的考虑，即全书音变包括轻声、儿化、"一、不"变调、上声变调、形容词生动形式，都采用原形（原调），"啊"音变也不例外，这符合一般教材和书籍的处理惯例。第二点考虑是如果拼音标注"啊"音变，也有不能贯彻到底的弊端，例如"啊"在zi、ci、si后变读为"[zA]"，在zhi、chi、shi、ri后变读为[ẓA]，都无法用拼音标注，需借助国际音标，这对一般读者并不适用，nga的标注形式也容易使部分读者产生普通话有ng声母的误解。第三点考虑是，"啊"如果全部标注音变形式，会给读者和教师、测试员一个误导——在任何情形下，"啊"都必须要发生音变，没有音变就是一种错误，而这与语言事实并不相符。《实施纲要》不把"啊"音变以"语音提示"或其他形式标注出来，就是希望不要过分凸显对"啊"音变的片面认识，以纠正教学和测试中的偏差。

"啊"音变有着比较严整的变化规则，但决不是一条违反不得的"铁律"。在教学和测试中存在误区，与主流教材的表述以及对测试评分标准不恰当的解读有一定关系。多数教材把"啊"音变规律描写得很清楚、很严整，但缺点是很少能够指明"啊"在什么情形下才会变读，什么情形下也可能不变读；什么情形下变读为好，什么情形下不变读更佳。宋欣桥在"语音评定参照细则框架"中，把"语气助词'啊'的音变错误"列为"语音错误基本类型"，并在《普通话水平测试评分中的几个问题》一文里，对"啊"的语流音变错误的判定提出两条建议：一，朗读篇目中语气词"啊"，汉字写作"啊"的，应试者未按规律音变的（如一律读作"呀"的），应判定为发音错误。二，说话项中并非列举事物，也没有表示什么强烈的语气，而把语气词"啊"一律说成"呀"的，可以按发音错误处理。（参见宋欣桥2004：215）宋文以上意见，在全国普通话水平测试领域影响很大，据笔者对全国17个省级测试机构《评分细则》的研究，有7个省份将"啊"未根据语境变读明确规定为语音错误，其他未在《评分细则》明确规定的，也都依从这样的评分标准。其实，各地对宋文建议的理解有一定偏差：宋文首先区分了朗读和说话两种情况，其次承认列举事物或表达特定语气时，"啊"变读为"呀"的合理性。不过，我们认为区分朗读和说话不如区分语境和语速更为合理，在区分语境、语速基础上区别对待自由音变和不自由音变，解释性和操作性可能会更好。

（三）语言学者对"啊"音变的考察

许多语言学者对"啊"音变有过研究和考察，早期如：黎锦熙先生《新著国语文法》（1924年），赵元任先生《北京、苏州、常州语助词的研究》（1926年），吕叔湘先生《中国文法要略》（20世纪40年代）都有所论述。此后，林焘（1963）、胡明扬（1981）、金有景（1981）、徐世荣（1999）等多位学者也在前人研究基础上进行了深入探讨。特别是林焘先生和胡明扬先生，对"啊"音变的复杂关系以及影响因素进行了深入调查和分析，对普通话教学和测试有很大的启发意义，有必要引述和评介给读者。

林焘先生《北京话的连读音变》把"啊"音变区分为"不自由音

变"和"自由音变"。"不自由音变"指只要音变条件出现，就必然产生音变现象；"自由音变"指虽然出现了音变条件，但并不一定必然产生音变现象。他通过考察指出"啊"音变有四种是不自由的（参见林焘1963）：

条　件	"啊"音变	例
[-n+a]	[a→na]	看啊→看哪
[-i+a]	[a→ia]	你啊→你呀
[-y+a]	[a→ia]	去啊→去呀
[-a+a]	[a→ia]	打啊→打呀

只要"啊"出现在[-n, -i, -y, -a]之后连读，就必须音变，读"哪"或"呀"。其他"啊"音变则不属于"不自由"连读音变，也就是说属于"自由"音变，变读或不变读具有"选择性"，而不具有"强制性"。

林焘先生还对"啊"和"呀"的音变分布，做了详细的考察，指出在北京话里，"呀"已经有超出"啊"音变范围，并取得与"啊"同等地位的趋势。他指出"呀"在表示胪列事物时，"如果都按照'啊'音变来读，遇到不自由的'啊'音变，忽而[a]，忽而[na]，忽而[ia]，反而减弱了胪列的语气。正好有一个'呀'可以替代'啊'出现在任何一种收声之后"。以下是林文举的例子：

（1）谁要加进他那一伙去，那是行的，但是什么资产阶级专政呀，资本主义社会呀，基马尔主义呀，现代国家呀，一党专政呀，一个主义呀，等等花腔，岂非更加不好意思唱了吗？

我们通过国家语委现代汉语语料库检索，发现表示胪列关系时，"呀"的用例有36例，如：

（2）女人的眼泪呀，悲伤呀，痛苦呀，实在是最不可靠，最不保险，最没有意义的。

（3）女人则苦呀酸呀，天呀地呀，心呀肉呀，魂呀魄的，高高低低穿插在中西两拨乐队的伴奏中。

而"啊"仅有8例,明显少于"呀"的用例,如:

(4)一天到晚,梁祝啊,孔雀东南飞啊,断桥相会啊,迷得不得了。

(5)我们敬爱的周总理和同来的领导人,一起加入秧歌队伍,大家尽情地笑啊、唱啊、扭啊!

以上用"啊"表胪列关系,也并不意味着作者强调要用"啊"音变来读,只是书写的习惯而已,口头朗读时,仍以读"呀"为常。也有人疑问,如果都读作"啊"([A]),不发生音变,是不是也可以表达胪列的色彩?我们认为,如果用"啊"([A])表胪列不是不可以,但是"啊"的音节界限不如"呀"清楚,另外遇到"不自由音变",读到底是读"啊",还是读"哪"读"呀",也难以处理。如:

(6)春冬两闲,过年过节,饭铺里,牌啊,赌啊,烟啊,酒啊,……你们想想,咱村里如今这么些个流氓荒子,哪里来的?

如果都读"啊",倒也可以体现胪列的色彩,但是"牌啊""烟啊"因为是"不自由音变",应当读为"牌呀""烟哪",这样胪列的色彩就会大打折扣了。

在语料库中,也发现了1例按照"啊"音变,处理胪列关系的例句:

(7)她的外形已经没有一点中国人的样子,头发呀,眼睛啊,鼻梁骨哇,哪儿哪儿都是地道的洋人相。

此例按照"啊"音变来读,颇感不顺。

林焘先生还认为,"呀"有加强语气的特殊作用,是"啊"音变不能取代的,以下是他举的一个例子:

(8)说理的首先的一个方法,就是重重地给患病者一个刺激,向他们大喝一声,说:"你有病呀!"使患者为之一惊,出一身汗,然后好好地叫他们治疗。

林先生指出,"呀"之前的音节是"—ng",读"呀"不合音变规律,但语气比合乎音变规律的"nga"更强烈。由此他认为,"呀"并不完全等同于"啊",已经成为"啊"的一种加强语气。

胡明扬先生《北京话的语气助词和叹词》对影响"啊"音变的语言学因素和非语言学因素进行了探讨。他指出由于语流速度不同,连读还是不连读,连读后产生什么样的变化都会有所不同,朗诵和广播等慢速语流,往往不连读;日常说话等常速语流,往往连读;非正式场合的快速语流,甚至会产生合音。他认为,语流中的间歇,也可以阻止产生连读现象,也就不产生音变。在不同场合使用的不同语体,会影响语流速度,从而也影响连读音变。他还对影响"啊"音变的非语言学因素进行了探讨,通过对"总理啊总理"中"啊"音变进行的调查,他发现三种情况:一类只读"啊",不读"呀";一类只读"呀",不读"啊";一类两可。有些被调查者还把其选择的读音的理由解释为"啊"庄重,而"呀"不严肃,或"啊"感情深,"呀"不深。①胡先生认为,选择"啊"的哪种音变不是绝对的,个人因素占了很大成分。

胡明扬先生的研究,可以帮助我们解释宋欣桥先生判定"啊"音变区分"朗读"和"说话"的理由:二者既有语速的区别,也有语体的分别,也使我们明白了"啊"音变有时是一种"或然性音变",而并非"必然性音变",它也不是一个纯粹的语音问题,而是由许多心理和社会因素决定的。

(四)讨论及思考

1."啊""呀"的分与合

学术界一般认为"呀"是"啊"的音变形式,《现代汉语词典》"呀"的释义:"'啊'受前一字韵母a、e、i、o、ü的影响而发生的变音。"一些汉语史专家如孙锡信(2001)、钟兆华(1997)等,也从历时的角度对"啊""呀"进行了考察。有的学者认为"呀"在明代以前是一个独立的语气词,是在经过一段独立运用的历史之后才与

---

① 胡文未对此进行更深层的分析,笔者认为"啊"一般情形下读央[A],但在"总理啊总理"中可以处理为后[a],发音部位比只能读央[A]的"呀"偏后,更利于表达庄重的语体和深厚的情感。

"啊"归并，成为"啊"的语音变体的。也有学者认为不合"啊"音变的"呀"自元明以来一直存在，因此"呀"的独立性一直就不存在问题。林焘先生和胡明扬先生的研究都从共时的角度进行调查，通过实证调查分析，认为只把"呀"看成是"啊"音变的结果是不够全面的，独立于"啊"的"呀"是存在的。胡先生认为这种现象尽管仍属少数，但在发展，林先生甚至认为，"呀"已经有超出"啊"音变范围，并取得与"啊"同等地位的趋势。我们通过国家语委现代汉语语料库检索，"啊"有4088例，"呀"有5132例，可算是一个补证。"啊""呀"的流变，还需要详加考察，仅凭书面材料尚不足为据，最好结合口语的考证。"啊""呀"的分合和运用，有历史语言学的和社会语言学的原因，甚至超出了连读音变的范畴。普通话水平测试对"啊"读为"呀"，不能采取简单化的方式，如果断章取义地认为"如果将'啊'一律音变为'呀'，则算是'啊'音变错误"，这实在是一种误解。

2. "啊"音变在测试中的规范读音

第一，书面材料不是"啊"的，应按照书面字形读。

作家写作有一定随意性，笔下的和口头说的不一定相符。但由于测试所依凭的是经过严格遴选和加工的规范书面材料，所以朗读时，书面不是"啊"的，按照书面字形读比较稳妥。例如：

（9）奶奶总是说：这块丑石，多占地面呀，抽空把它搬走吧。（《实施纲要》朗读作品3号）

有人对此加以批评，认为按照"啊"音变规律，应当写作"哪"或"啊"，读为[nA]。这种批评是没有道理的，"呀"音节界限清晰，而且比较符合老人对孩童劝诱的语气，文中用"呀"准确恰当。

当然，测试选用篇目以外的文章，可能出现规范程度不高的误用，朗读时应予纠正，如：

（10）南极心想：假如弟弟此刻能同我在一起观看这番奇景，那该多美哇！（国家语委现代汉语语料库）

此例"哇"属误用,应当写作"啊"或"呀",读作[iA]。

第二,书面材料是"啊"的,应区分"必然性"音变和"或然性"音变。

属于"必然性"音变的"啊"必须按照音变规则变读,如[-n]之后的"啊"变读为"哪"[nA],[-i][-y][-a]之后的"啊"变读为"呀"[iA],此不赘述。其余的"或然性"音变可以不发生音变,仍读"啊"[A];也可以根据语速、语体读出各种变化,但是一定要读得符合音变规律,否则应当视为语音错误。

第三,表胪列关系或强调语气的"啊",无论书面字形写作"啊"还是"呀",均应当读"呀"[iA]。

3. 教学建议

"必然性音变""或然性音变"的区分,对"啊"音变教学有重要指导意义。"啊"音变教学,一开始就列举"啊"音变的各种环境,然后让学生强化练习和记忆的教法不可取。最重要的也许是首先让学生明白,"啊"不是在任何情况下都必须音变的:在"必然性"音变的语音环境下,"啊"是不自由的,必须变;在其他语音环境中,"啊"的读音具有"或然性",是意控的,可以根据实际运用,在变与不变之间进行选择。对于初级学习者而言,则完全可以简化规则,只教"必然性"音变规律。当然对于较高水平的学习者而言,全面掌握"啊"音变是应该的,不过也有方法问题,一下子摆出若干条规律,容易使人望而却步。"啊"音变很多时候,是连读同化的结果,语流速度快,就会自然产生音变,无须去记忆,如"哇"[uA]、"哪"[nA]、以及[ŋA]、[zA]、[ẓA]等均属此类;需要记忆的无非是开音节ɑ、o、e、ê、i、ü后的"啊",它们都读"呀"[iA],这样学习掌握就简单多了。

《普通话水平测试实施纲要》朗读作品"啊"音变的用例(共12例附列于下:

（1）这又怪又丑的石头，原来是天上的啊!

（2）推开门一看，嚄!好大的雪啊!

（3）我们每个人都是风筝，在妈妈手中牵着，从小放到大，再从家乡放到祖国最需要的地方去啊!

（4）然而，火光啊……毕竟……毕竟就在前头!

（5）家乡的桥啊，我梦中的桥!

（6）当第一束阳光射进舷窗时，它便敞开美丽的歌喉，唱啊唱，嘤嘤有韵，宛如春水淙淙。

（7）是啊，我们有自己的祖国，小鸟也有它的归宿，人和动物都是一样啊，哪儿也不如故乡好!

（8）我想张开两臂抱住她，但这是怎样一个妄想啊。

（9）大约潭是很深的，故能蕴蓄着这样奇异的绿；仿佛蔚蓝的天融了一块在里面似的，这才这般的鲜润啊。

（10）在它看来，狗该是多么庞大的怪物啊!

（11）你砸他们，说明你很正直善良，且有批评不良行为的勇气，应该奖励你啊!

（12）这都是千金难买的幸福啊。

五　形容词生动形式音变的评定

形容词通过重叠形式表示特别的语法意义，王力先生（1985）称之为"绘景法"，它可以"使所陈说的情景历历如绘"。可是有不少人都觉得，重叠形式的表达效果固然生动，但带来的读音变化，头绪纷纭，实在"恼人"。下面我们对这类"生动"但"恼人"的音变现象进行讨论，涉及AA式、ABB式和AABB式三类形式，如：

AA式：　远远、扁扁、满满

ABB式：　红彤彤、金灿灿、乐陶陶

AABB式：　亲亲热热、仔仔细细、坑坑洼洼有人把以上几种形式统称为重叠形容词（或叠字形容词），有人称之为形容词重叠，还有人称之为状态词。我们采纳吕叔湘先生的名称，把它叫作"形容词生动形式"。因为这类现象既包括形容词的重叠，如小小、飘飘渺渺等；也包括重叠后才成为形容词的，如漫漫、懒洋洋、熙熙攘攘等。前一类有基本式，属于构形重叠，可以说是形容词重叠；后一类没有基本式，属于构词重叠，称为重叠形容词（或叠字形容词）较为恰当。《现代汉语词典》第5版开始标注词性，把ABB式处理为形容词的一个附类，注为状态词。本文不对形容词生动形式进行语法探讨，我们着重讨论其音变现象。

（一）AA式

普通话AA式有一种常见的音变现象，朱德熙《现代汉语形容词研究》指出"单音节形容词X按照XX的格式重叠。第二个音节读高平调，同时儿化"（朱德熙1956：1），如：红红儿的hónghōngr·de、小小儿的xiǎoxiāor·de、慢慢儿的mànmānr·de。一直以来学术界和教学界都接受这种观点，人们常把AA式第二个A变读阴平调和儿化视为严格的规律。吕叔湘先生指出"北京口语中第二个A一般读阴平调，儿化"。（吕叔湘主编1980：637）粗略地看，吕先生的表述与传统观点似乎并无二致，但仔细研读，有这么几点值得重视：一是指出音变是北京话现象，二是指明音变是口语现象，三是指出音变是常见（也即一般）现象。由此看来，普通话水平测试中把"叠字形容词中AA式带上'儿尾'读儿化韵时，在朗读中没有变调的"处理为语音错误，是值得讨论分析的。

首先我们应承认AA式带上"儿尾"读儿化韵时，第二个A经常变读为阴平是客观现实，但我们又不能拘泥地认为"儿化"和变读阴平在任何情况下都是"有之必然、无之必不然的"的简单现象，例如：

（1）只见张姑娘两只眼睛揉得红红儿的，满脸怒容，坐在那里。

（2）雪并不很大，纤巧地落，薄薄儿一层在地面，却冷峻得钻心。

（3）他眼睛小小儿的，调皮地眨呀眨的。

以上三例读为红红儿hónghóngr、薄薄儿báobáor、小小儿xiǎoxiǎor并不感到拗口，如果一定变调为阴平，反觉得别扭。"好好儿"被认为是AA式儿化并变调的典型，《现汉》第5版和第6版收录该条，词性有二，状态词和副词，注音为hǎohāor，但例句"那棵百年老树，至今还长得好好儿的"，读为hǎohǎor，恐怕也不好算错。同样，"好好学习，天天向上"，读为hǎohǎo是正确的，如果读为hǎohāo，也不能说一定不行。《现汉》还收录了一个词条"早早儿"，注音为zǎozǎor，第二个音节儿化，却没变调读阴平。该条《现汉》词性标注为副词，但视为状态词也是可以的，如"他起得早早儿的"，读为zǎozǎor或zǎozāor都合乎语感。这是怎么一回事呢？ 林焘先生其实有过很好的阐释："一部分单音节动词形容词重叠时，如果第二个音节同时儿化，就必须变调读为阴平。""一部分单音节形容词重叠但第二个音节不儿化和一部分单音节副词重叠时，第二个音节可以变调读为阴平。例如'圆圆的、小小的、大大的、常常的、渐渐的'。"（林焘1963：50—51）我们往往片面理解规律，只强调"第二个音节同时儿化，就必须变调读为阴平"，而忽略"一部分"的条件说明。儿化和变调读为阴平在多数情形下是"相形伴生"的，因为它们都是口语现象，总的风格基调是协调的。但语言又是丰富的，多样化的，在口语色彩不那么突出的情形下，AA式音变规律会有所调节和变异。

（二）ABB式

ABB式"在北京口语中BB常读阴平调"。（吕叔湘主编1980：637）长期以来，ABB式变调被列为普通话教学的必备内容，这个本来不是一条严整规律的规律，在教学和测试中一直被奉为圭臬。2006年人教版小学语文课本一年级上册《小小竹排画中游》"禾苗绿油油"，注音为lǜ yōu yōu；2011年印刷的教材，注音改为了lǜ yóu yóu。人教社《教师教学用书》对此进行了说明："绿油油的'油'课文中注的是本音，朗读时应读第一声。"同样《教师教学用书》对"黄澄澄、红彤彤、沉甸甸"注音和读音都进行了说明，并提出教学建议。现摘录如下："黄澄澄的'澄'、红彤彤的'彤'在词中均读一声"（二年级上册）；"红彤彤的'彤'单独念时读tóng，在'红彤彤'这个ABB结构的词组里发生变调，应读hóngtōngtōng。学生在朗读时应提醒他们读正确"（四年级上册）；"沉甸甸中的叠词要读一声"（五年级上册）。《教师教学用书》的说明值得讨论。首先术语表述不够严谨，"词""词组""叠词"前后不一，使用随意。如前所述，ABB式结构可以看作构词重叠，因此称为重叠形容词（或叠字形容词）较为适宜，称为"词组"不妥。另外，教学指引的表述，认为课文注音虽然调整为"本音"，但朗读还应当变调读为阴平，这对教学有不小的误导。笔者孩子的老师让孩子们直接在课本上把"本调"用红笔改为阴平，大概这样可以"言文一致"省却不必要的麻烦。人民教育电子音像出版社小学语文课本的录音采用的也是变调的读法。问起教材注音的变化、教师指引的表述和示范录音，人教社的编辑解释说这个问题是经过讨论研究的，ABB式叠字形容词注成本调和变读为阴平，是为了和《现代汉语词典》一致。

考察《现汉》ABB式注音的变化，对我们深化认识很有启发。《现汉》1996年修订本凡例："本词典一般不注变调。……但是一部分重叠式词语，如'沉甸甸、热腾腾'，照实际读法注作chéndiāndiān、rètēngtēng。"《现汉》2005年第5版凡例："ABB式形容词的注音，根据实际读音分为三种情况：（a）BB注作阴平，如'黄澄澄、文绉绉'注作huángdēngdēng、wénzhōuzhōu。（b）BB注作本调，注音后面括号内注明口语中变读阴平，如'沉甸甸、热腾腾'注作chéndiàndiàn、rèténgténg，注音后面括号中注明'口语中也读chéndiāndiān、rètēngtēng'。（c）BB只注本调，如'金灿灿、香馥馥'注作jīncàncàn、xiāngfùfù。"《现汉》2012年第6版沿用了这种注音方式。《现汉》是一部为"推广普通话、促进汉语规范化"而服务的词典,在ABB式形容词的处理上采取共时描写的方法,不同版本根据不同时期人们的实际发音,对其注音方式进行了调整。《现汉》从1960年试印本到1996年修订本,对ABB式形容词一般都做变调处理,直到2005年第5版才区分出三种不同的标注方法。尹海良(2009)对1987年第2版、1996年第3版和2005年第5版三个不同版本的《现汉》中,BB本调不是阴平的 ABB式词语进行了考察,三个版本的词典所标注BB不变调的比例依次为9.09%、38.46%和65.85%,变化相当明显。《现汉》对ABB式词语注音的调整是值得欢迎的,反映了语言生活的实际变化,对教学也是一种积极的引导,可惜语言教学界对这种变化理解得还不够深刻和准确。人教社《教师教学用书》认为《现汉》注音方式的变化,不过是《现汉》"一般不注变调"注音原则的具体落实,没有注意到ABB式读音具体而复杂的语言事实和语言生活的变化,过于强调"规律化"而没有根据语言实际"淡化规律"。

徐世荣先生在《普通话语音常识》中认为,ABB或ABBB式叠字形容词:"除叠字本身为阴平调外,其余各调的都可把后面两个字变为阴平调……如果念得缓慢些,念清楚它的原调,显得读字清楚,不变也可以。"(徐世荣1999:107—108)徐文已经注意到ABB有不变调的情况,并认为这和语速有关,这在当时是难能可贵的。当然"都可把后面两个字变为阴平调"的看法还值得商榷。其实从《现汉》注音来看,BB读音历来有必须读本调的用例,上世纪60年代的《现汉》试印本和试用本,对书面语色彩较浓的ABB式形容词不做变调处理,例如:黑茫茫hēimángmáng,明闪闪míngshǎnshǎn。这些音如果变调显然是不正确的。

《现汉》2005年第5版ABB式的具体词条的注音还有可商之处,但三分法的处理,应该说是一种相当务实和高明的方式,但也遭到一些非议,批评的意见主要有两方面:一是认为注音方式太复杂,标准更难把握,给教学造成不便;二是认为与"本词典一般不注变调"的原则不吻合，自乱体系，建议干脆只标本调，不标变调。我们认为，词典首先要反映语言事实，ABB的读音已经发生了变化，《现汉》的调整反映了这种变化。《现汉》的编者之一李志江（1998）曾对北京市200名大、中、小学的学生进行问卷调查，调查结果表明，大多数北京的学生BB已不再改读阴平，而以读本调为主。"词典一般不注变调"固然是一种注音原则，但ABB的注音，不同于上声变调和"一、不"变调。上声变调属于音系变调，"一、不"变调属于词法变调，它们的共同特点是规律性强，可由音系规则或词法规则类推其音变，因此《现汉》对这几种音变只标本调无疑是正确的。而ABB式的音变，是词汇变调，不可由规律预知，需要学习者逐个学习，《现汉》根据实际读音标注并不违背注音原则。一些词典所有的ABB词语都注"原调"的做法并不值得提倡。因为，语言生活中毕竟还有BB必须读变调的现象，如：文绉绉、骨碌碌、亮锃锃，只能读为wénzhōuzhōu、gūlūlū、liàngzēngzēng。至于增加学习负担的忧虑其实也大可不必，我们不同意BB一律变调的简单化处理，也不同意"教师在教学中根据实际情况灵活处理，不对学生做硬性要求，可以按照学生的口语习惯来读，不纳入考试的范围"的"逃避主义"做法。ABB式音变应该在教学中有所反映，可以按照《现汉》的处理，再多加一些解释，告诉学生们ABB式有极少数BB是必须变调的；有少数"两可"的，即在书面语色彩较浓的语境中读本调，在口语色彩较浓的语境中也可以变调读为阴平[①]；大多数BB不变调。如果简化教学，可以引导学生只记忆极少数必须变调的词例，其余的都不变调。

（三）AABB式

AABB式的音变，"在口语中BB常读阴平调，第二个A读轻声，第二个B常儿化。"（吕叔湘主编1980：640）AABB式的读音涉及两个B和第二个A，既有变调也有儿化，显得颇为复杂。

首先讨论第二个A的读音。我们认为应当区分"轻声、轻音和轻

[①] 注意：是可以变调而不是必须变调，口语中不变调也是正确的。

读",我们认为第二个A应该轻读,但不属于词汇层面的轻声,而属于句法结构层面的轻音现象。从"仔仔细细、许许多多"第一个A读值上,可以推知第二个A应该是有声调的音节,只不过是一个音长较短的轻音而已。《现汉》对AABB式中A的读音有三种处理:(a)A注作轻声,如"花花搭搭、坑坑洼洼"注作huāhuadādā、kēngkengwāwa。(b)A注作可轻读音节,也就是标声调,同时在音节前加"·",如"哭哭啼啼、马马虎虎"注作kū·kūtítí、mǎ·mǎhūhū。(c)A注本调,如:"花花绿绿、郁郁葱葱"注作huāhuālùlù、yùyùcōngcōng。其实,第二个A可以只标本调,原因就在于它不是词汇层面的轻声,以上各例如果读慢一些,读出声调,语感是完全没有问题的。

BB的读音大致可以分为以下几种情况:

①BB可读阴平,第二个B可儿化。

漂漂亮亮(儿)　干干净净(儿)

②BB不可读阴平,第二个B不能儿化。

歪歪扭扭　团团圆圆

③BB不可读阴平,第二个B可儿化。

文文静静(儿)　齐齐整整(儿)

④BB只读阴平,第二个B不可儿化。

别别扭扭　糊糊涂涂

⑤BB只读阴平,第二个B可儿化。

利利落落(儿)　马马虎虎(儿)

"BB常读阴平调,第二个B常儿化",这其实是一种似是而非的论断,实际应用是相当复杂的。我们考察了张斌先生主编的《现代汉语描写语法》所附列的《形容词生动形式表》,该表共收录AABB式454个,其中BB读阴平的160例,仅占35.2%,如果减去BB本调就是阴平声的66例(如:平平庸庸、稀稀疏疏、热热乎乎),变调比例仅为20.7%。该表BB可儿化的共72例,仅占总数的15.9%。因此从统计看,实在不好得出"BB常读阴平调，第二个B常儿化"的结论。人们为什么会有"BB常读阴平调，第二个B常儿化"的感觉呢？这恐怕和BB变调的单向性有关，BB如果产生变调，只能是本调非阴平的（阳平、上声、去声）变为阴平，绝无阴平变为非阴平的逆向变化。我们观察到，第二个B儿化，与BB读阴平调有很强的关涉性：72个可儿化的词例，有70个BB读阴平，如暖暖和和（儿）、利利索索（儿）等等；儿化但不读阴平的只有2例，即上面第③类所举的文文静静（儿）、齐齐整整（儿）。AABB式的读音在语言生活中，往往体现出多种可能性和选择性，并非简单划一的规律性，只有在科学分析的基础上，我们才能对其规律有更加清晰的认识。

形容词生动形式音变的教学和测试实践，带给我们许多思考：我们似乎很乐意向学生传授所谓的语言规律，很乐意给这些规律戴上科学的光环，好像惟有这样才显得我们的汉语体系多么严整、表达多么绵密。我们似乎很害怕告诉学生语言可以这样、也可以那样，很害怕承认"两可"的语言现象，好像这些东西与规范化、标准化格格不入。其实让学生感悟到语言是丰富多彩的，也是可以自发协调和变化的，这远比教几条僵化的规律更有意义。

第三节 普通话水平测试词汇、语法评定

上节我们讨论了普通话水平测试中的语音问题，无论是试卷构成还是测试实践，人们对普通话语音都给予了足够的重视，不少人认为普通话水平测试就是语音测试，词汇语法顶多也就是个"附庸"，甚至有人称普通话水平测试是"普通音"测试，这是一种误解。词汇语法在普通话水平测试中是容易被忽视的环节，需要引起应有的重视。

一　词汇、语法评定在普通话水平测试中的地位

2003年颁布的《普通话水平测试大纲》明确阐明"普通话水平测试的内容包括普通话语音、词汇和语法"。词汇语法作为任何一种语言系统的构成要素不可或缺，而且一直是各种语言测试的"保留节目"，我们认为词汇语法在普通话水平测试中具有重要的地位。不少语言测试，近年出现淡化词汇语法内容的倾向（甚至取消语法测试），有些地方实施普通话水平测试时也有这种倾向，例如随意取消"选择判断"测试项。这种做法在一定程度上使词汇语法在普通话水平测试中的地位有所弱化，至少在分值权重比例上如此。为了修正这种不尽合理的做法，新《大纲》做出明确的规范性处理，使得词汇语法与语音的分值权重比例保持了相对均衡。"选择判断"测试，不少人认为区分度低，效度差，这是一个值得深入探讨的问题。据我们对港澳地区测试的经验，此项测试至少对某些方言区具有保留的价值，以我们2004年3月在香港大学测试随机抽样为例，90人的样本中词语语法选择（判断）失误者达44人，占抽样总数的48.9%。我们认为词汇语法测试的命题形式仍有讨论和改进的必要，但这并不能成为弱化词汇语法在测试中地位的理由。普通话水平测试是以母语为汉语、具有中等文化程度的人为测试对象的一种口语测试，但口语测试并不意味着它仅仅是语音的测试。应试人普通话的口语水平首先体现在语音这个外显的物质外壳上，相对于语音，词汇和语法是更深层的两个系统，特别是语法，直觉性小、隐蔽性最大，因此，普通话水平测试把语音评定放在首要位置是合理的。同时我们也注意到，以前普遍认为方言和普通话的主要差异（或最大差异）是语音，近年很多学者对这种表述提出不同看法。"即使只就日常生活最常用的若干词目来看，词汇差异就很不简单了。"（李如龙2001：95）以饺子一词为例，《普通话基础方言基本词汇集》收录有14种说法：饺子、水饺儿、水饺子、饺儿、饺得、角子、角角、煮饺儿、馉饨、包子、元

宝、水饭、弯弯顺、煮包子。（陈章太、李行健主编：1996）汉语方言语法的差异也不容小看，"我们体会到汉语方言之间的语法差异决不是微小的，无关紧要的"，"汉语方言语法之间的差别不见得比语音、词汇方面的差异小"。①这提醒我们在重视应试人语音评定的同时，要充分重视词汇语法的评定，对词汇语法的考量是普通话水平测试不可或缺的重要内容。

二 规范、规范度和规范场

讲到语音的时候，我们经常会使用"标准"程度，讲到词汇语法时，我们经常使用的是"规范"程度，有人认为"标准"比"规范"规定性更高，其实二者并无大不同，规范本身就是一种标准，这一点从《现汉》释义就可以看出——规范：①约定俗成或明文规定的标准；②合乎规范；③使合乎规范。义项①是名词用法，义项②③分别是形容词和动词用法。《现汉》为普通话水平测试词汇语法评定（也包括语音评定）提供了可资参考的参照系：一是约定俗成的标准；二是明文规定的标准。《荀子·正名》篇说过："名无固宜，约之以命。约定俗成谓之宜，异于约则谓之不宜。"语言规范究其实质是一种社会习惯，通过社会成员的约定来实现，而不能由个别人或机构向壁虚构。我们习惯于依从权威专家或机构的"明文规定"的标准，却往往忽略"约定俗成"的标准，实际上即使再权威的机构和专家也必须尊重语言约定俗成的力量。叶圣陶、王力先生批评过"搞"（如：把国民经济搞上去）的用法太烂；罗常培、吕叔湘先生曾建议"教室"和"课堂"，"星期二"和"礼拜二"这些等义词简化为一个；还有不少语言学者批评过"恢复疲劳""打扫卫生"搭配不合理，不规范。语言实践并没有执行语言学家提供的"路线图"，约定俗成是语言发展最强大的社会力量，约定俗成

---

① 张双庆主编《动词的体》，香港中文大学中国语文研究所吴多泰中国语文研究中心1996年版，转引自李如龙（2001）。

才是语言规范的实质性标准。

　　规范度,指"规范"在质量上、程度上的规定性。普通话水平测试在语音评定中,有一个突出的特点,即在语音"正确"和"错误"之间设立"语音缺陷",这突破了二元价值判断"非正即误"的局限,符合语言的本质特征和人类的认知规律,也说明规范具有中介性、阶段性和层次性。词汇语法系统相对语音系统,更加灵动和开放,本身的规范不像语音标准(以北京语音系统为参照)那样易于描述,具有较大模糊性。所以我们认为在词汇语法评定时,更应当有"规范度"的观念。测试中出现的一些词汇、语法现象,很多时候不是简单的正误问题,而属于"规范度"高不高的讨论范畴。新《大纲》"偶有不规范""屡有不规范"的表述,只侧重于"量"的解释和理解是不够全面的,其中也应有"度"的考量才更合理。宋欣桥认为:"方言与普通话界限不清的词语,一般是带有某种方言色彩,但全国特别是北方话地区的人比较熟悉、也可以理解的……建议:在试卷中要避免出现这类词语。如果未能避免,或应试人在被试中出现了这种情况,在评分中一般不要按错误扣分。"(宋欣桥2004:209)但这类现象要不要扣分,应当怎样扣分,宋文并没有明确。我们认为,这类现象可不按错误量化,但似可在"规范度"上与规范的普通话词语加以区别。顺便多说一句,"全国特别是北方话地区的人比较熟悉、也可以理解"似不宜作为判断词语规范与否的标准,倒是可以作为"规范度"的参考因素。

　　规范场,指"规范"在范围上的规定性。吕叔湘说:"要把通不通和好不好分开来谈,通不通是约定俗成的问题,多数人都这样说,就算是通。""至于好不好,那是另一个问题。这得从万事万物皆有所宜的角度来看。说话用字得看场合,到什么山唱什么歌。有些词用在日常口语里边挺生动自然,用在严肃正经的文字里就未免粗俗;有些词用在'高文典册'里很得体,用在随便交谈中就觉得滑稽可笑。"(吕叔湘1988:221—222)

他在《语言和语言研究》中谈到语言规范问题时说道:"对于不同风格的语言恐怕不能做同样的要求。"(吕叔湘1988:8)这两段话涉及了规范和规范场的实质,告诉我们谈规范,不能脱离具体的不同语体、语域和风格。普通话水平测试不属于口头艺术语体,而是属于口头平实语体,但它又不是随便言谈语体,而更偏重于正式言谈语体,这是我们进行词汇语法的评定的语体基调。"她的笑靥,我铭诸肺腑",不能说不对,但出现在测试"说话"中,就不怎么合适。原测试《大纲》朗读作品39号"这就是被誉为'世界民居奇葩'、世上独一无二的神话般的山区建筑模式的客家人民居"(《世界民居奇葩》),这是个长句,定语结构复杂,作为书面艺术语体的朗读没有什么不妥,但作为介绍"我的家乡"话题的口头平实语体,显然不那么恰当。

三 词汇、语法的评定原则和依据

(一)词汇、语法的评定原则

普通话词汇语法的规范是一件相当复杂的工作,涉及很多理论与实践问题,这里主要探讨技术层面的操作原则。我们以为普通话水平测试词汇语法评定宜采取柔性和动态原则。

陈章太先生(1996)提出词汇规范"应当确立求实、辨证的两个观点,即'宽容对待'和'重视动态'"。这是非常正确的,体现了对待语言现象的科学发展观。我们提出词汇语法评定的柔性和动态原则,并不是主张"随意性"或"过度宽容"。柔性和动态是指评定时要坚持"精确"与"模糊"的辨证统一、坚持"共时"和"历时"的综合考察。

我们认为,是否出现典型方言性质的词汇语法现象,是普通话水平测试词汇语法评定的主要视点。可事实上"普通话和方言的区别是显而易见的,但要在两者之间划条十分清楚明确的界限,又几乎是不可能的,因为这条界限本来就是模糊的。处在这条模糊界限上的语言成分是不稳定的，有的渐被普通话吸收，有的最终被普通话排斥"（陈章太1996：194），对这类具有"非典型性特征"的语言现象进行评价，刚性处理难免失之于简单，采取柔性原则才比较稳妥。普通话与方言看似明确的界限尚且如此，我们对待新的语言现象就更需审慎和宽容，不宜轻易拒绝，扣上"不规范"的大帽，对于已被普通话吸收的语言成分，要适时"扶正"。例如，某些被语言学家批评的"转变作风""历史最好水平"不合法，"凯旋归来""遗孀"是叠架重复，"积淀""新锐"属于生造，"人流""增容"是滥用缩略等等，现在看来都是合法的，"遗孀""积淀""新锐""人流"等均被1996年版《现汉》收录。词汇语法评定的原则，实际上是一个语言观、规范观的问题。当前汉语正处于活跃变动期，汉语词汇和语法正在经历一个大丰富、大变化、大发展的历时过程，受强势方言、外来语、网络语言（可视为一种特殊的社会方言）等影响，新词、新语、新用法剧增并迅速传播，甚至北方话基础方言的地位也受到一定程度的冲击。面对如此丰富的"历时"变化，普通话水平测试要提供一个"共时"的评价，本身是一种矛盾。要解决好这个矛盾，必须树立正确的语言观和规范观，必须确立发展和动态的观念。

（二）词汇、语法评定的依据

很多测试员希望有一个词汇语法评定的具体依据，应该说这是相当困难的。因为不仅普通话词汇语法规范本身难以确定具体的标准，而且测试实践丰富而又复杂，制订任何具体依据，也必将是捉襟见肘、无法穷尽。但是普通话水平测试也还应当有所依凭，不能无所适从，所以我们尝试提出一个依据框架，供大家参考。

陈章太先生（1996）在《普通话词汇规范问题》中提出词汇规范的几条依据：1."现代汉语规范词表"中所收的词汇。2. 规范性、权威性语文词典所收的词汇。3. 语言比较规范的现代、当代重要著作使用的一般词语。4. 全国性重要传媒使用的一般词语。5. 北方话地区普遍使用的一般词语。陈文讨论的是词汇规范问题，对于语法而言，我们一般会论及第三条，即典范的现代、当代著作代表的语法规范，笔者认为后四条似乎也都适用。我们仿照陈先生的做法，提出语法评定的依据：1.语言比较规范的现代、当代重要著作（包括全国性法律政令文书）使用的普遍语法。2.规范性、权威性语文词典释词和例句体现的语法。3.全国性重要传媒使用的普遍语法。4.北方话地区普遍使用的语法。5.权威性教材和语法专著描述的教学语法体系和普遍语法规律。

四 词汇、语法评定的主要视点

评定应试人的"词汇语法规范程度"，应当观察其在测试中所运用的词语和语法是否符合普通话的规范，所有"失范"现象和"规范度"不高的表征，按理说都应在分值上予以体现。不过我们在具体处理上又有所区别，我们的主要参照系是：普通话与方言的差异。

普通话水平测试有其特定的测试对象，即以汉语为母语的人，普通话水平测试"所要测试的语言能力主要是指从方言转到标准语的口语运用能力，即应试人按照普通话语音、词汇、语法规范说话的能力"（仲哲明1997），因此是否出现典型方言性质的词汇语法现象，是普通话水平测试词汇语法评定的主要视点。我们不是说测试中出现的其他语误或违律，例如生造词语、"散装外语（主要是英语）"、搭配不当，语序颠倒、句式杂糅等等，普通话水平测试不予关注，但评定分数时似应有别。特别是普通话水平测试是口语测试，而以往我们所做的规范化工作，主要对象是书面语言（这在1955年罗常培、吕叔湘《现代汉语规范问题》中有明确表述）。口语与书面语在词汇和语法方面有不同的特点，一些删减、颠倒、冗余、叠架形式或新词新语在书面中也许是不允许的，但在口语中有时却是难以避免的。

以下两类违律例现象（均为笔者所摘测试实例），在性质上体现出不同特点：

A类　我爸爸参过兵。

　　　这项运动风靡了不少80后。

　　　我们家买了一台彩色牌日立电视。

　　　妈妈是一个从事保险工作者。

　　　当我回家时，天空已经很晚了。

B类　我的奶奶嫁给了我的爹爹。

　　　去年我家买了一张车。

　　　（鸡蛋）好多钱一斤？

　　　香港的天气比较北京湿润一些。

　　　我的伯娘还在，她也有帮我买裙子。

A类或搭配不当，或语序颠倒，或杂糅套叠，总括而言属于词语或语法运用中的差错，"我爸爸参过兵""我们家买了一台彩色牌日立电视"，更类似某著名小品所出现的"司马光砸光、司马缸砸缸"现象，是比较典型的口误（舌头打滑，tongue-slip），是神经程序不正确的结果，有语言学家称之为"脑误"，如果出现次数不多，甚至可以考虑不扣分，因为它与反映应试者的普通话的语言能力水平没有直接的关系，即使是权威地域方言母语者也有可能犯这种错。B类错误均属典型的方言性词语或语法错误，是应试人内化的方言词汇和语法的外在表征。如果在测试中出现的次数与A类相同，扣分权重应重于前者。

五　词汇、语法评定的几个具体问题

（一）《现汉》标〈方〉词语的评定

因为普通话词汇系统本身的笼统性和抽象性，普通话水平测试词汇评定目前尚缺乏具体的依据，不少测试员以《现代汉语词典》标〈方〉与否[①]，作为评定词语是否规范的标准。《现汉》是一部"以确定词汇

---

① 《现汉》标〈方〉包括方言词语和方言义项，为讨论方便我们不做详细区分。

规范为目的"，"为推广普通话、促进汉语规范化服务的"辞书（《现汉》前言），也是目前社会和学术界所公认的一部规范性、权威性词典，我们认为测试员的做法是大体可取的，操作性较强。但如不加分析和区别，未免失之于简单，有不尽合理之处，所以很有讨论的必要。

试看以下2012年《现汉》（第6版）标〈方〉的词语：蒜苗、卷心菜、童子鸡、蛐蛐儿、蚂蚱、损人（①用尖刻的话挖苦人）、发憷（胆怯；畏缩）、赶海（趁退潮时到海滩去捕捉、拾取各种海洋生物），我们认为这些词都不宜算作"不规范"的词语。

蒜苗：〈方〉①嫩的蒜薹。②青蒜。

细菜：指某个地方在某个季节培育的成本较高、供应量不多的蔬菜，如北方地区冬季的黄瓜、蒜苗、西红柿等（区别于粗菜）。

以上是《现汉》的释义，"蒜苗"一方面被视为方言词，但又在另一条词语的释词中出现。词典释词，一般是用通语解释方言，是《现汉》释词的元语言系统尚欠规范，还是"蒜苗"本身不应算作方言词？其实，细究起来在大部分北方话地区"蒜苗"和"蒜薹"的分别是明确的："蒜苗"，指嫩的蒜梗和蒜叶，在此意义上，其使用范围和通用程度似乎比"青蒜"还高；"蒜薹"则指可以吃的嫩的蒜的花轴。陈章太、李行健主编《普通话基础方言基本词汇集·词汇卷·中》表明，在93个调查点中，将蒜薹（可以吃的嫩的蒜的花轴）称为蒜苗（儿）的有18个点（含蒜薹、蒜苗并用的5个点），单用蒜薹（儿）的有64个点，以"蒜薹"为普通话规范词语，"蒜苗"标〈方〉应该是妥当的。在"青蒜"词目中，将青蒜称为蒜苗（儿）的有60个点（其中青蒜、蒜苗并用的有8个点），而单用青蒜的仅为16个，表达"青蒜"概念时，把有广泛基础方言使用范围的"蒜苗"标〈方〉就很值得商榷了。《现汉》另收"蒜毫（儿）"一条，释义为"蒜薹"。93个调查点仅有天津、唐山、哈尔滨、佳木斯、丹东、锦州等6个点使用（后4个点蒜薹、蒜毫并用），此条《现汉》却并未标〈方〉，可见《现汉》标〈方〉处理存在不足之处。农业部"全国农产品批发市场信息网"发布全国批发市场蔬菜肉蛋类价格行情，也是把蒜薹、蒜苗作为两种蔬菜，这可算蒜苗（指青蒜）不是方言词的一个旁证。我们认为《现汉》蒜苗释义进行如下调整，似乎更为合理：

蒜苗：①青蒜。②〈方〉嫩的蒜薹。

又如：

童子鸡：〈方〉笋鸡。①

卷心菜：〈方〉结球甘蓝。

蛐蛐儿：〈方〉蟋蟀。

蚂蚱：〈方〉蝗虫。

山鸡：〈方〉雉。

"蛐蛐儿""蚂蚱"标〈方〉，另一词条"蝈蝈儿"《现汉》未标〈方〉。以上都是以学名释俗名，如果均视为"不规范"词语，土豆、西红柿似也应标〈方〉。知了、土豆、西红柿是否可以认为是不规范词语呢？赵元任先生说："在称谓名词特别是对面称呼上，在许多小植物小动物名称上，尤其是昆虫的名字，不但是北京的形式是地方性的，可以说没有任何方言里的名称够得上全国性。"（赵元任1979：13）所以我们认为，这类词语在评定时不宜一概以"不规范"论处。"损人①""发憷"，北方话地区常用；"赶海"甚至没有相对应的其他词语，这些词已经属于普通话词汇，似不应有太大疑问。

粤方言作为近些年来一种比较强势的方言，在词汇方面对普通话有较大影响，"煲""焗""排档""发嗲""生猛""影碟""埋单"（买单）等词，我们认为已经或正在进入普通话。"煲""焗"，作为烹饪技法，需要特殊的烹饪器具，独特的烹饪技法，是不能用煮、熬、炖或蒸、烤等替代的，至于把菜肴名称"一品煲""盐焗鸡"，算作

---

① 词典释词，应以熟语释僻词，童子鸡似比笋鸡更为人熟知。

"不规范"词语，就更不合理。"发嗲"《现汉》释义为"撒娇"，仔细品味，情感色彩似乎有别。

　　有些新词语已有相应的普通话词语来表达，很容易遭到人们的排斥，例如，"排档""埋单"等。就语言事实而言，"排档"在北方话地区已不少见。西至乌鲁木齐、兰州，北到哈尔滨、长春，笔者都曾见到"排档"招牌，南方就更为常见。看来即使普通话已有相应的词语，也不能完全排斥同义新词语的运用。积极地看，这会使普通话词汇更丰富，语言的使用者有更多选择，从另外的角度看也提供一种便利。一概将之视为负担、"不规范"，未免狭隘。

　　《现汉》标〈方〉词语，性质到底如何？《现汉》前言和凡例："一般语汇之外，也收了一些常见的方言词语、方言意义""一般条目中标〈方〉的表示方言"。"方言词"这个术语，学术界有不同的界定，有广义和狭义的理解。苏新春（2002）认为，这些《现汉》标〈方〉词语是"被普通话词汇系统所关注和吸收，但未被完全同化的方言词语"。我们注意到，《现汉》一些标〈方〉词语如"公母俩""老鼻子""老表""老鸹儿"，恐怕算不上"被普通话词汇系统所关注和吸收"的词语，收入《现汉》可能仅供备查之用，似乎可以归入李如龙（2000）所言"方言特征词"一类，即"某方言区有而外方言区少见的词"。《现汉》标〈方〉的词语，我们姑且称之为"方言来源词"，这同刘叔新（1995）、张晓勤（1997）所说的"方源词""方来词"，又有所不同。后者指来自方言但已吸收进共同语语汇的词语，如"搞""帅""垃圾""尴尬"一类。

　　我们认为，《现汉》标〈方〉的词语，并不能为普通话水平测试词语评定提供一个简单划一的操作标准。因为，有的〈方〉可以理解为历时的"徽记"，共时地看这些词语已进入了普通话，或正"被普通话词汇系统所关注和吸引"，如"埋单""八卦（②没有根据的；荒诞低俗的）""卷心菜""力挺"等；有些可能不大容易进入普通话（方言特征词),如"公母俩""包打听""傍响"等。后一种视为不合规范,应当不存在争议,前一类词语,我们认为测试评定时都不宜算作不规范。

我们无意指摘《现汉》,《现汉》标〈方〉处理的参照系应当是普通话词汇的共时系统,这与标注外文的外来语(如:【沙发】……[英 sofa])不同,后者仅仅是一种历时的记录,是表明"出身"的,无须时时调整。而《现汉》标〈方〉词语是动态的,那些已被普通话吸收的词语,如能与时并进,以方言研究和语料库统计为基础,在适当的时候为其摘掉"〈方〉帽"就更为合理。例如:1996年版《现汉》将"老公"标〈方〉,我们曾在国测班授课时提出一个不等式"老公"≠"丈夫"。我们认为,在把"老公"吸收为普通话词语之前,普通话词汇系统在夫妻面称时有缺位,男方面称时可以称女方为"老婆",女方称男方为"丈夫""爱人"或"男人"则是"不合适"的,应该说"老公"正可补此缺环。而且在语用方面,"老公"更显得亲密。"老公"引入普通话有学理依据和使用的基础。当然,"老公"现在不仅用于面称,也用于背称和旁称。2005年第5版《现汉》为"老公"换了帽,摘了〈方〉帽,代之以〈口〉,算是正了名。我们注意到,新的方言词语进入普通话的速度比以往更为迅速,介入力更强。2005年第5版《现汉》摘〈方〉帽的"打的""资讯""按揭",2012年第6版《现汉》摘〈方〉帽的"艺员""料理(③菜肴)""作秀"等词条,反映出《现汉》的积极调整。我们期待"泊车""打拼""糗"等词能尽快"脱方入普",也希望测试员对这些词语评定时能够"方外有圆",科学处理,合理评定。

(二)网络用语的评定

网络、手机等新媒体对现代语言生活的影响巨大而深远,网络用语传播有感性化、即时化、互动化的特点,可以"随时、随地、随意"传播,并有可能对现实语言生活产生深刻的影响。

例如："雷"。"雷"在2005年第5版《现汉》还只有三个义项，当作名词来使用。但在2008年，"雷"在网络中有了动词或形容词的功能和特点，表示由某种意想不到的人或事而带来强烈冲击或受到巨大震撼，就像遭雷击一样。该词因其生动、形象而又与本义自然关联，很快被认可传播，2008年入选国家语言文字工作委员会发布的《中国语言生活状况报告（2008）》年度流行语。2010年《全球华语词典》（商务印书馆2010年版）收录"雷"的新义，释义为："网络词语。震惊；震撼；使大感意外。因犹如被雷击中，故称。"2012年《现汉》（第6版）也承认了"雷"的这一引申义，增加了一个义项："使震惊：～人｜他的荒唐建议～倒了在座的专家。"

又如"山寨"。"山寨"在2005年第5版《现汉》中还只有两个名词义项。2008年"山寨"在网络中有了形容词的功能，指非正规的，仿制的。2008年6月中央电视台"经济半小时""揭秘'山寨机'"节目播出后，其流行语意义很快在社会热用。此后"山寨"从物质领域进入精神领域，使用进一步泛化，引申为草根的、非主流的。"山寨"因其民间的"江湖气"而流行，2008年入选国家语言文字工作委员会发布的《中国语言生活状况报告（2008）》年度流行语。2010年《全球华语词典》收录"山寨"的新义，有两个义项："①本指在非正规的小工厂生产的。泛指仿制的、翻版的、冒牌的。②比喻民间的、草根的。"2012年第6版《现汉》也给予"山寨"应有的承认，在第5版的基础上增加了两个义项："③属性词。仿造的；非正牌的：～货｜～手机。④属性词。非主流的；民间性质的：～文化｜～足球队。"

再如"囧"。2012年第6版《现汉》释义："〈书〉①光。②明亮。"收录的依然是本义，由网络语域迅速扩张到现实语言生活的"郁闷；无奈；悲伤；无语"等义，《现汉》并未承认。"囧"最初是以网络社群间一种流行的表情符号的面目出现的，始于2008年，其外框像是一个方形脸，框内的"八"，与"八字眉"契合，常被认为是一种愁苦相或倒霉相。"囧"又与"窘"同音，常被借为"窘"意。"囧"的流行，正是得益于它富于喜感的字形，所以一经出现便成为网络聊天、论坛、博客中使用最频繁的词之一，被形容为"21世纪最风行的一个汉字"，2008年入选国家语言文字工作委员会发布的《中国语言生活状况报告（2008）》年度流行语。此后"囧"保持着持续的使用热度，《人在囧途》《人在囧途之泰囧》两部票房不俗的影片既对"囧"的词义做了最好的诠释，又传播和扩大了"囧"的使用。"囧"成为古为今用、"老树新花"的杰出代表，当然最能体现其身份变化的还是语文辞书和相关规范的认可。《全球华语词典》收录"囧"的新义，释义为："网络词语。郁闷；无奈；尴尬。"2013年国务院发布的《通用规范字表》，在三级字表中收录"囧"，正式确认了"囧"由书面语的生僻字，晋升为"与大众生活密切相关的""较通用的字"。相较而言，《现汉》的处理相对保守了一些。

网络用语有"新、奇、特"的特点，往往有反"规范"的用法，为测试评定带来一定难度。但是我们不能因为"新"就一概否定，有一些词语和用法，会被语言生活所接受。当然，对于网络用语也应坚持两点论，在普通话水平测试中，类似于"废柴、河蟹、酱紫、肿么办"等等"网语"，判定为不规范是适宜的。但是，对收录于《现汉》的"秒杀、潮、宅、菜鸟、给力、达人"和尚未收入《现汉》的"囧、顶、萌、控、伤不起、高富帅、白富美"等现象，评定时不宜判定为错误。二者的区别在于是否完成了"跨界"——跨越单纯的"网络"语域，进入现实语言生活语域。

（三）"散装外语"的评定

"散装外语"指的是语码混编现象，主要指在汉语中"混搭"英语，最常见的形式是字母词。2012《现汉》对收录的字母词进行了较大幅度的修订，引起全社会对这一现象的讨论和热议。

2012年8月一封由100多名学者联合签名的举报信，被分别送到新闻出版总署和国家语委。该举报信称,商务印书馆2012年第6版《现代汉语词典》收录"NBA"等239个西文字母开头的词语,违反了《国家通用语言文字法》、国务院《出版管理条例》等法规关于"汉语文出版物应当符合国家通用语言文字的规范和标准"等规定。此后,马未都等文化学者又纷纷撰写博文,从中国文化基因保护的角度对字母词的使用大加批评。马未都在博文中写到:"把拼音文字混入象形文字,尤其入典,表明操办者的妥协心态,同时表明了西方的文化入侵。这事我看比钓鱼岛问题还严重,领土的丢失还可以找回来,文化的入侵会深入骨髓,一代人下来,基本上回天无术。让西文入典等于文化投降,说引狼入室都轻了。所有的西文词汇中文都可以完整简练地表达,NBA美国职业篮球联赛可以叫美职篮,CPI消费物价指数可以叫物指,GDP国民生产总值可以叫国产值,以此类推。缩写都是叫习惯了才被社会接受。让西文入汉典说轻点是无知,说重一些就是文化汉奸了。你们有谁见过外文词典收录中文?中国的方块字已存在近五千年,肌体健全,无需借用西文转基因,尤其我们自己作为中华民族的子孙,谁也没有权力伤害它,否则对不起列祖列宗。"①

可是稍加考察,我们发现字母词的使用,至少可以上溯到上世纪二三十年代,鲁迅先生著名的《阿Q正传》即为明证。

我们对马未都先生近800期以来的博文进行了粗略的统计,以维护中华文化基因为己任的马老师,竟然也使用了"MBA""PM2.5"等不下10例的字母词。

其实,鲁迅先生"拿来主义"的态度对我们不无启发。鲁迅先生对于吸收外来事物,是主张要有汉唐时代那种"豁达闳大之风"的。认为汉唐时代"凡用外来事物的时候,就如将彼俘来一样,自由驱使,绝不介怀",正可谓"魄力究竟雄大,人民具有不为异族奴隶的自信

---

① 见马未都,2012年9月9日新浪博文《现代汉语》(blog.sina.com.cn/mazhahuchuang 2012-09-09)。

心"。可是"一到衰弊陵夷之际",他说"神经可就过敏了,每遇外来东西,便觉得彼来俘我一样,推拒,惶恐,退缩,逃避,抖成一团,又必想一篇道理来掩饰,而国粹遂成为屠王和屠奴的宝贝"。(《看镜有感》)对于吸收外来事物他还说道:"从别国里窃得火来,本意却在煮自己的肉。"

对于字母词,我们不能简单地妄加排斥。我们的"方块字系统"里,容纳了一些表意明确、经济快捷的字母词,正反映了汉语、汉字系统的"肌体健全"和强大。在信息化、网络化、国际化的时代中,字母词已不单单是外文字母,而成为了汉语表达的一部分。面对字母词,汉语和汉字系统已经展现出它的从容和自信,国人不必大惊小怪,过度焦虑。"文化投降""引狼入室""文化汉奸""对不起列祖列宗"实在是言重了。

对于字母词,我们赞同邢福义先生的态度,他认为:"存在就是现实,流行必有因由。英文字母词能够在各种场合,特别是在国家大报《人民日报》上面频频出现,如此现象,前所未有。一方面,要看到英文字母词的语用价值:总的说来,是出于英语字母词对使用者的美感引力。具体点说,起码以下三点值得注意。其一,视觉引力。可以从字形上凸显某种事物,显得醒目突出。其二,新知引力。可以通过字形求解字义,增长知识。其三,心态引力。由于新颖而带国际味,因此可以引发人们心理上的高雅感和奇异感。"另一方面,他认为:"要看到英文字母词的局限性。""英文字母词的使用,缺乏实实在在的群众基础。在内容上,英文字母词具有较大的学科术语性和行业习用性。从受众方面看,绝大多数字母词是看不懂的。""从使用者方面看,各人分属不同的圈子。甲圈中人使用的,乙圈中人不一定能懂。""正因如此,英文字母词使用的数量和场合受到了制约。报章中,一般性的文化教育、时事政论等栏目中,较少见到。"他进一步指出:"语言是交际和交流思想的工具。两千多年前,孔子就已郑重指出:'辞达而已矣'。""老祖宗们提出并一再阐释的'辞达而已',是反映语言应用发展规律的一条深刻学理、一个基本原则。广大群众看不懂的东西,其生命力是有限的。我们应该明确英文字母这一弱点,运用时要想办法弥补这一弱点。"(邢福义2013)

邢福义先生的观点辩证、全面,对普通话水平测试词汇、语法"散装外语"现象的评定富有启发意义。我们认为,在测试操作层面,要考虑通用度和使用度两个方面。

首先应考虑具体词语的通用程度,以《现汉》收录的以下字母词为例:

(1)直接用原文形式,如:

ABC BBS BRT CD CCTV CPU CT DNA DVD DV e-mail GDP ISO IT NBA QQ SOS SPA SUV USB VCD WC WTO

(2)半原文形式,如:

α粒子 β射线 γ刀 A股 AA制 B超 H股 IP地址 K歌 pH值 POS机 PM2.5 SIM卡 T恤衫 X光 Y染色体

以上字母词已经进入我们日常的语言生活,有的使用频度还相当高,从这个角度讲,测试评定中是不宜算作不规范用法的。最近出现的"江南Style""hold住(hold不住)"也应属此类。

另外一些词例,如:CCD(电荷耦合器件)、EDI(电子数据交换)、OEM(原始设备制造商)、OLED(有机发光二极管)、C3I系统(军队自动化指挥系统)等,属于学科术语,"除了内行者,别说广大民众,即使是大学教授,特别是文科教授,恐怕能看懂的少之又少。"(邢福义2013)在测试中如没有必要的说明进行弥补,应当避免单独出现。

再看以下用例:

(1)香港有很多交通工具,有地铁、电车,还有红van、绿van。(van本指厢式小卡车,香港指小型公共汽车)

（2）我们四个是好朋友，是fright four。（四人战斗小组）

（3）时间不足够，我就去麦当劳或KFC吃快餐。（肯德基）

（4）半年前我还是一位OL。（Office Lady的简称，即白领丽人）

以上是我们摘录的香港应试人的测试实例，香港区域内通用度较高，但在全国范围内不那么为人所熟知，测试中难免失分。

其次，还要注意"散装外语"使用度，试看以下两例：

（1）我在Shopping时顺手买了一份《南方周末》，哇噻！真是帅呆了。特别是《新生活》，好Yeah好In啊，Show给老婆看，也说酷毙了，难怪人气急升。要不是晚上喝High了，一定给编辑部发一封电邮。（沈宏非《南方周末》，转引自曹炜、陈学斌、廖海燕2003）

（2）音乐是party的灵魂，但是千万不要玩得太high，打扰到周围邻居的正常休息。可以事先在计算机上设定好长达4小时的party音乐，聚会当天直接连接上音箱，就可以一直播放下去，连DJ都省了。（《新民晚报》2010年1月7日，转引自仇鑫奕2010）

以上两例，"散装外语"的使用过度失谐，如果在测试中出现，应当予以扣分处理。

（四）关于"A不AB"句式

"A不AB"是一种正反对举格式，主要用于正反问。"A不AB"规范性的研究一直引起不少研究者的注意。对A不AB的合法性的质疑产生得很早，1955年现代汉语规范问题学术会议上陆宗达先生做了《关于语法规范化的问题》的学术发言，他指出："讲词形跟用词首先要注意保持词的完整性。如西南方言里常说'需不需要'、'反不反对'、'美不美丽'……在这里'需要'、'反对'、'美丽'都是绝对不能拆开的单词，万一拆开，那就是破坏了词的完整性，是应当排斥的。"（陆宗达1956：70）直到近期，也还有学者对这一格式的规范性提出质疑，例如罗华炎（2000）认为AB不AB是规范格式，A不AB是不规范的格式。

从结构上看，AB式实际上包含了两种情况：第一种是AB式的短语，如"喝药、交税"等；第二种是AB式词，如"处理、影响"等。需要指出的是AB式短语构成的正反对举格式中，"A不AB"从上世纪30年代，就有用例出现，如：

（1）"喂，你们到底读不读书？"觉英故意追问道。（巴金《春》，用例转引自罗华炎2000）

此后，这种用法又有所发展，黄伯荣先生1957年在其著作《陈述句、疑问句、祈使句、感叹句》中、丁声树等先生在其1961年所著的《现代汉语语法讲话》中，都曾列举了这方面的例句，如"你吃不吃饭？""他肯不肯来（呢）？"因此，此类"A不AB"式已是规范的用例，故不在我们讨论之列。

需要讨论的则是由AB式词造成的"A不AB"式结构，如"影不影响""处不处理"等。陆宗达先生认为这是属于西南方言的一种语法格式，邵敬敏先生（1996）认为这种格式主要来源是"南方方言，例如上海方言"，陈建民（1993）先生则认为这种格式是"粤语格式"。具体来源可以专门探讨，不过可以肯定确实来源于南方。这正是很多学者认为该格式不规范的主要理由之一。

AB成词的"A不AB"式结构在北方话中出现得相对较晚，具体时间需做专门的研究，我们遇到的较早的例子是：

（2）要是重庆反攻，咱们就是先头部队，你看咱们值不值得干？（电影《永不消逝的电波》，1958年）

"值得"是一个离合词，我们推测，"A不AB"最初很可能是由AB式的短语，最先扩展到AB式离合词，再最终泛化到一般动词。这种判断的理由是，离合词如"道歉、洗澡、投票、冒险、干杯"等可以在中间加入一些成分，造成"离"的用法，为"A不AB"创造了结构运用上的便利。当然这种推测还需要实证的支持。

此后该格式发展不是很快，到上世纪80年代以后，"A不AB"结构有了很大发展。杜道流（2003）对王朔《王朔文集》（华艺出版社1992年版）"A不AB"结构进行了专门的研究，发现"A不AB"结构和"AB不AB"式结构之比约为3∶5。我们发现，在现代口语中"A不AB"结构的发展非常明显，例如：

（3）你知不知道，你知不知道，我等到花儿也谢了。（歌曲《我等到花儿也谢了》，1994年）

（4）他们交不交税呢？（电视剧《希望的田野》，2003年）

（5）你说我处不处理你？（同上）

（6）她的眼睛影不影响她的下撇？（CCTV5，2003年5月23日）

（7）舒可心表示，在"公不公开"的问题得到解决后，"真不真实"与"合不合理"也值得考量。（《近7成中央部门"三公经费"延期公布 专家析质疑》，中国新闻网，2011年7月18日）

例7已经具有书面语的色彩，可见"A不AB"结构已经得到了充分的发展，甚至比"AB 不AB"式更为常见。这是因为"A不AB"式结构不但比"AB 不AB"式结构更为经济，同时"1+1+2"的音步节奏，比"AB不AB"式"2+1+2"的节奏更为明快。"A不AB"式结构的表意也非常清晰。陆宗达先生"破坏了词的完整性"的担心是不必要的，我们可从"A不AB"式的肯定式回答中推知这个判断，例如：

（8）你说这么做，下不下流？

下流。

*下。

（9）陈佩斯幽不幽默？

幽默。

*幽。

现实生活中没有人会做出"下""幽"这样的回答，可见"A不AB"是个正反对举的整体结构，具有整体信息解析的构式功能。

另外，"A不AB"还催生出新的"A没AB"式结构，用来表示对

"已然"情况的正反对举，例如：

（10）你统没统计有多少清沟了？（CCTV5，2003年6月5日）

（11）张学良日记公没公开？（百度知道2011年2月19日）

因此无论是从需要原则、明确原则、普遍行原则而言，还是从能产性而言，"A不（没）AB"的规范性都是无可置疑的，在测试中运用是不能扣分的。

（五）关于"有没有+VP"句式

"有没有+VP"句式，指的是正反问"有没有"+动词或动词性短语的句式，例如：

（1）你有没有听见我在哭泣。（歌曲《你有没有听见我在哭》）

（2）有没有人曾告诉你我很爱你。（歌曲《有没有人告诉你》）

在《普通话水平测试实施纲要》"普通话水平测试用普通话与方言常见语法差异对照表"中有如下说明："普通话动态助词'过'用在动词、形容词后面，主要表示动作的完成，或者表示曾经发生这样的动作，曾经具有这样的状态。有些方言区（如广东、福建）则常用'有+动'或'有+动+过'的格式来表示。"因此在普通话水平测试领域，对"有没有+VP"也长期持否定态度，认为会诱导肯定式回答"有（过）+VP"这种"方言"句法的出现。

"有没有+VP"句式从上世纪80年代以来逐渐引起学者重视，对其合法性正如邢福义先生所言，"有个认识过程"。（邢福义1985a）曾提到"你到底有没有这么想过"是方言口语的说法，普通话里应说成"你到底这么想过没有"。后来邢福义（1985b）对自己看法提出修正："'你有没有想过这一点'的说法近来慢慢多了起来，会不会成为一种有特定作用的疑问句的习用格式，还难断定，只好'等着瞧'。"1990年，他发表《"有没有VP"疑问句式》指出："现在，经过多方面的观察，笔者认为：这一句式已有进入普通话的趋势。尽管它能否完全普通化仍然得等着瞧，但目前人们已很爱用这一句式却是可以肯定的。"此后又有多位学者对此句式进行研究,例如董秀芳(2004)和王森、王毅、姜丽(2006)等,均对此句式持肯定态度。

从需要性原则来讲,邢福义先生认为"有没有+VP"句式,可以表现"行为实现的经验性""行为实现的已然性""行为实现的延续性",并且"不管是从语体色彩还是从语法构造上看"都具有"是否+VP"不能完全替代的作用。例如,他认为"由于'有没有VP'是口语句式,有时句末可以自然地出现反映口头语气的'啊、哪'之类语气词"。如:

(3)喂,我的孩儿在哪里,你有没有见他哪?(金庸《神雕侠侣》,香港明河社出版,转引自邢福义1990)

这里的"有没有"如改为"是否",就会在语体上显得别扭。

另外"有没有+VP"句式也不能用"VP+没有"完全替代,如下例:

(4)你去过香港的铜锣湾和时代广场购物没有?

(5)你有没有去过香港的铜锣湾和时代广场购物?

例(4)读起来吃力,原因在于VP过长。例(5)则弥补了"VP没有"的不足:由于一开始就已用"有没有"造成了选择问句的语式,后边VP的长度有所增大并不会影响问句的显豁性。

从明确性原则讲,"有没有+VP"句式简洁明确,"有没有+VP"由前件"有没有"、后件"VP"构成,语序上强调"有没有"在前,"VP"在后,这样可以使"有没有"突出疑问焦点,"VP"突出信息焦点。"有没有+VP"不仅使"VP"获得了远大于"VP+没有"结构发展的容量,而且在表达效果上产生"聚焦"效用,例如:

(6)亦芸,你有没有发觉,很多人在看我们?(严沁《祝福年年》,《港台文学选刊》1988年第2期83页,转引自邢福义1990)

句式转换后效果会相差很多。

从普遍性原则讲,"有没有+VP"句式用法近一二十年发展非常迅速，特别是在口语语体中。王森、王毅、姜丽（2006）对央视等自然语流中与"有没有+VP"相关的几种疑问句式——"有没有+VP"（正反问）、"有+VP吗"（是非问）、"VP+吗"（是非问）、"是否+有+VP"（正反问）、"没有+VP"（是非问）、"VP+没有"（是非问）进行了统计，各种句式出现总数为168次，其中"有没有+VP"（正反问）有108例，占总数的64.8%，已成为首选的句式。

我们还注意到，"有没有+VP"句式的发展引起了"有+VP"句式的发展。例如

（7）王世林：你在"神五"上面有没有看到地球上面的情况？

　　　杨利伟：我在上面是有看到地球上面的情况。（CCTV4《与宇航员——杨利伟面对面》，2003年10月29日，转引自王森、王毅、姜丽2006）。

据观察，这种"有+VP"句式也有泛化开来的趋势，如果从严要求，可能还不宜算作一种规范的句式。但是以"有+VP"句式不规范，倒推"有没有+VP"句式不规范，是不符合学理的，因为语言系统并非对称严整的系统，系统内一些要素的变化最先可能仅仅是局部的，然后可能泛化产生邻类类推，也可能由于某种原因止步于某一阶段。我们不能因为一些理论上的"或然性"，而否定语言事实的"已然性"。语言测试的最终评定标准，是客观的语言生活，语言生活永远高于所谓的"学理"。谨以此作为全书讨论的一个终结。

参考文献

阿兰·戴维斯《语言测试原理》，经济科学出版社，1997

艾伦《普通话水平测试系统的开发和研究》，首都师范大学硕士论文，2001

北京、天津、河北、山西、内蒙古、上海、江苏、浙江、福建、山东、河南、湖北、云南、四川、重庆、广东、广西等17省（市、自治区）《普通话水平测试评分细则》，内部资料，未刊。

蔡富有、郭龙生主编《语言文字学常用词典》，北京教育出版社，2000

曹炜、陈学斌、廖海燕《普通话水平测试中词汇、语法规范的探讨》，《华中师范大学学报（人文社会科学版）》专集，2003

曹先擢《说说普通话异读词审音》，《语言文字应用》（3），2009

晁继周、单耀海、韩敬体《关于规范词典的收词问题》，载《〈现代汉语词典〉学术研讨会论文集》，商务印书馆，1996

陈建民《谈谈学校里的规范语法》，《语文建设》（3），1993

陈茜《国家级普通话水平测试员队伍的培训与发展——第37—43期国家级普通话水平测试员资格考核培训班学员情况分析与思考》，《语言文字应用》（4），2007

陈松岑《社会语言学导论》，北京大学出版社，1985

陈章太《略论汉语口语规范》，《中国语文》（6），1983

陈章太《普通话词汇规范问题》，《中国语文》（3），1996

陈章太《论普通话水平测试等级标准》，《语言文字应用》（3），1997

陈章太《关于普通话水平测试的效度问题》，《中国语文测试》（1），香港，2002

陈章太《论新时期语言文字工作的方针任务》，载陈章太著《语言规划研究》，商务印书馆，2005

陈章太、李行健主编《普通话基础方言基本词汇集·词汇卷·中》，语文出版社，1996

陈忠敏《论文白异读与语音层次》，《语文论丛》第5辑，上海教育出版社，1997

戴梅芳《普通话水平测试研究述略》，载戴梅芳主编《普通话水平测试研究》，语文出版社，1997

戴维·克里斯特尔《现代语言学词典（第四版）》，商务印书馆，2000

戴昭铭《规范语言学探索》，上海三联书店，1998

丁声树、吕叔湘等《现代汉语语法讲话》，商务印书馆，1961

董秀芳《现代汉语中的助动词"有没有"》,《语言教学与研究》(2),2004

杜道流《"A不AB"结构的规范性》,《淮北煤炭师范学院学报(哲学社会科学版)》(6),2003

冯志伟《应用语言学综论》,广东教育出版社,1999

《纲要》朗读作品选编课题组(刘彦执笔)《关于普通话水平测试用"朗读作品"的分析报告》,《语言文字应用》(3),2004

桂诗春《新编心理语言学》,上海外语教育出版社,2000

郭树军《汉语水平考试(HSK)项目内部结构效度检验》,载《汉语水平考试研究论文选》,现代出版社,1995

国家语言文字工作委员会普通话培训测试中心编《首届全国普通话水平测试学术研讨会论文集》,语文出版社,2003

国家语言文字工作委员会普通话培训测试中心编《第二届全国普通话水平测试学术研讨会论文集》,商务印书馆,2006

国家语言文字工作委员会普通话培训测试中心编《第三届全国普通话水平测试学术研讨会论文集》,语文出版社,2009

国家语言文字工作委员会普通话培训测试中心编《第四届全国普通话培训测试学术研讨会论文集》,语文出版社,2010

国家语言文字工作委员会普通话培训测试中心编制《普通话水平测试实施纲要》,商务印书馆,2004

国家语言文字工作委员会普通话培训测试中心、《语言文字应用》编辑部《普通话水平测试的理论与实践》,商务印书馆,1998

韩其洲《国家普通话水平测试回顾与展望——纪念开展普通话水平测试15周年》,载《第四届全国普通话培训测试学术研讨会论文集》,国家语言文字工作委员会普通话培训测试中心编,语文出版社,2010

韩玉华《香港考生在普通话水平测试"说话"中几种常见的偏误分析》,《语言文字应用》(3),2006

韩玉华《普通话水平测试发展历程研究》,中国社会科学院研究生院博士学位论文,2012

河北省普通话培训测试中心《河北省普通话培训测试现状自我调研报告》,内部资料,未刊,2009

黑龙江省普通话培训测试中心《黑龙江省普通话培训测试现状自我调研报告》,内部资料,未刊,2009

胡明扬《北京话的语气助词和叹词》,原载1981年《中国语文》(5)(6),收录于

《胡明扬语言学论文集》，商务印书馆，2003

胡明扬《北京话初探》，商务印书馆，1987

黄伯荣《陈述句、疑问句、祈使句、感叹句》，新知识出版社，1957

江蓝生《简论语言文字立法的意义》，《光明日报》（1.16），2001

姜亚军《普通话单字发音的客观评价方法》，苏州大学硕士论文，2005

金耀华《当代北京话语气词"啊"在前鼻音韵尾后音变的调查》，《语言教学与研究》（2），2011

金有景《普通话语音常识》，北京出版社，1981

李海英《普通话水平测试（PSC）的社会语言学阐释》，齐鲁书社，2006

李如龙《论方言特征词》，《中国语言学报》（10），2000

李如龙《汉语方言学》，高等教育出版社，2001

李卫红《加快推进普通话培训测试的信息化建设和资源建设，努力开创新时期新阶段普通话推广工作新局面——在全国普通话培训测试信息化工作会议上的讲话》，《语言文字应用》（2），2011

李筱菊《语言测试科学与艺术》，湖南教育出版社，1997

李宇明《关于普通话水平测试的思考——〈普通话水平测试研究〉序》，收录于上海市普通话培训测试中心编《普通话水平测试研究》，上海教育出版社，2002

李宇明《中国语言规划论》，商务印书馆，2010

李宇明《词语规范的若干思考》，《厦门大学学报（哲学社会科学报）》（2），2002

李志江《ABB式形容词中BB注音的声调问题》，《语文建设》（12），1998

厉兵《普通话测试可行性分析》，《语文建设》（4），1988

林焘《普通话里的v》，原载1982年《汉语学习》（6），收录于《林焘语言学论文集》（76—80），商务印书馆，2001

林焘《北京话的连读音变》，原载1963年《北京大学学报》（6），收录于《林焘语言学论文集》（49—64），商务印书馆，2001

林杏光《词汇语义和计算语言学》，语文出版社，1999

刘导生《新时期的语言文字工作》，载《语文建设》（1），1986

刘庆升《计算机辅助普通话发音评测关键技术研究》，中国科学技术大学博士论文，2010

刘叔新《汉语描写词汇学》，商务印书馆，1995

刘晓梅《〈现代汉语词典〉所收方言词的考察》，《语言文字应用》（2），2003

刘照雄《推广普通话的重要举措——普通话水平测试简论》，《语言文字应用》（4），1994

刘照雄《普通话水平测试的构想与实施》,《语文建设》(2),1996

刘照雄《〈普通话水平测试大纲〉的编制和修订》,《语言文字应用》(3),1997

刘照雄《〈普通话水平测试实施纲要〉概述》,《语言文字应用》(3),2004

刘照雄《再论普通话水平测试的性质与特点》,《语言文字应用》(1),2008

刘照雄主编《普通话水平测试大纲》,吉林人民出版社,1994

卢开礁《云南省普通话水平测试的回顾思考》,《语文建设》(5),1997

陆宗达《关于语法规范化的问题》,载《现代汉语规范问题学术会议文件汇编》,科学出版社,1956

罗常培、吕叔湘《现代汉语规范问题》,载《现代汉语规范问题学术会议文件汇编》,科学出版社,1956

罗华炎《何者规范? AB不AB抑或A不AB?》,《语言文字应用》(3),2000

吕叔湘主编《现代汉语八百词》,商务印书馆,1980

吕叔湘《语言和语言研究》,1988年为《中国大百科全书·语言文字卷》所撰专文,收录于《吕叔湘文集(第4卷)》,商务印书馆,2004

吕叔湘《"恢复疲劳"及其他》,原载1988年《语文杂记》,收录于《吕叔湘文集(第5卷)》,商务印书馆,2004

孟晖《从普通话水平测试谈新时期普通话的语音规范》,《语言文字应用》(1),2000

孟晖《关于普通话水平测试员资格有效性问题的思考》,《语言文字应用》(4),2010

孟宪国《普通话培训测试的信息化研究》,青岛科技大学硕士论文,2005

倪海曙《普通话要通过教学才能推广》,原载1995年《语文建设通讯》(11),收录于《倪海曙语文论集》,上海教育出版社,1991

聂丹《关于普通话水平测试研究走向的思考》,《语言文字应用》(2),2011

聂丹《普通话水平测试研究概说》,语文出版社,2012

齐影《普通话水平测试"一级甲等"的分析及思考》,《语言文字应用》(4),2010

钱华《普通话测评"时间限制"问题刍议》,《湖州师范学院学报》(4),2003

钱华《PSC词汇语法评定与语用原则》,《长春师范学院学报》(5),2006

钱华《PSC"说话"测试项的现状与改革设想》,《绍兴文理学院学报(哲学社会科学版)》(4),2006

仇鑫奕《〈新民晚报〉语码混编对阅读的影响》,《当代修辞学》(6),2010

屈哨兵、刘慧琼《普通话水平测试(朗读部分)的一个群案调查及相关分析》,《语言文字应用》(1),2004

桑哲《1949年后中国语言规划研究初探》,《语言研究》(《现代语文》11月下旬

刊），2006

上海市普通话测试中心《普通话水平测试研究》，上海教育出版社，2002

上海市普通话测试中心《普通话水平测试理论与实践》，上海百家出版社，2006

邵敬敏《现代汉语疑问句研究》，华东师范大学出版社，1996

宋欣桥《普通话水平测试评分的几个问题》，《语言文字应用》（3），1997

宋欣桥《普通话水平测试的评分差异》，《语文建设》（9），1998

宋欣桥《普通话水平的语言表征与相应的测试等级》，《语言文字应用》（3），2000

宋欣桥《试论普通话水平测试（PSC）》，载《首届全国普通话水平测试学术研讨会论文集》，语文出版社，2002

宋欣桥《普通话水平测试员实用手册（增编本）》，商务印书馆，2004

宋欣桥《创建国家普通话水平测试（PSC）的理论体系——纪念普通话水平测试（PSC）开展15周年》，载《第四届全国普通话水平测试学术研讨会论文集》，语文出版社，2010

苏新春《汉语词汇计量研究》，厦门大学出版社，2002

孙海娜《浅析〈计算机辅助普通话水平测试评分试行办法〉》，《语言文字应用》（4），2010

孙锡信《语气词"啊"的来源和"啊"音变》，《语文论丛》（7），上海教育出版社，2001

孙修章《"普通话水平测试标准"的研制与实践》，《语言文字应用》（1），1992

陶昱霖《〈普通话水平测试大纲〉与〈江苏省普通话水平测试评分细则（试行）〉的比较分析——兼论〈大纲〉与〈评分细则〉的关系》，载国家语言文字工作委员会普通话培训测试中心编《第三届全国普通话水平测试学术研讨会论文集》，语文出版社，2009

屠国平《普通话水平测试员培养规格与培养模式的思考》，《绍兴文理学院学报》（4），2003

屠国平《普通话水平测试研究》，浙江大学出版社，2010

王福堂《文白异读中读书音的几个问题》，《语言学论丛》（32），商务印书馆，2006

王晖《1994年以来普通话水平测试研究概述》，《语言文字应用》（2），2003

王晖《普通话水平测试研究的现状及构想》，《澳门语言学刊》（20—21），2003

王晖《普通话水平测试大纲修订的若干问题》，《澳门语言学刊》（28），2004

王晖《略论普通话水平测试的评分系统》，《语言文字应用》（3），2004

王晖（笔名言实）《关于普通话水平测试用普通话词语表的编制》，《语言文字应用》，2004

王晖《略论普通话水平测试中的词汇、语法问题》，《第二届全国普通话水平测试学术研讨会集》，商务印书馆，2006

王晖《普通话水平测试评分细则论析》，《语言文字应用》（4），2007

王晖《文白异读与语音规范》，《语言文字应用》（2），2012

王晖《必然性与或然性——论"啊"音变的教学与测试》，《长江学术》（2），2012

王晖、曹昭、云天骄《普通话水平测试发展历程的分期》，《语言文字应用》（4），2013

王均主编《当代中国的文字改革》，当代中国出版社，1995

王力《论汉语标准语》，原载1954年《中国语文》（6），收录于《王力文集（第二十卷）》，山东教育出版社，1991

王力《论审音原则》，《中国语文》（6），1965

王力《中国现代语法》，商务印书馆，1985

王敏、姚喜双、魏晖《关于开展新世纪普通话审音工作的调查报告》，《语言文字应用》（1），2011

王森、王毅、姜丽《"有没有/有/没有+VP"句》，《中国语文》（1），2006

王士元《竞争性演变是残留的原因》，载王士元著、石锋等译《语言的探索——王士元语言学论文选译》，北京语言文化大学出版社，2000

王渝光《语言信息处理与普通话水平测试》，云南大学出版社，2010

王渝光《实验语音学:普通话水平测试等级标准》，云南大学出版社，2011

王渝光、姚一斌、张雷、杨志明《现行普通话水平测试的质量评析与改进——兼答〈方言区普通话测评中的负面因素〉一文》，《语言文字应用》（4），2002

王志洁《词汇变调、词法变调和音系变调》，收录于徐烈炯主编《共性与个性——汉语语言学中的争论》，北京语言文化大学出版社，1999

王智伟《基于B/S模式的四川省普通话水平测试管理办公系统的设计与实现》，电子科技大学硕士论文，2011

魏丹《关于地方制定"〈国家通用语言文字法〉实施办法"的有关问题》，《语言文字应用》（1），2003

伍铁平《模糊语言学》，上海外语教育出版社，1999

现代汉语规范问题学术会议秘书处编《现代汉语规范问题学术会议文件汇编》，科学出版社，1956

谢俊英《普通话普及情况调查情况分析》，《语言文字应用》（3），2011

谢小庆《"考试公平"的三种不同含义》，《考试研究文集（第3辑）》，经济科学出版社，2006

谢小庆、鲁新民主编《考试研究文集（第1辑）》，北京：经济科学出版社，2002

邢福义《普通话语法、词汇、语音测试问题的探讨》，香港"普通话（国语）教学与测试研讨会"论文，后载于1987年《华中师范大学学报》（5），1985

邢福义《谈谈语法规范化》，《文字改革》（6），1985

邢福义《"有没有VP"疑问句式》，《华中师范大学学报（哲社版）》（1），1990

邢福义《辞达而已矣——论汉语汉字与英文字母词》，《光明日报》（4.22），2013

邢福义主编《普通话培训测试教程》，湖北科学技术出版社，2005

徐世荣《〈审音表〉剖析》，《语文建设》（11），1995

徐世荣《普通话异读词审音表释例》，语文出版社，1997

徐世荣《普通话语音常识》，语文出版社，1999

徐通锵《历史语言学》，商务印书馆，1996

许嘉璐《汉语规范化和对外汉语教学》，《语言文字应用》（1），1997

许嘉璐《语言文字学及其应用研究》，广东教育出版社，1999

许嘉璐、戴梅芳主编《普通话水平测试研究》序，收录于戴梅芳主编《普通话水平测试研究》，语文出版社，1997

杨国荣《科学的形上之维——中国近代科学主义的形成与衍化》，上海人民出版社，1999

姚喜双《〈大纲〉修订和〈纲要〉研制的思考》，《语言文字应用》（3），2004

姚喜双《推普工作的重要抓手——谈依法推进的普通话水平测试》，《语言文字应用》（3），2010

姚喜双、韩玉华、聂丹、黄霆玮、孟晖《普通话水平测试概论》，高等教育出版社，2011

叶军《普通话水平测试的社会语言学思考》，《语文建设》（12），1997

叶军（执笔）《计算机辅助普通话水平测试应用研究》，载《第四届全国普通话培训测试学术研讨会论文集》，语文出版社，2010

尹海良《〈现代汉语词典〉ABB词语BB读音历时演变调查》，《现代语文（语言研究版）》（5），2009

于根元《二十世纪的中国语言应用研究》，书海出版社，1996

于根元《推广普通话60年》，《语言文字应用》（4），2009

于谦《略谈国家级普通话水平测试员资格考核》，《首都师范大学学报（社会科学版）》增刊，2009

袁舫、王晖《从普通话水平测试谈〈现代汉语词典〉标〈方〉词语》，载《汉语新探——庆祝祝敏彻教授从事学术活动五十周年学术论文集》，湖北长江出版集团（崇文书局），2007

云南省普通话培训测试中心"普通话水平测试题库系统的改进与提高"课题组《普通话水平测试题库系统的改进与提高实验研究报告》(未刊),2001

翟燕明《清时期语气助词"呀"的发展演变——兼论"呀"与"啊"的关系问题》,《烟台大学学报(哲学社会科学版)》(2),2008

张斌主编《现代汉语描写语法》,商务印书馆,2010

张传曾《普通话等级测试标准的音位学阐释》,《语文建设》(11),1998

张弗《云南省普通话水平测试科研述评》,载云南省普通话水平测试中心编《普通话水平测试工作文集》,语文出版社,1996

张凯《标准参照测验理论研究》,北京语言文化大学出版社,2002

张凯主编《汉语水平考试(HSK)研究》,商务印书馆,2006

张晓勤《"方言词"与"方来词"》,《湘潭师范学报》(5),1997

赵元任《北京口语语法》,商务印书馆,1979

中国对外汉语教学学会《汉语水平等级标准和等级大纲》,1988

钟兆华《语气助词"呀"的形成及其历史渊源》,《中国语文》(5),1997

仲哲明《应用语言学的现状和展望(上)——汉语文教学及语言规划、术语学、语言的社会应用》,载《中国语言学现状与展望》,外语教学与研究出版社,1996

仲哲明《普通话水平测试若干问题的讨论》,《语言文字应用》(3),1997

周中兴《普通话水平测试第一题测试效度理论分析》,《新疆职业大学学报》(第17卷第6期),2009

周中兴《普通话水平测试第一、二题反应效度的对比研究》,《乌鲁木齐职业大学学报(人文社会科学版)》(1),2010

朱楚红《关于普通话水平测试中方言词语的认定》,《华中师范大学学报(人文社会科学版)专集》,2003

朱德熙《现代汉语形容词研究》,原载1956年《语言研究》(1),收录于《朱德熙文集第二卷》(1—37),商务印书馆,1999

朱丽红《普通话水平测试的试卷问题》,《首都师范大学学报(社会科学版)》增刊,2009

庄守常《相对性与确定性——谈普通话的口语测试》,《语文建设》(9),1992

PSC国家题库建设课题组《普通话水平测试国家题库制卷系统研制报告》,《语言文字应用》(2),2005

后　　记

　　本书是在业师姚喜双教授指导下完成的，2011年我考取了他的博士研究生，姚老师成为我学业上的导师。但姚老师对我的指导远早于此，2001年姚老师就已成为我"工作上的导师"，那年我30岁，开始担任国家级普通话水平测试员资格考核培训班的主讲教师。把年纪轻、资历浅的我推向讲台和测试研究领域的，正是姚喜双老师，他时任国家语委普通话培训测试中心主任，是我的顶头上司，但我习惯用老师的称谓称呼他，这是我和姚老师师生"缘分"的开始。此后，我一直在姚老师领导下工作，协助他完成国家语委"十五"重点课题"汉语普通话水平测试研究"项目，作为核心组成员完成新《大纲》研制和《实施纲要》的编制。他把新《大纲》执笔任务和《实施纲要》执行统筹的任务交给我，这种学术锻炼，以成果的形式体现在本书中，这将是我一辈子的学术财富。

　　及门之后，我在姚老师的指导下开始了对普通话水平测试理论问题的探索，他鼓励我把已有的研究心得以专著的形式专题化、系统化，提醒我注意对现代语言测试理论和研究方法的吸收，但更要深深植根于普通话水平测试的中国实际，毋使实践无"魂"、理论无"根"。姚老师治学崇"实"倡"新"，学风朴实严谨而又善于创新，他提出并创建了普通话水平测试学科，还带领他的博士研究生出版了我国第一部普通话水平测试学科理论专著——《普通话水平测试研究概论》，这些都对我写作本书有很大的鼓舞和启发。书成后，姚老师在百忙中为本书作序并赐书名题签，提携关爱之情，何其珍贵，何其可敬！

　　本书一些篇章曾以论文形式发表过，都带有专题研究的性质，写作本书时进行了不同程度的系统性改写。写作过程中参考了大量相关文献，本书尽量在行文中进行了标注，并附列在书末的"参考文献"中，在此向对本人有所助益、有所启发的各位研究者表示真诚的感谢！

本人从事普通话水平测试研究，得到了陈章太、仲哲明、傅永和、于根元、刘照雄、佟乐泉、田小琳、厉兵、宋欣桥、苏金智、叶青、张一清等先生的悉心指导，得到了李宇明、张颖、韩其洲、靳光瑾等前任所（中心）领导和张世平、魏晖、刘朋建、吕同舟等现任所（中心）领导的大力支持和帮助，得到了聂丹、韩玉华、孟晖、朱丽红、周梅、袁伟、李桃等同门的热情鼓励。在此向他们表示由衷的谢意！

最后，还要衷心感谢商务印书馆的领导和汉语出版中心的编辑老师们，感谢周洪波副总编、余桂林主任、叶军主任、蔡长虹主任对此书的关心！感谢本书责任编辑刘玥妍老师、责任设计咸青华老师为本书的完善和出版付出的辛勤劳动！

本书进行的探索只是初步的，还可能存在不当之处，这应由作者本人负责，恳请广大读者批评、指正。

本书成书于援疆期间，谨以此书作为对援疆工作的特殊纪念！

王　晖

记于乌鲁木齐援疆干部公寓 观山居

2013年夏